suhrkamp taschenbuch
wissenschaft 1879

Als Michail M. Bachtins 1973 beendeter Essay zum Chronotopos erstmals in deutscher Übersetzung erschien, stand die Bachtin-Rezeption hierzulande ganz im Zeichen von Karnevalismus, Polyphonie und Dialogizität. Der Vorschlag des Autors, die Kategorie des Raums in der Romananalyse stärker zu gewichten, stieß auf vergleichsweise geringes Interesse. Aus heutiger Perspektive erweist sich sein Hinweis auf die untrennbare Einheit von Raum und Zeit im Roman als früher Beitrag zu einer Theorieentwicklung, die gegenwärtig als der *spatial turn* diskutiert wird. Die Wiederauflage des vergriffenen Essays »Formen der Zeit und des Chronotopos im Roman« mit einem Nachwort, das Bachtins »Raumzeit« theoriegeschichtlich kontextualisiert, möchte Anschlußmöglichkeiten für die aktuellen Raumdebatten in den Geschichts-, Sozial- und Literaturwissenschaften eröffnen.

Michail M. Bachtin (1895-1975), russischer Altphilologe, ist der Autor zahlreicher literatur-, sprach- und kulturtheoretischer Schriften.
Michael C. Frank lehrt Anglistik an der Universität Konstanz.
Kirsten Mahlke lehrt Romanistik an der Universität Konstanz.

Michail M. Bachtin
Chronotopos

Aus dem Russischen
von Michael Dewey

Mit einem Nachwort
von Michael C. Frank und
Kirsten Mahlke

Suhrkamp

Titel der russischen Originalausgabe:
Вопросы литературы и эстетики. Исследования разных лет
© Издательство »Художественная литература«, Москва 1975
Der Text der deutschen Übersetzung »Formen der Zeit und
des Chronotopos im Roman« entstammt der Ausgabe:
Michail M. Bachtin: *Untersuchungen zur Poetik
und zur Theorie des Romans*
Hg. von Edward Kowalski und Michael Wegner; a. d. Russ.
von Michael Dewey unter Zugrundelegung einer
deutschen Fassung von Harro Lucht und Rolf Göbner
(»Epos und Roman«); mit Anmerkungen von
Michael Dewey und einem Essay von Edward Kowalski.
Die deutsche Erstausgabe erschien 1986 im Aufbau-Verlag.
Aufbau ist eine Marke der Aufbau Verlagsgruppe.

Bibliografische Information der Deutschen Nationalbibliothek
Die Deutsche Nationalbibliothek verzeichnet diese Publikation
in der Deutschen Nationalbibliografie;
detaillierte bibliografische Daten sind im Internet über
http://dnb.d-nb.de abrufbar.

5. Auflage 2021

Erste Auflage 2008
suhrkamp taschenbuch wissenschaft 1879
Lizenzausgabe der Suhrkamp Verlag GmbH & Co. KG

Umschlag nach Entwürfen von
Willy Fleckhaus und Rolf Staudt
Druck und Bindung: C. H. Beck, Nördlingen
Printed in Germany
ISBN 978-3-518-29479-6

Inhalt

Formen der Zeit und des Chronotopos im Roman. Untersuchungen zur historischen Poetik

Die literarische Aneignung der realen historischen Zeit und des realen historischen Raumes sowie des – in ihnen zutage tretenden – realen historischen Menschen war ein komplizierter, diskontinuierlich verlaufender Prozeß. Angeeignet wurden immer wieder einzelne Aspekte von Zeit und Raum, die auf der jeweiligen geschichtlichen Entwicklungsstufe der Menschheit zugänglich waren, und es bildeten sich gleichzeitig die entsprechenden genrebezogenen Methoden zur Widerspiegelung und künstlerischen Aufbereitung dieser angeeigneten Realitätsaspekte heraus.

Den grundlegenden wechselseitigen Zusammenhang der in der Literatur künstlerisch erfaßten Zeit-und-Raum-Beziehungen wollen wir als *Chronotopos* (»Raumzeit« müßte die wörtliche Übersetzung lauten) bezeichnen. Dieser Terminus wird in der mathematischen Naturwissenschaft verwendet; als man ihn einführte und begründete, stützte man sich dabei auf die Einsteinsche Relativitätstheorie. Der spezielle Sinn, den dieser Terminus innerhalb der Relativitätstheorie erhalten hat, ist für uns hier jedoch nicht von Relevanz; wir übertragen ihn auf die Literaturwissenschaft fast (wenn auch nicht ganz) wie eine Metapher. Für uns ist wichtig, daß sich in ihm der untrennbare Zusammenhang von Zeit und Raum (die Zeit als vierte Dimension des Raumes) ausdrückt. Wir verstehen den Chronotopos als eine Form-Inhalt-Kategorie der Literatur (den Chronotopos in anderen Bereichen der Kultur werden wir hier nicht behandeln).*

Im künstlerisch-literarischen Chronotopos verschmelzen räumliche und zeitliche Merkmale zu einem sinnvollen und konkreten Ganzen. Die Zeit verdichtet sich hierbei, sie zieht sich zusammen und wird auf künstlerische Weise sichtbar; der Raum gewinnt Intensität, er wird in die Bewegung der Zeit, des Sujets, der Geschichte hineingezogen. Die Merkmale der Zeit offenbaren sich im Raum, und der Raum wird von der Zeit mit Sinn erfüllt und dimensioniert.

* Im Sommer 1925 hatten wir Gelegenheit, einen Vortrag von A. A. Uchtomski[1] über den Chronotopos in der Biologie zu hören, in dem auch Fragen der Ästhetik berührt wurden.

Diese Überschneidung der Reihen und dieses Verschmelzen der Merkmale sind charakteristisch für den künstlerischen Chronotopos.

In der Literatur ist der Chronotopos für das *Genre* von grundlegender Bedeutung. Man kann geradezu sagen, daß das Genre mit seinen Varianten vornehmlich vom Chronotopos determiniert wird, wobei in der Literatur die Zeit das ausschlaggebende Moment des Chronotopos ist. Als Form-Inhalt-Kategorie bestimmt der Chronotopos (in beträchtlichem Maße) auch das Bild vom Menschen in der Literatur; dieses Bild ist in seinem Wesen immer chronotopisch.*

Wie wir bereits sagten, war die Aneignung des realen historischen Chronotopos in der Literatur ein komplizierter, diskontinuierlich verlaufender Prozeß. Angeeignet wurden immer nur bestimmte – unter den jeweiligen historischen Bedingungen zugängliche – Aspekte des Chronotopos, und es bildeten sich lediglich bestimmte Formen der künstlerischen Widerspiegelung des realen Chronotopos heraus. Diese – zunächst produktiven – Genreformen haben sich später zur Tradition verfestigt und lebten auch dann beharrlich weiter, als sie bereits ihre realistisch-produktive und adäquate Bedeutung gänzlich eingebüßt hatten. Hieraus erklärt sich auch, daß in der Literatur Phänomene, die völlig verschiedenen Zeiten entstammen, koexistieren, was dem literarhistorischen Prozeß einen außerordentlich komplexen Charakter verleiht.

Diesen Prozeß möchten wir in den hier vorgelegten Untersuchungen zur historischen Poetik anhand von Material aus der Entwicklung verschiedener Genrevarianten des europäischen Romans – vom »griechischen Roman« bis zu Rabelais – aufzeigen. Da die in diesen Perioden entstandenen Chronotopoi des Romans eine relativ stabile Typologie aufweisen, können wir darüber hinaus das Augenmerk auch auf einige Romanvarianten späterer Epochen richten.

Unsere theoretischen Formulierungen und Definitionen erheben keinen Anspruch auf Vollständigkeit und Exaktheit. Erst in jüngster

* In seiner »Transzendentalen Ästhetik« (einem Hauptabschnitt der »Kritik der reinen Vernunft«) hat Immanuel Kant Raum und Zeit als notwendige Formen jeglicher Erkenntnis, angefangen bei den elementaren Wahrnehmungen und Vorstellungen, definiert. Wir können seiner Einschätzung zur Bedeutung dieser Formen im Erkenntnisprozeß zustimmen, begreifen diese Formen jedoch – im Unterschied zu Kant – nicht als »transzendentale«, sondern als Formen der realen Wirklichkeit selbst. Wir wollen versuchen darzustellen, welche Rolle diese Formen im Prozeß der konkreten künstlerischen Erkenntnis (des künstlerischen Sehens) unter Bedingungen, die dem Romangenre eignen, spielen.

Zeit hat man – bei uns wie auch im Ausland – damit begonnen, die Formen von Zeit und Raum in Kunst und Literatur ernsthaft zu erforschen. In dem Maße, wie diese Arbeit voranschreitet, werden die Charakteristika der Romanchronotopoi, die wir hier aufgeführt haben, ergänzt und möglicherweise auch grundlegend korrigiert werden.

1. Der griechische Roman

Schon die Antike hat drei Grundtypen der Einheit des Romans und demzufolge auch drei entsprechende Verfahren zur künstlerischen Aneignung von Zeit und Raum im Roman, kurz: drei Romanchronotopoi, hervorgebracht. Diese drei Typen haben sich als äußerst produktiv und flexibel erwiesen und die Entwicklung des gesamten Abenteuerromans bis zur Mitte des 18. Jahrhunderts in vielerlei Hinsicht mitbestimmt. Deshalb müssen wir zunächst die drei der Antike entstammenden Typen eingehender analysieren, um dann folgerichtig deren Abwandlungen im europäischen Roman auffächern und das Neue aufdecken zu können, das nun bereits auf dem eigentlichen europäischen Boden entstand.

Wir werden uns im folgenden ganz auf das Problem der Zeit (als der ausschlaggebenden Komponente im Chronotopos) und auf all das (und nur das) konzentrieren, was in direkter und unmittelbarer Beziehung zu diesem Problem steht. Historisch-genetische Fragen werden wir nahezu gänzlich beiseite lassen.

Den ersten Typ des antiken Romans (»erster« ist hier nicht im chronologischen Sinne aufzufassen) wollen wir als »abenteuerlichen Prüfungsroman« bezeichnen. Hierzu zählen wir vollends den sogenannten »griechischen« oder »sophistischen« Roman, der sich zwischen dem 2. und 4. Jahrhundert u. Z. herausgebildet hat.

An vollständig erhaltenen Beispielen, die auch in russischer Übersetzung vorliegen, seien hier genannt: die »Äthiopischen Abenteuer« oder »Aithiopika« des Heliodor, »Leukippe und Kleitophon« von Achilleus Tatios, »Chaireas und Kalirrhoe« von Chariton, die »Ephesiaka« des Xenophon von Ephesos, »Daphnis und Chloë« von Longos. Einige andere charakteristische Ausprägungen dieses Typs sind uns in Fragmenten oder Nacherzählungen überliefert.*

* Darunter die »Wunder jenseits Thule« von Antonius Diogenes, der Ninos-Roman und der Roman über die Prinzessin Chione.

In diesen Romanen finden wir einen hochentwickelten und detailliert ausgebildeten Typus von *Abenteuerzeit*, der alle spezifischen Besonderheiten und Nuancen dieser Zeit aufweist. Die Herausarbeitung einer solchen Zeit und die Technik ihres Gebrauchs im Roman stehen bereits auf einem so hohen Niveau und sind so umfassend, daß die ganze spätere Entwicklung des *reinen* Abenteuerromans bis in unsere Tage hinein ihnen nichts wesentlich Neues hinzugefügt hat. Deshalb lassen sich die spezifischen Besonderheiten der Abenteuerzeit am Material dieser Romane besonders gut verdeutlichen.

Die Sujets aller dieser Romane (wie auch ihrer unmittelbaren Nachfolger, der byzantinischen Romane) zeigen eine erstaunliche Ähnlichkeit und setzen sich im Grunde genommen aus ein und denselben Elementen (Motiven) zusammen; was in den einzelnen Romanen voneinander abweicht, sind die Anzahl dieser Elemente, ihr Anteil am gesamten Sujet, ihre Kombinationen. Es ist nicht schwer, hierfür das zusammenfassende Schema eines typischen Sujets aufzustellen und dabei auf einige der wichtigeren Abweichungen und Variationen hinzuweisen. Dieses Sujetschema sieht folgendermaßen aus:

Ein Jüngling und ein Mädchen im *heiratsfähigen* Alter. Ihre Herkunft ist *unbekannt, geheimnisumwoben* (nicht immer; z. B. fehlt dieses Moment bei Achilleus Tatios). Sie sind von *außergewöhnlicher Schönheit*. Und sie sind überaus *keusch*. Es kommt zu einer *unerwarteten* Begegnung zwischen ihnen, gewöhnlich an einem *Festtag*. *Jählings* und *mit einem Schlage* ergreift beide ein leidenschaftliches Gefühl füreinander – unüberwindlich, schicksalhaft, wie eine unheilbare Krankheit. Aber es ist ihnen nicht vergönnt, sofort zu heiraten. Eine Ehe zwischen ihnen stößt auf *retardierende* Hindernisse, die die Ausführung dieses Vorsatzes hinauszögern. Die Liebenden werden *getrennt*, sie *suchen* einander, *finden* sich wieder, *verlieren* einander erneut und finden sich abermals wieder. In der Regel haben sie folgende Prüfungen und Abenteuer zu bestehen: Entführung der Braut am Vorabend der Hochzeit; *fehlendes Einverständnis der Eltern* (falls es sie gibt), die für die Liebenden einen anderen Bräutigam und eine andere Braut vorgesehen haben (*die falschen Paare*); Flucht der Verliebten, ihre Reise, Sturm auf hoher See, *Schiffbruch*, wundersame Rettung, *Piratenüberfall, Gefangennahme* und *Kerker*, Anschläge auf die Unschuld des Helden und der Heldin, Bestimmung der Heldin zum Sühneopfer, Kriege, Schlachten, *Verkauf in die Sklaverei, Schein-*

tode, Verkleidungen, Wiedererkennen und Nichtwiedererkennen, vermeintlicher Verrat, Anfechtungen, die sich gegen Keuschheit und Treue richten, falsche Verbrechensanschuldigungen, Gerichtsverhandlungen, bei denen Keuschheit und Treue der Liebenden auf die Probe gestellt werden. Die Helden finden ihre Verwandten wieder (wenn diese unbekannt waren). Eine große Rolle spielen Begegnungen mit unerwarteten Freunden oder unerwarteten Feinden, Weissagungen und Prophezeiungen, prophetische Träume, Vorahnungen und der Schlaftrunk. Der Roman endet damit, daß sich der Jüngling und das Mädchen glücklich zum Ehebund vereinigen. So sieht das Schema der wesentlichen Sujetmomente aus.

Die hier skizzierte Handlung des Sujets entfaltet sich auf einem sehr breiten und geographisch wechselnden Hintergrund, zumeist in drei bis fünf Ländern, die durch Meere voneinander getrennt sind (Griechenland, Persien, Phönizien, Ägypten, Babylon, Äthiopien u. a.). Die Romane enthalten – zum Teil sehr detaillierte – Beschreibungen einiger Besonderheiten von Ländern, Städten, Bauwerken, Kunstwerken (z. B. Gemälden), Sitten und Gebräuchen, von seltsamen exotischen Tieren sowie anderen Wunderdingen und Raritäten. Darüber hinaus werden (zuweilen recht umfangreiche) Erörterungen zu verschiedenen religiösen, philosophischen, politischen und wissenschaftlichen Themen (über das Schicksal, die Vorzeichen, die Macht des Eros, die menschlichen Leidenschaften, die Tränen u. dgl.) in den Roman eingeführt. Einen großen Platz nehmen in diesen Romanen die – z. B. der Rechtfertigung dienenden – Reden der handelnden Personen ein, die nach allen Regeln der späten Rhetorik aufgebaut sind. Wir können also sagen, daß der griechische Roman seiner Zusammensetzung nach eine gewisse enzyklopädische Allseitigkeit anstrebt, wie sie ja diesem Genre überhaupt eigen ist.

Ausnahmslos alle von uns (in ihrer verallgemeinerten Form) angeführten Momente des Romans – die sujetbezogenen wie auch die beschreibenden und rhetorischen – waren keineswegs neu; sie alle gab es bereits – gut ausgebildet – in anderen Genres der antiken Literatur: die Liebesmotive (erste Begegnung, jähe Leidenschaft, Sehnsucht) in der hellenistischen Liebesdichtung, andere Motive (Sturm, Schiffbruch, Krieg, Entführung) im antiken Epos; Motive wie die Wiedererkennung spielten in der Tragödie eine große Rolle; beschreibende Motive waren im antiken geographischen Roman und in historiographischen Werken (z. B. bei Herodot) entwickelt, Erörterungen und Reden in den rhetorischen Genres. Man kann verschiedener Meinung darüber sein, welche Bedeutung die Liebeselegie, der geographische Roman, die Rhetorik, das Drama und das Genre der Historiographie für die Entstehung (Genesis) des griechischen Romans hatten, aber ein gewisser Synkretismus der Genremomente läßt sich in diesem Roman einfach nicht übersehen. Der griechische Roman hat fast alle Genres der antiken Literatur in seiner Struktur genutzt und weitertransportiert.

Doch alle diese Elemente, die aus verschiedenen Genres übernommen wurden, sind hier zur neuen spezifischen Einheit des Romans umgeschmolzen und zusammengefügt, deren konstitutives Moment gerade die Abenteuerzeit des Romans ist. In einem gänzlich neuen *Chronotopos* – einer *»fremden Welt, in der die Zeit des Abenteuers herrscht«* – haben die den verschiedenen Genres entstammenden Elemente einen neuen Charakter und besondere Funktionen erhalten und somit aufgehört, das zu sein, was sie in den anderen Genres waren.

Worin liegt nun das Wesen dieser Abenteuerzeit der griechischen Romane?

Der Ausgangspunkt für die Sujetentwicklung ist die erste Begegnung des Helden mit der Heldin und das jähe Aufflammen ihrer gegenseitigen Liebe, der Schlußpunkt ist ihre glückliche Vermählung. Zwischen diesen beiden Punkten vollzieht sich die gesamte Romanhandlung. Die Punkte selbst – Grenzpunkte der Sujetentwicklung – stellen die entscheidenden Ereignisse im Leben der Helden dar, für sich genommen haben sie biographische Bedeutung. Doch der Roman baut nicht auf ihnen auf, sondern auf dem, was *zwischen* ihnen liegt (sich vollzieht). *Im Grunde genommen* aber dürfte überhaupt nichts zwischen ihnen liegen: Die Liebe zwischen dem Helden und der Heldin ist von Anfang an über jeden Zweifel erhaben und bleibt den ganzen Roman hindurch *absolut unverändert*; auch die Keuschheit der beiden bleibt bewahrt, und die Heirat am Schluß des Romans *schließt sich nahtlos* an das Aufflammen der Liebe zu Beginn des Romans an, als ob zwischen diesen beiden Momenten gar nichts geschehen wäre, als ob die Ehe bereits am Tag nach der ersten Begegnung geschlossen würde. Zwei nebeneinanderliegende Momente des biographischen Lebens, der biographischen Zeit werden direkt miteinander verknüpft. Die Kluft, die Pause, die Spanne, die zwischen diesen beiden unmittelbar aneinander grenzenden Momenten entsteht und in der sich ja gerade der ganze Roman entfaltet, geht in die biographische Zeitreihe nicht ein, liegt außerhalb der biographischen Zeit; sie vermag weder am Leben der Helden etwas zu verändern noch ihm etwas hinzuzufügen. Wir haben es hier mit einer außerzeitlichen Spanne zwischen zwei Momenten der biographischen Zeit zu tun.

Verhielte es sich anders, würde z. B. die erste, plötzlich entstandene Leidenschaft der Helden im Resultat der bestandenen Abenteuer und Prüfungen gefestigt, in der Praxis erprobt, und nähme sie dabei die neuen Eigenschaften einer dauerhaften und bewährten Liebe an oder gelangten die Helden selbst zur Reife und lernten einander besser kennen, dann hätten wir einen Typ des weitaus späteren – und keineswegs abenteuerlichen – europäischen Romans vor uns, in keinem Falle aber einen griechischen Roman. Blieben hierbei auch die Grenzpunkte des Sujets dieselben (Leidenschaft zu Beginn, Hochzeit am Schluß), so gewännen doch die Ereignisse als solche, die den Ehebund hinauszögern, eine gewisse biographische oder zumindest psychologische Bedeutung und wären in die reale Lebenszeit der Helden – der Zeit, die die Helden und die (wesentlichen) Ereignisse ihres Lebens verändert – einbezogen. Gerade dies wird man jedoch im griechischen Roman vergeblich suchen. Hier gibt es eine völlige Kluft zwischen zwei Momenten der biographischen Zeit, die im Leben der Helden und in ihren Charakteren keinerlei *Spur* hinterläßt.

Alle Romanereignisse, die diese Kluft ausfüllen, stellen ausschließlich eine Abschweifung vom normalen Gang des Lebens dar, die der realen Dauer entbehrt, wie sie Zusätze zur normalen Biographie erfordern würden.

Auch verfügt die Zeit im griechischen Roman über keine elementare biologische, altersbezogene Dauer. Die Helden begegnen sich zu Beginn des Romans im heiratsfähigen Alter und treten an dessen Schluß, der sie uns in demselben Alter, ebenso jung und schön, zeigt, in den Ehestand. Die Zeit, in deren Verlauf sie eine unglaubliche Zahl von Abenteuern zu bestehen haben, wird im Roman nicht bemessen und nicht berechnet; dies sind einfach Tage, Nächte, Stunden und Augenblicke, die technisch nur im Rahmen jedes einzelnen Abenteuers gemessen werden. Auf das Alter der Helden wirkt sich diese, was das Abenteuer betrifft, überaus intensive, aber unbestimmte Zeit in keiner Weise aus. Auch sie ist hier eine außerzeitliche Spanne zwischen zwei biologischen Momenten: dem Erwachen der Leidenschaft und deren Befriedigung.

Als Voltaire in seinem »Candide« den Abenteuerroman griechischen Typs parodierte, der (als sogenannter »Barockroman«) im 17. und 18. Jahrhundert sehr verbreitet war, versäumte er es übrigens nicht, die reale Zeit auszurechnen, die für ein gewöhnliches Quantum an Abenteuern und »Launen des Schicksals« in einem Roman erforderlich ist. Seine Helden (Candide und Cunégonde) gehen, nachdem sie alle Wandlungen des Schicksals überstanden haben, am Schluß des Romans die vorher bestimmte glückliche Ehe ein. Aber ach! Es erweist sich, daß sie bereits im vorgerückten Alter sind und daß die schöne Cunégonde nun einer alten häßlichen Hexe gleicht. Die Befriedigung folgt der Leidenschaft, als sie biologisch schon unmöglich geworden ist.

Es versteht sich von selbst, daß die Abenteuerzeit der griechischen Romane gänzlich des Zykluscharakters von Natur und Alltagsleben entbehrt, der ja eine zeitliche Abfolge und menschliche Zeitmaße in sie einbringen und sie mit den immer wiederkehrenden Momenten des natürlichen und des menschlichen Lebens verknüpfen würde. Auch liegt es auf der Hand, daß von einer historischen Lokalisierung der Abenteuerzeit keine Rede sein kann. In der ganzen Welt des griechischen Romans mit all seinen Ländern, Städten, Gebäuden und Kunstwerken gibt es nicht den geringsten Hinweis auf eine historische Zeit, fehlt jede Spur der Epoche. Daher erklärt sich auch, daß die Chronologie dieser Romane von der Wissenschaft bis heute nicht genau ermittelt worden ist und daß noch unlängst die Meinungen der Forscher über die Entstehungszeit einzelner Romane um fünf bis sechs Jahunderte differierten.

Wir können also feststellen, daß die gesamte Handlung des griechischen Romans, alle ihn füllenden Ereignisse und Abenteuer weder in historische noch in alltagsbezogene, noch in biographische oder elementare biologisch-altersmäßige Zeitreihen eingehen. Sie liegen außerhalb dieser Reihen und außerhalb der diesen Reihen immanenten Gesetzmäßigkeiten und menschlichen Kriterien. In dieser Zeit verändert sich nichts: Die Welt bleibt so, wie sie war; auch biographisch wandelt sich das Leben der Helden nicht, und ihre Gefühle bleiben die gleichen, die Menschen altern in dieser Zeit nicht einmal. Diese leere Zeit hinterläßt nirgends die geringsten Spuren; keine Merkmale ihres Verlaufs bleiben erhalten. Wir haben es, wie gesagt, mit einer außerzeitlichen Spanne zu tun, die zwischen zwei Momenten der realen – im vorliegenden Falle der biographischen – Zeitreihe entsteht.

So stellt sich die Abenteuerzeit dar, wenn man sie als Ganzes überblickt. Wie aber ist sie in ihrem Inneren beschaffen?

Sie setzt sich aus einer Reihe kurzer Abschnitte, die den einzelnen Abenteuern entsprechen, zusammen; innerhalb jedes dieser Abenteuer ist die Zeit äußerlich-technisch organisiert: Es ist wichtig, noch rechtzeitig entfliehen zu können, jemanden einzuholen oder ihm zuvorzukommen, in einem bestimmten Moment an einem ganz bestimmten Ort zu sein oder nicht zu sein, mit jemandem zusammenzutreffen oder diese Begegnung zu vermeiden usw. Innerhalb des einzelnen Abenteuers zählen Tage, Nächte, Stunden, ja sogar Minuten und Sekunden – wie in jedem Kampf und jedem aktiven äußerlichen Unterfangen. Diese Zeitabschnitte werden von den spezifischen Wörtern *»plötzlich«* und *»gerade«* eingeleitet und durchschnitten.

»Plötzlich« und *»gerade«* – diese Wörter charakterisieren am besten diese ganze Abenteuerzeit, die ja allgemein dort beginnt und in ihre Rechte tritt, wo der normale und pragmatisch oder kausal begriffene Gang der Ereignisse abreißt und der *reinen Zufälligkeit* mit ihrer spezifischen Logik Platz macht. Diese Logik besteht in einer zufälligen *Kongruenz*, d.h. in einer *zufälligen Gleichzeitigkeit*, und in einer zufälligen *Inkongruenz*, d.h. in einer *zufälligen Ungleichzeitigkeit*. Hierbei ist auch das »Früher« oder »Später« dieser zufälligen Gleichzeitigkeit und Ungleichzeitigkeit von grundlegender und entscheidender Bedeutung. Geschähe irgend etwas nur eine Minute früher oder später, d.h., wäre eine bestimmte zufällige Gleichzeitigkeit oder Ungleichzeitigkeit nicht vorhanden, so ergäbe sich auch keinerlei Sujet, und der Roman wäre gegenstandslos.

»Denn als ich 19 Jahre alt war und mein Vater Vorbereitungen traf, mich im folgenden Jahr zu verheiraten, *begann das Schicksal sein Spiel*«, berichtet Kleitophon (»Leukippe und Kleitophon«[2], I. Buch, Kapitel 3).*

Und dieses »Spiel des Schicksals«, sein »plötzlich« und »gerade«, macht den gesamten Inhalt des Romans aus.

Unerwartet ist zwischen Thrakern und Byzantiern ein Krieg ausgebrochen. Über seine Ursachen wird im Roman kein Wort verloren, doch infolge dieses Krieges gelangt Leukippe in das Vaterhaus des Kleitophon. »Als ich sie erblickte«, berichtet Kleitophon, »war ich sogleich verloren« (I. Buch, Kapitel 4).

* Wir zitieren aus »Leukippe und Kleitophon« nach folgender Ausgabe: Achilleus Tatios von Alexandria, Leukippe und Kleitophon. Moskau 1925.

Doch der Vater hat für Kleitophon bereits eine andere Braut ausersehen. Er beschleunigt nun die Hochzeit, legt sie *auf den nächsten Tag* fest und bringt auch schon die einleitenden Opfer dar. »Als ich das hörte, war ich verloren und suchte nach einer List, durch die ich die Hochzeit hinausschieben könnte. Während ich überlegte, erhob sich *plötzlich* Lärm im Männergemach des Hauses« (II. Buch, Kapitel 12). Es stellt sich heraus, daß ein Adler das vom Vater vorbereitete Opferfleisch davongetragen hat. Dies ist ein schlechtes Vorzeichen, und so muß die Hochzeit um einige Tage aufgeschoben werden. Gerade in diesen Tagen aber wird zufällig die für Kleitophon vorgesehene Braut geraubt – in der falschen Annahme, es handle sich um Leukippe.

Kleitophon entschließt sich, in Leukippes Schlafzimmer einzudringen. »*Gerade* hatte ich das Schlafzimmer des Mädchens betreten, *da geschieht* etwas derartiges mit seiner Mutter: Es begab sich, daß ein Traum sie aufschreckte« (II. Buch, Kapitel 23). Die Mutter begibt sich zur Tochter, bei der sie Kleitophon antrifft, der aber unerkannt entkommen kann. Schon am nächsten Tage könnte jedoch alles entdeckt werden, und deshalb müssen Kleitophon und Leukippe fliehen. Die ganze Flucht besteht aus einer Kette zufälliger »plötzlich« und »gerade«, die den Helden zustatten kommen. »Denn Mücke, der auf uns aufpaßte, war *zufällig an diesem Tage* fortgegangen, um einen Auftrag seiner Herrin auszuführen ... Und wir blieben von Unglück verschont. Denn als wir zum Hafen von Berytos kamen, fanden wir ein in See gehendes Schiff, das *gerade* im Begriff war, die Taue zu lösen« (II. Buch, Kapitel 31).

Auf dem Schiff: »*Es fügte sich*, daß neben uns ein junger Mann seinen Platz hatte« (II. Buch, Kapitel 33). Er wird den beiden ein Freund und spielt in den weiteren Abenteuern eine wichtige Rolle.

Dann folgen – der Tradition entsprechend – Sturm und Schiffbruch. »Als wir den dritten Tag auf See waren, ergießt sich aus ganz klarem Himmel *plötzlich* Finsternis, die das Licht des Tages verdunkelt« (III. Buch, Kapitel 1).

Bei dem Schiffbruch kommen alle um, die Helden werden jedoch durch einen glücklichen Zufall gerettet. »Als nun das Schiff auseinanderbrach, rettete eine gute Gottheit für uns einen Teil des Bugs« (III. Buch, Kapitel 5). Das Paar wird an die Küste geworfen: »Wir aber wurden gegen Abend *durch einen glücklichen Zufall* bei Pelusien angeschwemmt und gingen freudig an Land« (ebenda).

Hiernach stellt sich heraus, daß auch alle anderen Helden, die man beim Schiffbruch umgekommen wähnte, durch glückliche Zufälle gerettet waren. Im weiteren sind sie immer gerade zu der Zeit an dem Ort, wo die Helden dringend der Hilfe bedürfen. Kleitophon, überzeugt, daß Leukippe von den Räubern als Opfer dargebracht worden ist, beschließt den Selbstmord: »Ich hebe das Schwert in die Höhe, um es an der Mordstelle auf mich niederzustoßen. *Und*[3] ich sehe zwei Menschen gegenüber (es war eine Mondnacht) eilig angelaufen kommen ... Menelaos war es und Satyros. Obwohl die Männer, die ich erblickte, *gegen alle Erwartung* noch am Leben und sie meine Freunde waren, so umarmte ich sie doch nicht noch geriet ich vor Freude außer mich« (III. Buch, Kapitel 17). Die Freunde verhindern natürlich den Freitod und überbringen die Nachricht, daß Leukippe am Leben ist.

Gegen Schluß des Romans wird Kleitophon auf Grund falscher Anschuldigungen zum Tode verurteilt und soll vor der Hinrichtung noch die Folter erdulden. »Als ich schon gefesselt und mein Körper von der Kleidung entblößt war, ich an Stricken in der Luft hing, ein Teil der Leute Peitschen brachte, andere Feuer und Folterrad, Kleinias klagte und die Götter zu Hilfe rief, *da* sieht man, wie der Artemispriester lorbeerumkränzt naht. Dies ist das Zeichen dafür, daß eine Festgesandtschaft für die Göttin kommt. Wenn das geschieht, muß jeder Strafvollzug so viele Tage lang ausgesetzt werden, wie die Festgesandten ihr Opfer nicht abgeschlossen haben. So also wurde ich damals von den Fesseln befreit« (VII. Buch, Kapitel 12).

In den wenigen Tagen des Aufschubs klärt sich alles auf, die Dinge nehmen eine andere Wendung, wobei es freilich zu einer Reihe weiterer zufälliger Kongruenzen und Inkongruenzen kommt. Es zeigt sich, daß Leukippe lebt; der Roman endet mit glücklichen Eheschließungen.

Wie man sieht (und wir haben hier nur einen Bruchteil der zufälligen Gleichzeitigkeiten und Ungleichzeitigkeiten angeführt), ist die Abenteuerzeit im Roman recht spannungsgeladen: Ob etwas einen Tag, eine Stunde, ja sogar eine Minute *früher* oder *später* geschieht, ist hier allenthalben von entscheidender, schicksalhafter Bedeutung. Die Abenteuer selbst fügen sich in einer außerzeitlichen und im Grunde genommen endlosen Reihe aneinander; denn man kann diese Reihe nach Belieben ausdehnen, sie enthält keinerlei wesentliche innere Beschränkungen. Die griechischen Romane haben einen relativ geringen Umfang. Von den analog aufgebauten Romanen des 17. Jahrhunderts werden sie darin um das Zehn- bis Fünfzehnfache übertroffen.* Innere Grenzen sind diesem Wachstum nicht gesetzt. Alle Tage, Stunden und Minuten, die im Rahmen jedes einzelnen Abenteuers registriert werden, verbinden sich nicht miteinander zu einer realen Zeitreihe, werden nicht zu Tagen und Stunden des menschlichen Lebens. Diese Stunden und Tage hinterlassen nirgendwo Spuren, so daß ihre Zahl beliebig groß sein kann.

Alle Momente der unendlichen Abenteuerzeit werden von einer Kraft gelenkt: vom *Zufall*. Setzt sich doch diese ganze Zeit, wie wir gesehen haben, aus zufälligen Gleichzeitigkeiten und zufälligen Ungleichzeitigkeiten zusammen. Die vom Abenteuer bestimmte *»Zeit des Zufalls«* ist die spezifische *Zeit der Einmischung irrationaler Kräfte in das menschliche Leben*; es ist die Einmischung des Schicksals (der »Tyche«), der Götter, Dämonen, Zauberer; in den späteren Abenteuerromanen ist es die Einmischung der romanspezifischen Bösewichte, die – als Unholde – die zufällige Gleichzeitigkeit und die zufällige Ungleichzeitigkeit als ihr Mittel gebrauchen, die jemandem »auflauern«, jemanden »abpassen«, die sich »plötzlich« und »gerade in diesem Moment« auf ihre Opfer stürzen.

Die Momente der Abenteuerzeit sind auf die Punkte verteilt, an denen ein Riß im normalen Ereignisverlauf, in der normalen, von Ursache oder Zweck bestimmten Lebensreihe klafft, an denen diese Reihe abbricht und das Eindringen übermenschlicher Kräfte (Schicksal, Götter, Bösewichte) ermöglicht. Eben diese Kräfte und nicht die Helden sind es, von denen innerhalb der Abenteuerzeit *jede Initiative* ausgeht. Natürlich agieren innerhalb der Abenteuerzeit die Helden selbst (sie fliehen, verteidigen sich, kämpfen, retten sich), aber sie handeln gleichsam als physische Menschen, die Initiative geht nicht von ihnen aus; sogar die Liebe wird ihnen unerwartet vom allmächtigen Eros geschickt. Mit den Menschen geschieht in dieser Zeit immer nur etwas (zuweilen fällt es ihnen zu, sogar Königreiche zu erobern). Der echte Abenteuermensch ist ein Mensch des Zufalls. Als ein Mensch, mit dem etwas geschehen ist, tritt er in die Abenteuerzeit ein. Die Initiative in dieser Zeit liegt jedoch nicht bei den Menschen.

* So belaufen sich, um nur die bekanntesten dieser Romane zu nennen, d'Urfés »Astrée« auf fünf Bände mit insgesamt mehr als sechstausend Seiten, La Calprenèdes »Cléopatre« auf zwölf Bände (mehr als fünftausend Seiten) und Lohensteins »Großmütiger Feldherr Arminius ...« auf zwei Riesenbände (mehr als dreitausend Seiten).

Es versteht sich von selbst, daß die Momente der Abenteuerzeit, alle diese »plötzlich« und »gerade«, nicht mittels verstandesmäßiger Analyse, Erforschung, weiser Voraussicht, Erfahrung usw. wägbar sind. Statt dessen lassen sich diese Momente durch Weissagungen, Auspizien, Überlieferungen, Prophezeiungen, Orakelsprüche, prophetische Träume und Vorahnungen in Erfahrung bringen. Mit all dem sind die griechischen Romane angefüllt. Kaum hat »das Schicksal sein Spiel« mit Kleitophon »begonnen«, da hat er bereits einen prophetischen Traum, der ihm seine künftige Begegnung mit Leukippe und ihrer beider Abenteuer enthüllt. Auch im weiteren Verlauf enthält der Roman eine Fülle derartiger Erscheinungen. Das Schicksal und die Götter halten bei den Ereignissen die Initiative in ihren Händen und geben den Menschen Kunde von ihrem Willen. »Die Gottheit liebt es, den Menschen oft die Zukunft nachts zu sagen«, sagt Achilleus Tatios mit dem Munde seines Kleitophon, »nicht damit sie sich vor dem Unheil in acht nehmen, denn über das Verhängte haben sie keine Macht, sondern damit sie die Leiden leichter tragen« (I. Buch, Kapitel 3).

Überall, wo in der späteren Entwicklung des europäischen Romans die griechische Abenteuerzeit zutage tritt, geht im Roman die Initiative auf den *Zufall* über, der die Gleichzeitigkeit und Ungleichzeitigkeit der Erscheinungen lenkt – sei es als eine unpersönliche, im Roman nicht genannte Kraft, sei es als das Schicksal oder als die göttliche Vorsehung, sei es als die romanspezifischen »Bösewichte« und »geheimnisvollen Wohltäter«. Finden sich doch die letzteren auch noch in den historischen Romanen von Walter Scott. Zusammen mit dem Zufall (der verschiedene Masken trägt) gelangen unausweichlich verschiedene Arten von Prophezeiungen, vor allem aber prophetische Träume und Vorahnungen in den Roman. Und selbstverständlich muß auch nicht der ganze Roman auf der Abenteuerzeit griechischen Typs aufgebaut sein; es genügt eine kleine Beimengung von Elementen dieser Zeit zu anderen Zeitreihen, um die Erscheinungen zutage treten zu lassen, die die Abenteuerzeit unabdingbar begleiten.

In diese Abenteuerzeit des Zufalls, der Götter und der Bösewichte, der eine spezifische Logik innewohnt, wurden im 17. Jahrhundert – in den ersten europäischen historischen Romanen – sogar die Schicksale ganzer Völker, Reiche und Kulturen einbezogen, z. B. in Madeleine de Scudérys Roman »Artamène oder der Große Cyrus«, in Lohensteins Roman »Großmütiger Feldherr Arminius ...«, in den historischen Romanen von La Calprenède. Es entsteht eine besondere – diese Romane durchdringende – »Geschichtsphilosophie«, die die Entscheidung über die historischen Schicksale jener außerzeitlichen Kluft anheimstellt, die sich zwischen zwei Momenten der realen Zeitreihe öffnet.

Einige Momente des historischen Barockromans sind über das Bindeglied des »gotischen Romans« auch in den historischen Roman Walter Scotts eingedrungen und bestimmen einige seiner Besonderheiten: das verborgene Walten geheimnisvoller Wohltäter und Bösewichte, die spezifische Rolle des Zufalls, verschiedenartige Prophezeiungen und Vorahnungen. Freilich handelt es sich hierbei um Momente, die im Roman Walter Scotts ganz und gar nicht dominieren.

Es muß jedoch gleich dazugesagt werden, daß es hierbei um die spezifische *Initiativcharakter tragende Zufälligkeit* der griechischen Abenteuerzeit geht, nicht aber um Zufälligkeit schlechthin. Die letztere ist eine der Erscheinungsformen der Notwendigkeit und kann als solche in jedem Roman wie auch im Leben selbst vorkommen. In den realeren menschlichen Zeitreihen (wobei der Realitätsgrad hier differiert) entsprechen den Momenten der griechischen – Initiativcharakter tragenden – Zufälligkeit (allerdings handelt es sich dabei keineswegs um eine Entsprechung im *strengen* Sinne) Momente wie menschliche Fehler, Verbrechen (zum Teil schon im Barockroman), wie das Schwanken und Entscheiden, wie menschliche Entschlüsse mit Initiativcharakter.

Um unsere Analyse zur Abenteuerzeit im griechischen Roman abzurunden, müssen wir noch auf ein allgemeineres Moment eingehen, nämlich auf die einzelnen Motive, die als konstituierende Elemente in die Sujets der Romane eingehen. Motive wie Begegnung und Trennung (Abschied), Verlieren und Wiedergewinnen, Suchen und Finden, Wiedererkennen und Nichtwiedererkennen gelangen als konstituierende Elemente nicht nur in die Sujets von Romanen, die verschiedenen Epochen angehören und verschieden geartet sind, sondern auch in die Sujets von literarischen Werken anderer (epischer, dramatischer und sogar lyrischer) Genres. Diese Motive sind ihrer Natur nach chronotopisch (wenngleich in den einzelnen Genres auf verschiedene Weise). Wir wollen uns hier mit einem dieser Motive, das wohl auch das wichtigste sein dürfte, näher befassen: mit dem *Motiv der Begegnung.*

In allen Begegnungen ist (wie wir es bei der Analyse des griechischen Romans bereits demonstriert haben) die zeitliche Bestimmung (»zu ein und derselben Zeit«) nicht zu trennen von der räumlichen Bestimmung (»an ein und demselben Ort«). Auch wenn das Motiv negativ ist (»sie sind sich nicht begegnet«, »sie haben sich verfehlt«), bleibt die Chronotopie erhalten, nur wird das eine oder andere Glied des Chronotopos mit einem negativen Vorzeichen versehen: Sie sind sich nicht begegnet, weil sie nicht zu ein und derselben Zeit an den betreffenden Ort gelangten oder sich zu ein und derselben Zeit an verschiedenen Orten befanden. Die untrennbare Einheit (jedoch nicht Verschmelzung) der Zeit- und Raumbestimmungen hat im Chronotopos der Begegnung einen äußerst exakten, formalen, nahezu mathematischen Charakter. Dies ist freilich ein abstrakter Charakter. Indessen ist das Motiv der Begegnung isoliert nicht denkbar: Es geht stets als ein konstituierendes Element in das Gefüge des Sujets und in die konkrete Einheit des ganzen Werkes ein und wird folglich in dessen umgreifenden konkreten Chronotopos – in unserem Falle: die Abenteuerzeit und das fremde (jedoch nicht wesensfremde) Land – integriert. Das Motiv der Begegnung nimmt in den verschiedenen Werken verschiedene konkrete Schattierungen an, darunter emotional-wertorientierte (die Begegnung kann erwünscht oder unerwünscht, freudig oder traurig, zuweilen schrecklich sein, sie kann auch ambivalenten Charakter haben). Natürlich kann dieses Motiv in den verschiedenen Kontexten auf verschiedene Weise sprachlichen Ausdruck finden. Es kann eine halbmetaphorische oder rein metaphorische Bedeutung annehmen, es kann schließlich zu einem (mitunter sehr tiefgründigen) Symbol werden. Sehr häufig erfüllt der Chronotopos der Begegnung in der Literatur kompositionelle Funktionen: Er dient zur Schürzung des Knotens, bildet zuweilen den Kulminationspunkt oder sogar die Lösung (das Finale) des Sujets. Die Begegnung ist eines der ältesten sujetbildenden Ereignisse der Epik (insbesondere des Romans). Es sei speziell auf den engen Zusammenhang hingewiesen, der zwischen diesem Motiv und Motiven wie *Abschied, Flucht, Erringen, Verlieren, Heirat* u. dgl. besteht, die in bezug auf die Einheit der Raum-Zeit-Bestimmungen dem Motiv der Begegnung ähnlich sind. Von besonders großer Bedeutung ist der enge Zusammenhang, der zwischen dem Motiv der Begegnung und dem *Chronotopos des Weges* (der »Landstraße«) besteht: Unterwegs kommt es zu Begegnungen verschiedener Art. Auch im Chronotopos des Weges tritt die Einheit der Raum-Zeit-Bestimmungen mit außergewöhnlicher Präzision und Klarheit zutage. Dieser Chronotopos hat in der Literatur eine enorme Bedeutung; es gibt kaum ein Werk, in dem das Motiv des Weges nicht in irgendeiner Variante auftaucht, und viele Werke basieren direkt auf dem Chronotopos des Weges sowie der sich unterwegs abspielenden Begegnungen und Abenteuer.*

Das Motiv der Begegnung ist auch mit anderen wichtigen Motiven eng verbunden, insbesondere mit dem des *Wiedererkennens* und *Nichtwiedererkennens*, das für die Literatur (z. B. für die antike Tragödie) von enormer Bedeutung war.

Die Begegnung ist eines der universellsten Motive, und das gilt nicht nur für die Literatur (es dürfte schwerfallen, ein Werk zu finden, in dem dieses Motiv gänzlich fehlte), sondern auch für die anderen Bereiche der Kultur wie auch für die verschiedenen Sphären des gesellschaftlichen und des alltäglichen Lebens. In Wissenschaft und Technik, wo das rein begriffliche Denken vorherrscht, gibt es keine Motive im eigentlichen Sinne, man kann jedoch den Begriff des *Kontakts* (bis zu einem gewissen Grade) als ein Äquivalent für das Motiv der Begegnung erachten. Besonders große Bedeutung kommt diesem Motiv natürlich in der Mythologie und Religion zu: in der heiligen Überlieferung und in der Heiligen Schrift (in der christlichen, z. B. in den Evangelien, wie auch in der buddhistischen) und in religiösen Ritualen. In der religiösen Sphäre verbindet sich das Motiv der Begegnung mit anderen Motiven, z. B. mit dem der »Erscheinung« (der »Epiphanie«). Auch in einigen Richtungen der Philosophie, die keinen streng wissenschaftlichen Charakter haben, erhält das Motiv der Begegnung gewisse Bedeutung (beispielsweise bei Schelling, bei Max Scheler und vor allem bei Martin Buber).

In den Organisationen des sozialen und staatlichen Lebens hat man es beständig mit dem realen Chronotopos der Begegnung zu tun. Die verschiedensten Arten organisierter gesellschaftlicher Begegnungen und deren Bedeutung sind allgemein bekannt. Auch im staatlichen Bereich spielen Begegnungen eine große Rolle, man denke nur an die Treffen von Diplomaten, die stets streng reglementiert sind, bei denen der Ort, die Zeit und die Zusammensetzung der Empfangsdelegation entsprechend dem Rang desjenigen, der empfangen wird, festgelegt werden. Und schließlich wissen wir, wie wichtig Begegnun-

* Im Schlußabschnitt dieser Arbeit werden wir diesen Chronotopos noch eingehender charakterisieren.

gen (die zuweilen unmittelbar über das gesamte Schicksal eines Menschen entscheiden) für das Leben und die alltägliche Existenz jedes einzelnen Menschen sein können.

Soviel zum chronotopischen Motiv der Begegnung. Auf allgemeinere Fragen der Chronotopoi und der Chronotopie werden wir am Schluß unserer Untersuchungen eingehen. Kehren wir zunächst zu unseren Analysen des griechischen Romans zurück.

Wie ist der Raum beschaffen, in dem sich die Abenteuerzeit der griechischen Romane realisiert?

Die griechische Abenteuerzeit bedarf einer *abstrakten* räumlichen Extensität. Zwar ist auch die Welt des griechischen Romans chronotopisch, aber der Zusammenhang zwischen Raum und Zeit hat in ihr sozusagen nicht organischen, sondern rein technischen (und mechanischen) Charakter. Das Abenteuer braucht, um sich entfalten zu können, Raum, viel Raum. Die zufällige Gleichzeitigkeit und die zufällige Ungleichzeitigkeit der Erscheinungen sind untrennbar mit dem Raum verbunden, der in erster Linie nach *Ferne* und *Nähe* (und deren unterschiedlichen Graden) gemessen wird. Damit Kleitophons Selbstmord verhindert werden kann, müssen seine Freunde gerade an der Stelle auftauchen, an der Kleitophon sich anschickt, sein Vorhaben auszuführen. Um *rechtzeitig anzukommen*, d. h. um im notwendigen *Augenblick* am erforderlichen *Ort* zu sein, *laufen* sie, d. h., sie überwinden eine *räumliche Entfernung*. Damit Kleitophon am Schluß des Romans gerettet werden kann, muß die von dem Priester der Artemis angeführte Prozession *rechtzeitig* am *Ort* der Hinrichtung, *bevor* diese vollstreckt ist, erscheinen. Bei Entführungen kommt es darauf an, daß die entführte Person *schnell* an einen *entfernten* und *unbekannten Ort* gebracht wird. Die *Verfolgung* erfordert, daß eine *Entfernung* und bestimmte *räumliche Hindernisse* überwunden werden. *Gefangennahme* und *Kerker* bedeuten, daß der Held an einem *bestimmten Ort des Raumes verwahrt* und *isoliert* wird, was der weiteren räumlichen Bewegung zum Ziel, d. h. der weiteren Verfolgung, Suche usw., hinderlich ist. Entführungen, Flucht, Verfolgung, Suche, Gefangennahme spielen im griechischen Roman eine außerordentlich große Rolle. Gerade deshalb sind für ihn ausgedehnte Räume, Festland und Meer sowie verschiedene Länder unabdingbar. Die Welt dieser Romane ist groß und vielgestaltig. Doch auch die Größe und die Vielfalt sind völlig abstrakt. Für den Schiffbruch wird ein *Meer* benötigt, aber was für ein Meer das im geographischen und historischen Sinne ist, interessiert überhaupt nicht. Bei einer Flucht ist es wichtig, in ein *anderes Land* zu gelangen, ebenso ist den Entführern daran gelegen, ihr Opfer in ein anderes Land zu bringen, aber um was für ein anderes Land es sich dabei handelt, das ist gleichfalls ohne jede Bedeutung. Die abenteuerlichen Ereignisse des griechischen Romans stehen in keinerlei wesentlichem Zusammenhang mit den Besonderheiten, der sozial-politischen Ordnung, Kultur und Geschichte der einzelnen Länder, die im Roman auftauchen. Keine dieser Besonderheiten wird auch nur andeutungsweise zu einem fest umrissenen Moment des abenteuerlichen Ereignisses; denn dieses Ereignis wird in seiner Gesamtheit einzig und allein vom *Zufall* determiniert, d. h. gerade von der *zufälligen* Gleichzeitigkeit oder Ungleichzeitigkeit an dem *jeweiligen Ort des Raumes* (in dem jeweiligen Land, der jeweiligen Stadt usw.). Der Charakter des jeweiligen Ortes wird nicht zu einem Bestandteil des Ereignisses, in das Abenteuer findet der Ort nur als bloße abstrakte Extensität Eingang.

Deshalb sind alle Abenteuer des griechischen Romans translozierbar; das, was in Babylon geschieht, könnte auch in Ägypten oder Byzanz geschehen, und umgekehrt. Auch in der Zeit lassen sich die einzelnen, in sich abgeschlossenen Abenteuer verschieben, da ja die Abenteuerzeit keinerlei wesentliche Spuren hinterläßt und folglich im Grunde genommen umkehrbar ist. Charakteristisch für den Abenteuerchronotopos sind demnach: die *technische, abstrakte Verbindung von Raum und Zeit, die Umkehrbarkeit* der Momente der Zeitreihe und deren *Austauschbarkeit* im Raum.

Alle Initiative und alle Macht liegen in diesem Chronotopos beim Zufall. Deshalb kann diese Welt nur in einem sehr begrenzten Maße *bestimmt* und *konkret* sein. Würde doch jede Konkretisierung – sei sie geographisch, ökonomisch, sozial-politisch oder alltagsbezogen – die Abenteuer in ihrer Unbefangenheit und Leichtigkeit beeinträchtigen und die absolute Macht des Zufalls einschränken. Jede Konkretisierung, selbst wenn sie nur das Alltagsdasein beträfe, würde in das menschliche Leben und dessen Zeit ihre eigenen *Gesetzmäßigkeiten*, ihre *Ordnung* und ihre *integrierenden Zusammenhänge* hineintragen. Die Ereignisse wären in diese Gesetzmäßigkeit eingebettet und würden an dieser Ordnung und diesen integrierenden Zusammenhängen mehr oder weniger partizipieren. Die Macht des Zufalls würde dadurch wesentlich eingeschränkt, die Abenteuer wären organisch lokalisiert und in ihrer Bewegung in Raum und Zeit gehemmt. Eine solche Bestimmtheit und Konkretisierung wären jedoch (bis zu einem gewissen Grade) einfach unvermeidlich, würde man die eigene heimische Welt, die Realität einer vertrauten Umgebung darstellen. Der Abstraktionsgrad, der für die griechische Abenteuerzeit unerläßlich ist, wäre bei einer Darstellung der eigenen heimischen Welt (wie auch immer diese Welt beschaffen wäre) gänzlich unrealisierbar.

Deshalb ist die Welt des griechischen Romans eine *fremde Welt*: Alles in ihr ist unbestimmt, unbekannt, fremd. Die Helden sind zum ersten Mal in dieser Welt: zwischen ihr und den Helden bestehen keinerlei wesentliche Zusammenhänge oder Beziehungen; die sozial-politischen, das Alltagsleben und anderes betreffenden Gesetzmäßigkeiten sind den Helden fremd; sie kennen sie nicht; deshalb gibt es für sie in dieser Welt nur zufällige Gleichzeitigkeiten und Ungleichzeitigkeiten.

Die Fremdheit dieser Welt wird in den griechischen Romanen jedoch nicht hervorgekehrt und darf deshalb auch nicht als exotisch bezeichnet werden. Bei der Exotik wird *das Fremde* vorsätzlich *dem Eigenen gegenübergestellt*, die Fremdheit des Fremden wird betont, gleichsam ausgekostet und vor dem Hintergrund dessen, was als das Eigene, Gewohnte und Bekannte impliziert ist, eingehend dargestellt. Das gibt es im griechischen Roman nicht. Dort ist alles fremd, auch das Heimatland der Helden (der männliche und der weibliche Held stammen meist aus verschiedenen Ländern), und man findet hier auch nicht das, was als das Heimatliche, Gewohnte und Bekannte (das Heimatland des Autors und seiner Leser) impliziert ist und vor dessen Hintergrund die Seltsamkeit und Fremdartigkeit des Fremden deutlich wahrgenommen würde. Zugegeben, in einem ganz winzigen Ausmaß gibt es in diesen Romanen etwas, das als das (für Autor und Leser) Heimatliche, Gewohnte und Normale impliziert ist, es gibt gewisse Maßstäbe für die Wahrnehmung der Wunderdinge und Raritäten dieser fremden Welt. Aber das Ausmaß derselben ist derartig gering, daß die Wissenschaft nahezu überhaupt nicht imstande ist, über eine Analyse dieser Romane die implizierte »eigene Welt« und »eigene Epoche« der Autoren zu erschließen.

Die Welt der griechischen Romane ist eine *abstrakt-fremde Welt*, wobei fremd auch noch in einem totalen Sinne verstanden werden muß, da in ihr nirgends das Bild der heimatlichen Welt aufleuchtet, aus der der Autor stammt und die seinem Blick als Ausgangspunkt dient. Deshalb wird in dieser Welt die absolute Macht des Zufalls durch nichts eingeschränkt; deshalb verlaufen und folgen in ihr alle diese Abenteuer – Entführung, Flucht, Gefangennahme und Befreiung, Scheintod und Auferstehung usw. – mit so erstaunlicher Schnelligkeit und Leichtigkeit aufeinander.

Doch werden in dieser abstrakt-fremden Welt, wie gesagt, viele Dinge und Erscheinungen sehr genau beschrieben. Wie vereinbart sich das mit der Abstraktheit dieser Welt? Hierzu ist festzustellen, daß alles, was in den griechischen Romanen beschrieben wird, als etwas nahezu *Isoliertes, Singuläres* und *Vereinzeltes* geschildert wird. An keiner Stelle wird hier ein Land als Ganzes – in seinen Besonderheiten und Erkennungszeichen gegenüber anderen Ländern sowie in seinen Zusammenhängen – vorgeführt. Beschrieben werden lediglich einzelne Bauwerke ohne jeden Bezug zu dem Ganzen, das sie umgreift, oder einzelne Naturphänomene, z. B. seltsame Tiere, die in dem jeweiligen Land anzutreffen sind. Nirgends wird über die Sitten und das Alltagsleben eines Volkes insgesamt berichtet, es wird lediglich ein einzelner seltsamer Brauch geschildert, der außerhalb jedes Zusammenhangs steht. Alle im Roman beschriebenen Gegenstände sind voneinander isoliert, sind nicht miteinander verbunden. Deshalb charakterisieren diese Gegenstände in ihrer Gesamtheit nicht die im Roman dargestellten (genauer gesagt: erwähnten) Länder, sondern jeder Gegenstand genügt sich selbst.

Alle diese im Roman geschilderten, isolierten Dinge sind ungewöhnlich, seltsam und rar. Gerade deshalb werden sie ja auch beschrieben. Beispielsweise wird in »Leukippe und Kleitophon« von einem sonderbaren Tier, »Nilpferd« (Hippopotamus) genannt, erzählt. Diese Schilderung beginnt mit den Worten: »Es glückte den Männern, ein Flußtier zu erjagen, das *anschauenswert* war« (IV. Buch, Kapitel 2). Im weiteren ist von einem Elefanten die Rede, von »dessen Geburt *erstaunliche Dinge*«[4] erzählt werden. An anderer Stelle wird ein Krokodil beschrieben. »Ich sah auch ein anderes Tier des Nils, das mehr als das Flußpferd *wegen seiner Stärke gerühmt wird.* Krokodeilos war sein Name« (IV. Buch, Kapitel 19).

Da für alle diese beschriebenen Dinge und Erscheinungen keine Vergleichswerte vorliegen und es für deren Wahrnehmung, wie gesagt, keinen in irgendeiner Hinsicht präzisen Hintergrund einer gewohnten, eigenen Welt gibt, nehmen diese ungewohnten Dinge zwangsläufig den Charakter von Kuriosa, Wunderdingen und Raritäten an.

Auf diese Weise sind im griechischen Roman also die Räume der *fremden Welt* mit isolierten, untereinander nicht verbundenen Kuriosa und Raritäten angefüllt. Diese selbstzweckhaften interessanten, absonderlichen und erstaunlichen Dinge haben ebenso zufälligen und überraschenden Charakter wie die Abenteuer selbst. Sie sind aus demselben Material gemacht; es sind dies geronnene »plötzlich« und »gerade«, zu Dingen gewordene Abenteuer, Produkte desselben Zufalls.

Das hat zur Folge, daß sich der Chronotopos der griechischen Romane – eine fremde Welt, in der die Zeit des Abenteuers herrscht – durch eine spezifische Folgerichtigkeit und Einheit auszeichnet. Er hat seine eigene konsequente Logik, die alle seine Momente determiniert. Und obwohl, wie wir bereits ausführten, die Motive des griechischen Romans für sich genommen nicht neu sind und vorher schon von anderen Genres ausgebildet waren, erlangen sie doch in dem neuen Chronotopos dieses Romans, indem sie dessen konsequenter Logik unterworfen werden, eine völlig neue Bedeutung und besondere Funktionen.

In anderen Genres waren diese Motive mit anderen, konkreteren und stärker verdichteten Chronotopoi verbunden. Liebesmotive (erste Begegnung, plötzlich aufflammende Liebe, Liebesgram, erster Kuß usw.) waren in der alexandrinischen Dichtung vornehmlich im bukolischen (Hirtenidyllen-)Chronotopos ausgebildet. Dies ist ein kleiner, sehr konkreter und komprimierter lyrisch-epischer Chronotopos, der in der Weltliteratur eine nicht unbedeutende Rolle gespielt hat. Mit ihm ist eine spezifische zyklisierte (jedoch nicht rein zyklische) idyllische Zeit gegeben, in der die natürliche (zyklische) Zeit mit der Alltagszeit des fiktiven Hirtenlebens (zuweilen auch weitergefaßt: des Lebens der Landwirte) verknüpft ist. Diese Zeit ist durch einen bestimmten halbzyklischen Rhythmus gekennzeichnet und fest verwachsen mit einer spezifischen und bis ins Detail ausgearbeiteten idyllischen Insellandschaft. Es ist dies die konzentrierte, wie Honig duftende Zeit kurzer Liebesszenen und lyrischer Ergüsse, die ein streng abgegrenztes, geschlossenes und ganz und gar stilisiertes Fleckchen des natürlichen Raumes völlig durchdrungen hat (wir lassen hierbei die verschiedenen Variationen, die der Chronotopos der Liebesidylle in der hellenistischen, einschließlich der römischen, Dichtung erfahren hat, unberücksichtigt). Von diesem Chronotopos ist im griechischen Roman freilich nichts zurückgeblieben. Eine Ausnahme bildet lediglich der – eine Sonderstellung einnehmende – Roman »Daphnis und Chloë« von Longos. In seinem Zentrum steht ein Chronotopos der Hirtenidylle, der jedoch im Zerfall begriffen ist, seine kompakte Geschlossenheit und Begrenzung eingebüßt hat, gänzlich von einer fremden Welt umgeben ist und selbst halbfremd geworden ist; die natürlich-idyllische Zeit hat nicht mehr so konzentrierten Charakter, sie ist von der Abenteuerzeit aufgelockert worden. Dem Typ des griechischen Abenteuerromans kann man Longos' Idylle ganz gewiß nicht vorbehaltlos zuordnen. Auch weist dieses Werk innerhalb der folgenden geschichtlichen Entwicklung des Romans eine eigene Linie auf.

Die Momente des Sujets und der *Komposition* des griechischen Romans, die mit der Reise durch verschiedene fremde Länder in Zusammenhang stehen, gehen auf den antiken geographischen Roman zurück. Die Welt dieses Romans ähnelt ganz und gar nicht der fremden Welt des griechischen Romans. Als Zentrum dient hier vor allem die *eigene reale Heimat*, von der die Blickpunkte, Maßstäbe, Herangehensweisen und Bewertungen geliefert werden und die das Sehen und das Verstehen der fremden Länder und Kulturen organisiert (wobei das der eigenen Heimat Zugehörige nicht unbedingt positiv bewertet wird, in jedem Falle aber die Maßstäbe und den Hintergrund liefert). Das allein (d.h. die Tatsache, daß das Zentrum, das das Sehen und Darstellen organisiert, innerhalb des Angestammten liegt) verleiht der fremden Welt im geographischen Roman bereits ein von Grund auf anderes Gesicht. Außerdem handelt es sich bei dem Menschen in diesem Roman um den *öffentlichen, politischen* Menschen der Antike, der sich von sozial-politischen, philosophischen und utopischen Interessen leiten läßt. Ferner hat das Moment der Reise und des *Weges* schon als solches realen Charakter und bringt in die Zeitreihe dieses Romans ein grundlegendes reales Organisationszentrum ein. Und schließlich ist auch das biographische Moment ein wesentliches Organisationsprinzip für die Zeit dieser Romane. (Wir sehen hier gleichfalls von den verschiedenen Spielarten des geographischen Reiseromans ab; zwar gibt es in einer dieser Varianten auch das Moment des *Abenteuers*, doch dieses ist hier nicht das dominierende Organisationsprinzip, und es hat einen anderen Charakter.)

Es würde zu weit führen, an dieser Stelle noch näher auf die Chronotopoi anderer Genres der antiken Literatur einzugehen, etwa des großen Epos und des Dramas. Es sei nur angemerkt, daß ihnen eine volkstümlich-mythologische Zeit zugrunde liegt, auf deren Hintergrund die antike historische Zeit (mit ihren spezifischen Beschränkungen) hervorzutreten beginnt. Diese Zeiten waren sehr stark lokalisiert, sie waren in keiner Weise von den konkreten Merkmalen der heimatlichen griechischen Natur wie auch von den Merkmalen der »zweiten Natur«, d.h. den Merkmalen der heimischen Gebiete, Städte und Staaten loszulösen. Der Grieche sah in jeder Erscheinung der heimischen Natur eine Spur der mythologischen Zeit, ein in ihr verdichtetes mythologisches Ereignis, das in eine kleinere oder größere mythologische Szene umgesetzt werden konnte. Ebenso ausgeprägt konkret und lokalisiert war auch die historische Zeit, die im Epos und in der Tragödie noch sehr eng mit der mythologischen Zeit verflochten war. Diese *klassischen* griechischen Chronotopoi könnte man nahezu als Antipoden der fremden Welt der griechischen Romane bezeichnen.

Mithin hatten die verschiedenen Motive und Momente (des Sujets und der Komposition), die in den anderen antiken Genres entwickelt wurden und lebendig waren, dort einen gänzlich anderen Charakter und andere Funktionen als jene, die uns im griechischen Abenteuerroman mit seinem *spezifischen Chronotopos* begegnen. In ihm wurden sie Teil einer neuen und ganz besonderen künstlerischen Einheit, bei der es sich freilich um weit mehr als nur eine mechanische Verbindung verschiedener antiker Genres handelt.

Nun, da wir die Spezifik des griechischen Romans klarer erkennen, können wir die Frage nach dem *Bild des Menschen* in ihm stellen. Im Zusammenhang damit werden auch die Besonderheiten aller Sujetmomente des Romans zutage treten.

Wie kann das Bild des Menschen unter den Bedingungen der von uns charakterisierten Abenteuerzeit – gekennzeichnet durch zufällige Gleichzeitigkeit und zufällige Ungleichzeitigkeit, durch absolute Spurenlosigkeit sowie durch den Umstand, daß in ihr die Initiative allein vom Zufall ausgeht – beschaffen sein? Es versteht sich von selbst, daß der Mensch in einer solchen Zeit nur absolut *passiv* und absolut *unwandelbar* sein kann. Wie wir bereits gesehen haben, ist hier der Mensch immer nur jemand, mit dem etwas *geschieht*. Er selbst ist jeglicher Initiative beraubt, ist lediglich das physische Subjekt der Handlung. Seine Aktivitäten müssen daher zwangsläufig vornehmlich elementar-räumlichen Charakter haben. Im Grunde genommen laufen alle Handlungen der Helden des griechischen Romans auf eine *erzwungene Bewegung im Raum* (Flucht, Verfolgung, Suche) hinaus, d. h. darauf, daß der *Platz* im Raum *gewechselt wird.* Und die räumliche *Bewegung des Menschen* ist es auch, die für Raum und Zeit des griechischen Romans, d. h. für dessen Chronotopos, die grundlegenden *Meßkriterien* liefert.

Immerhin bewegt sich jedoch im Raum ein *lebendiger Mensch* und kein physikalischer Körper im buchstäblichen Sinne des Wortes. Zwar ist er in seinem Leben völlig passiv, denn das »Schicksal« hat die Fäden des Spiels in der Hand, doch *erleidet* er dieses Spiel des Schicksals. Und er erleidet es nicht nur, sondern es gelingt ihm, *sich selbst zu erhalten* und in diesem Spiel, durch alle Launen des Schicksals und des Zufalls hindurch unverändert seine absolute *Identität mit sich selbst* zu bewahren.

Diese spezifische *Identität mit sich selbst* ist das *Zentrum*, das das Bild des Menschen im griechischen Roman *organisiert.* Wir dürfen die Bedeutung und die besondere ideologische Dimension dieses Moments menschlicher Identität nicht unterschätzen. In diesem Moment ist der griechische Roman mit den Tiefen der *Folklore der Vorklassengesellschaft* verknüpft und bemächtigt sich damit eines der wesentlichen Elemente der volkstümlichen Vorstellung vom Menschen, die bis heute in verschiedenen Formen der Folklore, vor allem im Volksmärchen, fortlebt. Wie sehr auch das Moment der menschlichen Identität im griechischen Roman verkümmert und entblößt sein mag, es bleibt hier dennoch ein geringer, aber wertvoller Bruchteil volkstümlichen Menschseins erhalten, und es wird der Glaube weitergegeben, daß der Mensch in seinem Kampf mit der Natur und mit allen übermenschlichen Kräften nicht besiegt werden kann.

Bei unserer eingehenden Betrachtung der Sujet- und Kompositionsmomente des griechischen Romans konnten wir uns von der außerordentlich großen Rolle überzeugen, die in ihm eine Reihe von Motiven spielen: z. B. das Motiv des *Wiedererkennens, des Verkleidens*, des (temporären) Wechselns der Kleidung, des Scheintodes (mit nachfolgender Wiedererweckung), des *vermeintlichen Verrats* (mit der anschließenden Feststellung unwandelbarer Treue) sowie schließlich das kompositionelle (organisierende) Grundmotiv, das darin besteht, daß die *Unwandelbarkeit und Selbstidentität der Helden auf die Probe gestellt wird.* In allen diesen Momenten läßt sich das direkte Spiel des Sujets mit den *Merkmalen der menschlichen Identität* verfolgen.

Aber auch die grundlegende Verknüpfung der Motive *Begegnung, Abschied, Suche, Wiedergewinnung* ist nur ein anderer, sozusagen sujetmäßig reflektierter Ausdruck ebendieser menschlichen Identität.

Vor allem mit dem in kompositorischer Hinsicht organisierenden Moment der *Erprobung* der Helden wollen wir uns nun genauer befassen. Ganz zu Beginn hatten wir den ersten Typ des antiken Romans als einen abenteuerlichen *Prüfungsroman*[5] definiert. Der Terminus »Prüfungsroman« wird von der Literaturwissenschaft schon seit langem auf den Barockroman (des 17. Jahrhunderts) angewandt, der als eine Weiterentwicklung, die der Roman griechischen Typs auf europäischem Boden erfahren hat, anzusehen ist.

Im griechischen Roman tritt die organisatorische Bedeutung der Erprobungsidee sehr deutlich zutage, wobei dieser Idee hier sogar im gerichtlich-juristischen Sinne Ausdruck verliehen wird.

Die Abenteuer des griechischen Romans sind in ihrer Mehrzahl als Erprobungen des männlichen und des weiblichen Helden organisiert, wobei vor allem deren Keuschheit und gegenseitige Treue auf die Probe gestellt werden. Es werden ferner aber auch ihr Edelmut, ihre Tapferkeit, ihre Kraft und Unerschrockenheit sowie – seltener – ihr Verstand einer Prüfung unterzogen. Der Zufall beschert den Helden auf ihrem Wege nicht nur Gefahren, sondern auch allerlei Versuchungen und bringt sie in die heikelsten Situationen. Doch gehen sie stets ehrenhaft aus ihnen hervor. In der geschickten Erfindung äußerst komplizierter Situationen tritt eindeutig die kasuistische Raffinesse der zweiten Sophistik zutage. Und daraus resultiert der etwas äußerlich-formale, gerichtlich-rhetorische Charakter dieser Erprobungen.

Es geht hier jedoch nicht nur um die Organisierung einzelner Abenteuer. Vielmehr wird der Roman insgesamt als Erprobung der Helden verstanden. Wie wir bereits wissen, hinterläßt die griechische Abenteuerzeit keine Spuren – weder in der Welt noch in den Menschen selbst. Aus der Gesamtheit der Romanereignisse ergeben sich keinerlei äußere oder innere Veränderungen, die auch nur einigermaßen dauerhaft wären. Gegen Ende des Romans wird das anfängliche Gleichgewicht, das durch den Zufall gestört worden war, wiederhergestellt. Alles kehrt an seinen Ausgangspunkt, auf seine Plätze zurück. Das Ergebnis des ganzen langen Romans besteht darin, daß der Held seine Braut heiratet. Und dennoch sind die Menschen und Dinge durch etwas hindurchgegangen, das sie zwar nicht verändert, sie jedoch gerade aus diesem Grunde gewissermaßen bestätigt hat, etwas, das ihre Identität, ihre Beständigkeit und Unwandelbarkeit auf die Probe gestellt und erwiesen hat. Der Hammer der Ereignisse zerkleinert nichts und schmiedet nichts, er prüft lediglich die Festigkeit des schon fertigen Erzeugnisses. Und dieses hält der Prüfung stand. Darin liegt der künstlerisch-ideologische Sinn des griechischen Romans.

Kein einziges künstlerisches Genre kann sich allein auf bloße Unterhaltsamkeit gründen. Und auch wenn es unterhalten will, muß es etwas Wesentliches betreffen. Denn unterhaltsam kann nur das menschliche Leben sein oder zumindest etwas, das zu ihm in einer direkten Beziehung steht. Und dieses Menschliche muß sich wenigstens zum Teil von einer wesentlichen Seite her präsentieren, d.h., es muß über ein gewisses Maß an lebendiger *Realität* verfügen.

Der griechische Roman war eine sehr flexible Genrevariante, der eine gewaltige Lebenskraft innewohnte. In der Geschichte des Romans hat sich gerade die in kompositorischer Hinsicht organisierende Idee der Erprobung als besonders lebensfähig erwiesen. Wir begegnen ihr im frühen und besonders auch im späten mittelalterlichen Ritterroman. Sie organisiert in hohem Maße den »Amadis« und die »Palmerine«.[6] Auf ihre Bedeutung für den Barockroman haben wir bereits hingewiesen. Dort wird diese Idee mit einem bestimmten ideologischen Gehalt angereichert, es entstehen bestimmte Ideale des Menschen, deren Verkörperungen die der Erprobung unterzogenen Helden, die »Ritter ohne Furcht und Tadel«, darstellen. Diese absolute Untadeligkeit der Helden artete in Schwülstigkeit aus, was Boileau zu der scharfen und prinzipiellen Kritik in seinem lukianischen Dialog »Die Helden der Liebesgeschichte« veranlaßte.

Nach dem Barock geht die organisatorische Bedeutung der Erprobungsidee merklich zurück. Aber sie stirbt nicht ab und bleibt als eine der Organisationsideen des Romans in allen nachfolgenden Epochen erhalten. Dabei füllt sie sich mit verschiedenartigem ideologischen Inhalt, und die Bewährungsprobe selbst führt oft zu negativen Ergebnissen. Solche Typen und Varianten der Erprobungsidee begegnen uns beispielsweise im 19. und beginnenden 20. Jahrhundert. Verbreitet ist hier ein auf die Berufung, das Auserwähltsein oder die Genialität gerichteter Typ der Erprobung. Eine seiner Variationen ist die Erprobung des napoleonischen Parvenüs im französischen Roman. In einem anderen Typ wird die biologische Gesundheit und

Lebensfähigkeit auf die Probe gestellt. Und schließlich finden sich in der drittrangigen Romanproduktion späte Typen und Variationen dieser Idee wie die Erprobung des Moralverbesserers, des Nietzscheaners, des Amoralisten, der emanzipierten Frau u. dgl.

Alle diese europäischen Varianten des Prüfungsromans, seien sie nun rein oder gemischt, weichen jedoch in erheblichem Maße von der Erprobung der menschlichen Identität in ihrer einfachen, lapidaren und zugleich kraftvollen Form, wie sie uns im griechischen Roman entgegentritt, ab. Zwar sind die Merkmale der menschlichen Identität, wie sie in den Motiven des Wiedererkennens, der Scheintode usw. zutage traten, erhalten geblieben, doch haben sie komplexeren Charakter angenommen und ihre ursprüngliche lapidare Kraft und Einfachheit eingebüßt. Die Beziehung dieser Motive zur Folklore ist im griechischen Roman unmittelbarer (obwohl auch dieser Roman von der Folklore recht weit entfernt ist).

Um das Bild des Menschen im griechischen Roman und die Besonderheiten seiner Identität (und folglich auch die Besonderheiten in der Erprobung dieser Identität) voll begreifen zu können, muß man berücksichtigen, daß es sich hier – im Unterschied zu allen klassischen Genres der antiken Literatur – um den *einzelnen*, um den *privaten* Menschen handelt. Dieser Zug entspricht der *abstrakten fremden Welt* der griechischen Romane. In einer solchen Welt kann es nur den isolierten, privaten Menschen geben, dem jeder in irgendeiner Hinsicht wesentliche Bezug zu seinem Land, seiner Stadt, seiner sozialen Gruppe, seiner Gens und selbst zu seiner Familie fehlt. Er fühlt sich nicht als Teil eines sozialen Ganzen. Er ist ein einsamer Mensch, der in der fremden Welt sich selbst überlassen ist und in ihr keinerlei Mission zu erfüllen hat. Das Private und das Isolierte sind die wesentlichen Züge, die das Bild des Menschen im griechischen Roman kennzeichnen, und diese Züge sind zwangsläufig mit den Besonderheiten der Abenteuerzeit und des abstrakten Raumes verknüpft. Dadurch unterscheidet sich der Mensch des griechischen Romans so auffallend und grundlegend von dem *öffentlichen* Menschen der früheren antiken Genres und speziell von dem *öffentlichen und politischen* Menschen des geographischen Reiseromans.

Aber gleichzeitig gibt sich der private und isolierte Mensch des griechischen Romans nach außen in vieler Hinsicht wie ein öffentlicher Mensch, geradeso wie der öffentliche Mensch der rhetorischen und historischen Genres: Er hält lange, rhetorisch gebaute Reden, in denen er die privaten und intimen Einzelheiten seiner Liebe, seiner Taten und seiner Abenteuer nicht in der Art einer intimen Beichte, sondern in der einer *öffentlichen Rechenschaftslegung* beleuchtet. Außerdem nehmen in den meisten Romanen Gerichtsverfahren einen bedeutenden Platz ein, in denen die Abenteuer der Helden resümiert werden und ihre Identität – besonders, was deren Hauptmoment, die gegenseitige Treue in der Liebe (und speziell die Keuschheit des Mädchens), anbetrifft – auf gerichtlich-juristischem Wege bestätigt wird. So erfahren alle Grundmomente des Romans letztlich eine öffentlich-rhetorische Aufhellung und Rechtfertigung (Apologie) sowie eine definitive gerichtlich-juristische Gesamteinschätzung. Mehr noch: Wenn wir uns die Frage stellen, wodurch die *Einheit des Menschenbildes* im griechischen Roman letztlich bestimmt wird, dann werden wir unweigerlich zu der Antwort kommen, daß diese Einheit in erster Linie *rhetorisch-juristischen Charakter* hat.

Diese öffentlichen rhetorisch-juristischen Momente sind jedoch äußerlicher Natur und dem tatsächlichen inneren Gehalt des Menschenbildes *nicht adäquat*. Der innere Gehalt dieses Bildes ist *gänzlich privat*: Die elementare Lebenssituation des Helden, seine Zielvorstellungen, alle seine Erlebnisse und alle seine Taten haben völlig privaten Charakter und nicht die geringste gesellschaftlich-politische Bedeutung. Dreht sich doch der gesamte Inhalt im wesentlichen um die Liebe der Helden und um die inneren und äußeren Bewährungsproben, denen sie ausgesetzt ist. Und alle übrigen Ereignisse erlangen im Roman nur dadurch Bedeutung, daß sie zu diesem inhaltlichen Drehpunkt in Beziehung stehen. Es ist bezeichnend, daß sogar ein Geschehen *wie der Krieg* einzig und allein unter dem Aspekt der Liebesangelegenheiten der Helden Bedeutsamkeit erhält. So setzt im Roman »Leukippe und Kleitophon« die Handlung mit einem Krieg zwischen Byzantiern und Thrakern ein, weil Leukippe durch diesen Krieg in Kleitophons Vaterhaus verschlagen wird und es somit zu ihrer ersten Begegnung kommt. Am Schluß des Romans wird dieser Krieg noch einmal erwähnt, weil anläßlich des nun eingetretenen Friedens eben jene religiöse Prozession zu Ehren der Artemis stattfindet, derentwegen Folterung und Hinrichtung des Kleitophon nicht zur Durchführung kamen.

Charakteristisch ist jedoch hierbei, daß die Ereignisse des privaten Lebens nicht den gesellschaftlich-politischen Ereignissen untergeordnet sind und nicht von diesen her ihren Sinn erhalten, sondern es ist umgekehrt: Die gesellschaftlich-politischen Ereignisse erlangen im Roman nur durch ihren Bezug zu den Ereignissen des privaten Lebens Bedeutung. Und nur dieser ihr Bezug zu den privaten Schicksalen wird im Roman beleuchtet, während ihr sozial-politisches Wesen außerhalb von ihm bleibt.

Somit steht die öffentlich-rhetorische Einheit des Menschenbildes im Widerspruch zu dessen rein privatem Inhalt. Dieser Widerspruch ist für den griechischen Roman sehr bezeichnend. Charakteristisch ist er auch, wie wir noch sehen werden, für einige der späten rhetorischen (insbesondere autobiographischen) Genres.

Die Antike hat für den privaten Menschen und dessen Leben überhaupt keine adäquate Form und Einheit hervorgebracht. Als das Leben privaten Charakter annahm und die Menschen sich voneinander absonderten und als dieser private Inhalt mehr und mehr die Literatur ausfüllte, bildete dieser Inhalt ihm entsprechende Formen nur in den kleinen lyrisch-epischen Genres und in den kleinen Alltagsgenres (der alltagsbezogenen Komödie und Novelle) aus. In den großen Genres wurde das private Leben des isolierten Menschen in äußerliche, inadäquate – und demzufolge formalistisch-konventionelle – öffentlich-staatliche oder öffentlich-rhetorische Formen gekleidet.

Einen äußerlichen, formalistischen und konventionellen Charakter hat auch die öffentlich-rhetorische Einheit des Menschen und der von ihm durchlebten Ereignisse im griechischen Roman. Alles das, was wir an Verschiedenartigem (seinem Ursprung wie seinem Wesen nach Differierendem) im griechischen Roman finden, konnte überhaupt nur um den Preis äußerster Abstraktheit und Schematisierung, durch das Abstreifen alles Konkreten und Lokalen zusammengeführt und zu einem großen, nahezu enzyklopädischen Genre vereint werden. Der Chronotopos des griechischen Romans ist von allen großen Romanchronotopoi der abstrakteste.

Er ist zugleich der am meisten statische Chronotopos. Welt und Mensch haben in ihm einen absolut fertigen und unverrückbaren Charakter. Es gibt hier keinerlei Potenzen für Entwicklung, Wachstum, Veränderung. Im Ergebnis der im Roman dargestellten Handlung wird in der Welt nichts zerstört, nichts umgestaltet, nichts verändert, nichts neu hervorgebracht. Es wird lediglich die Identität all dessen bestätigt, was am Anfang war. Die Abenteuerzeit hinterläßt keine Spuren.

Das also kennzeichnet den ersten Typ des antiken Romans. Auf einzelne Momente dieses Typs werden wir noch im Zusammenhang mit der weiteren Entwicklung der Aneignung der Zeit im Roman zurückkommen. Wir haben bereits darauf hingewiesen, daß sich dieser Romantyp – das betrifft besonders einige seiner Momente (darunter speziell die Abenteuerzeit) – in der weiteren Geschichte des Romans durch große Flexibilität und Lebensfähigkeit auszeichnet.

2. Apuleius und Petronius

Wir kommen nun zu dem zweiten Typ des antiken Romans, den wir als den »*abenteuerlichen Alltagsroman*« bezeichnen möchten.

Strenggenommen gehören zu diesem Typ nur zwei Werke: das »Satiricon« des Petronius (das in verhältnismäßig kleinen Fragmenten erhalten ist) und der vollständig überlieferte »Goldene Esel« des Apuleius. Einige Wesenselemente dieses Typs sind jedoch ebenso in anderen Genres anzutreffen, vor allem in den Satiren (aber auch in der hellenistischen Diatribe), außerdem in mehreren Spielarten der frühchristlichen Vitenliteratur (sündiges Leben voller Versuchungen, danach Krise und Wiedergeburt des Menschen).

Unserer Analyse des zweiten Typs des antiken Romans wollen wir den »Goldenen Esel« des Apuleius zugrunde legen. Danach werden wir auch auf die Spezifika anderer uns überlieferter Abarten (Muster) dieses Typs eingehen.

Was an den Werken des zweiten Typs vor allem auffällt, ist die Verknüpfung der Abenteuerzeit mit der Zeit des alltäglichen Lebens, weshalb wir diesen Typ auch als »abenteuerlichen Alltagsroman« bezeichnen möchten. Es handelt sich hierbei jedoch keinesfalls um eine mechanische Vereinigung (Addition) dieser Zeiten. In dieser Verknüpfung werden die Abenteuerzeit wie auch die Alltagszeit – unter den Bedingungen eines völlig neuen, von diesem Roman geschaffenen Chronotopos – wesentlich modifiziert. Deshalb bildet sich hier ein neuer Typ von Abenteuerzeit heraus, der von der griechischen entschieden abweicht, wie auch ein besonderer Typ der Alltagszeit.

Das Sujet des »Goldenen Esels« stellt durchaus keine außerzeitliche Kluft zwischen zwei benachbarten Momenten der realen Lebensreihe dar. Im Gegenteil, gerade der Lebensweg des Helden (Lucius) bildet mit seinen wesentlichen Momenten das Sujet dieses Romans. Die Darstellung dieses Lebenswegs weist jedoch zwei Besonderheiten auf, die den speziellen Charakter der *Zeit* in diesem Roman bestimmen.

Erstens wird der Lebensweg des Lucius im Gewand der »Metamorphose« dargeboten, und zweitens verschmilzt der eigentliche *Lebensweg* mit dem *realen Weg des Wanderns und Umherirrens*, auf dem Lucius in Gestalt eines Esels die Welt durchquert.

Innerhalb des Romans ist der in das Gewand der Metamorphose gekleidete Lebensweg sowohl im Hauptsujet, das den Lebensweg des Lucius zum Gegenstand hat, als auch in der eingeschobenen Novelle von Amor und Psyche zu finden, die eine Variante mit parallelem Sinngehalt zum Hauptsujet darstellt.

Die *Metamorphose* (*Verwandlung*) – vor allem die menschliche Verwandlung – gehört neben der *Identität* (ebenfalls vor allem die menschliche Identität) zum Gut der Weltfolklore der Vorklassengesellschaft. Verwandlung und Identität sind im Menschenbild der Folklore zutiefst miteinander verknüpft. Diese Verknüpfung hat sich in besonders prägnanter Form im Volksmärchen erhalten. Das *Bild des Menschen im Märchen* gründet sich – ungeachtet der gewaltigen Vielfalt der Märchenfolklore – immer auf die Motive der *Verwandlung* und der *Identität* (wie verschiedenartig der konkrete Gehalt dieser Motive auch immer sein mag). Dieses Motivpaar wird nicht nur auf den Menschen bezogen, sondern auch auf die gesamte menschliche Welt ausgedehnt – auf die Natur und die vom Menschen geschaffenen Dinge. Auf die Besonderheiten der Volksmärchenzeit, in der sich diese Verwandlung und Identität im Bild des Menschen offenbart, werden wir noch im Zusammenhang mit Rabelais zu sprechen kommen.

Die Idee der Metamorphose hat in der Antike einen sehr komplizierten und weitverzweigten Entwicklungsweg durchlaufen. Eine der Verzweigungen dieses Weges ist die griechische Philosophie, in der die Idee der Verwandlung – neben der Idee der Identität* – eine enorme Rolle spielt, wobei die wesentlich *mythologische Hülle* dieser Ideen bis hin zu Demokrit und Aristophanes erhalten bleibt (und auch von diesen noch nicht vollends abgestreift wird).

Eine andere Verzweigung ist die kultische Entwicklung der Idee der Metamorphose (Verwandlung) in den antiken, vor allem den

* Die Idee der Verwandlung dominiert bei Heraklit, die der Identität bei den Eleaten. Thales, Anaximander und Anaximenes lassen alle Verwandlung von einem Urstoff ausgehen.

Eleusinischen Mysterien. Die antiken Mysterien wurden in ihrer weiteren Entwicklung zunehmend von orientalischen Kulten und deren spezifischen Formen der Metamorphose beeinflußt. Auch die ersten Formen des christlichen Kultes gehören zu dieser Entwicklungsreihe. Und hier schließen sich auch jene groben magischen Formen der Metamorphose an, die im 1. und 2. Jahrhundert u. Z. außerordentlich verbreitet waren und, von diversen Scharlatanen praktiziert, zu einer dauerhaften Erscheinung im Lebensalltag der Epoche wurden.

Eine dritte Verzweigung stellt das Fortleben der Verwandlungsmotive in der eigentlichen Folklore des Volkes dar. Diese Folklore ist uns freilich nicht überliefert, aber wir wissen um ihre Existenz, weil sie die Literatur beeinflußt hat und sich in ihr widerspiegelt (beispielsweise bei Apuleius in der bereits erwähnten Novelle von Amor und Psyche).

Eine vierte Verzweigung schließlich ist die Entwicklung der Idee der Metamorphose in der Literatur. Sie soll uns hier ausschließlich beschäftigen.

Selbstverständlich hat sich die Idee der Metamorphose in der Literatur nicht ohne die Einwirkung all der anderen genannten Entwicklungswege dieser Idee entfaltet. Es genügt, auf die Beeinflussung der griechischen Tragödie durch die Tradition der Eleusinischen Mysterien hinzuweisen. Unbestreitbar ist auch, daß die philosophischen Formen der Verwandlung und – wie von uns bereits hervorgehoben – die Folklore Einfluß auf die Literatur ausgeübt haben.

Die mythologische Hülle der Metamorphose (Verwandlung) birgt die Idee einer Entwicklung (einer Entwicklung, die zudem nicht geradlinig, sondern sprunghaft und stockend vor sich geht) und impliziert somit eine bestimmte Form der *Zeitreihe*. Der Gehalt dieser Idee ist jedoch sehr komplex, und dies ist der Grund, weshalb sich Zeitreihen verschiedenen Typs aus ihr entwickeln.

Wenn wir uns einmal die künstlerische Auflösung dieser komplexen mythologischen Idee der Metamorphose bei Hesiod (in den »Werken und Tagen« wie auch in der »Theogonie«) anschauen, dann sehen wir, daß sich aus ihr eine spezifische genealogische Reihe entwickelt, eine besondere Reihe des Wechsels der Zeitalter und der Geschlechter (der Mythos von den fünf Zeitaltern – dem Goldenen, Silbernen, Bronzenen, Heroischen und Eisernen), eine unumkehrbare theogonische Reihe der Metamorphose der Natur, eine zyklische Reihe der Metamorphose des Getreides und eine analoge Reihe der

Metamorphose der Weinrebe. Mehr noch, auch die zyklische Reihe des agrarischen Arbeitslebens ist bei ihm ebenso als spezifische »Metamorphose des Landmanns« konzipiert. Es gibt jedoch noch weitere Zeitreihen, die sich bei Hesiod aus der *Metamorphose* – als dem mythologischen Urphänomen dieser Reihen – herleiten. Das Gemeinsame aller dieser Reihen besteht im Wechsel (oder in der Aufeinanderfolge) völlig verschiedener, einander unähnlicher Formen (oder Gestalten) ein und desselben. So wird im theogonischen Prozeß die Ära des Kronos durch die Ära des Zeus abgelöst, folgen die Zeitalter und Geschlechter der Menschen (das Goldene, Silberne usw.) aufeinander und wechseln die Jahreszeiten.

Die einzelnen Zeitalter, Geschlechter, Jahreszeiten und Phasen der Landarbeit sind ganz verschiedener Gestalt. Doch hinter allen diesen Unterschieden bleibt die Einheit des Prozesses – der Theogonie, der Geschichte, der Natur, des Lebens der Landwirte – gewahrt.

Bei Hesiod wird die Metamorphose, ebenso wie in den frühen philosophischen Systemen und in den klassischen Mysterien, in einem weiten Sinne aufgefaßt, und schon das Wort »Metamorphose« hat bei ihm keineswegs die spezifische Bedeutung einer einmaligen wunderbaren (ans Magische grenzenden) Verwandlung einer Erscheinung in eine andere, wie sie die römisch-hellenistische Epoche diesem Wort gab. In einer solchen Bedeutung wurde dieses Wort erst in einem späteren Entwicklungsstadium der Idee der Metamorphose verwendet.

Charakteristisch für dieses spätere Stadium sind die »Metamorphosen« des Ovid. Hier wird die Metamorphose schon fast zu einer gesonderten Metamorphose einzelner isolierter Erscheinungen und nimmt den Charakter einer äußeren wundersamen Verwandlung an. Was bleibt, ist die Idee, den gesamten kosmogonischen und historischen Prozeß – von der Erschaffung der Welt aus dem Chaos bis zur Verwandlung Cäsars in einen Stern – unter dem Aspekt der Metamorphose darzustellen. Verwirklicht wird diese Idee jedoch dadurch, daß aus dem gesamten mythologischen und literarischen Erbe einzelne, untereinander nicht verbundene, aber äußerlich markante Metamorphosen (im engeren Sinne des Wortes) ausgewählt und in einer Reihe, die jeder inneren Einheit entbehrt, angeordnet werden. Jede dieser Metamorphosen genügt sich selbst und bildet ein in sich geschlossenes poetisches Ganzes. Die mythologische Hülle der Metamorphose kann die großen und gewichtigen Zeitreihen nicht mehr vereinen. Die Zeit zerfällt in isolierte, sich selbst genügende Zeitabschnitte, die sich mechanisch zu einer Reihe fügen. Die gleiche Auflösung der mythologischen Einheit der antiken Zeitreihen läßt sich auch an Ovids »Fasti« beobachten (einem Werk, das wesentlich zum Verständnis des Zeitempfindens in der römisch-hellenistischen Epoche beitragen kann).

Bei Apuleius nimmt die Metamorphose einen noch spezielleren, isolierteren, schon geradezu magischen Charakter an. Ihre weite Dimension und ihre einstige Kraft hat sie fast gänzlich eingebüßt. Die Metamorphose wird zu einer Form der Sinngebung und Darstellung des *menschlichen Einzelschicksals*, das vom kosmischen und historischen Ganzen losgelöst ist. Und dennoch besitzt die Idee der Metamorphose, vor allem dank dem Einfluß der direkten Folkloretradition, noch genügend Energie, um das *ganze Lebensschicksal eines Menschen* mit seinen entscheidenden *Umbruchs*momenten umgreifen zu können. Darin liegt ihre Bedeutung für das Romangenre.

Was die eigentliche spezifische Form der Metamorphose – die Verwandlung des Lucius in einen Esel, seine Rückverwandlung in einen Menschen und Reinigung in den Mysterien – anbelangt, so ist für deren eingehende Analyse hier genaugenommen nicht der Ort. Auch wäre eine solche Untersuchung den Zielsetzungen dieser Arbeit nicht weiter dienlich. Zudem ist die Genesis der Eselsmetamorphose an sich sehr komplexer Art, wie auch ihre Handhabung durch Apuleius ein kompliziertes Problem darstellt und bis heute nicht restlos geklärt ist. Für unser eigentliches Thema hat dies alles keine wesentliche Bedeutung. Wichtig sind für uns nur die Funktionen, die dieser Metamorphose im Aufbau des Romans des zweiten Typs zukommen.

Auf der Grundlage der Metamorphose wird ein Typ der Darstellung geschaffen, der ein ganzes Menschenleben mit dessen wesentlichen Umbruchs- und *Krisen*momenten erfaßt; es wird gezeigt, wie aus einem *Menschen ein anderer wird.* Dabei wird ein und derselbe Mensch in verschiedenen, ja deutlich verschiedenen Gestalten vorgeführt, die als verschiedene Zeitabschnitte und Etappen seines Lebenswegs in ihm vereint sind. Hier gibt es genaugenommen keine Entwicklung, sondern Krise und Wiedergeburt.

Dies prägt die wesentlichen Unterschiede zwischen dem Sujet des Apuleius und den Sujets des griechischen Romans. Die von Apuleius dargestellten Ereignisse bestimmen das Leben des Helden, und sie bestimmen es *ganz*. Natürlich wird hier nicht das gesamte Leben von der Kindheit bis zum Alter und Tod dargestellt. Von einem *biographischen Leben* in seiner Gesamtheit kann hier deshalb keine Rede sein. Im Krisistyp werden lediglich ein oder zwei Momente dargestellt, die über das Schicksal eines menschlichen Lebens entscheiden und dessen Wesenszüge ganz bestimmen. Dementsprechend präsentiert uns der Roman ein und denselben Menschen in zwei oder drei differenten Gestalten, die durch die Krisen und Wiedergeburten dieses Menschen voneinander geschieden und miteinander verbunden sind. Im Hauptsujet führt Apuleius den Lucius in dreierlei Gestalt vor: Lucius vor seiner Verwandlung in einen Esel, Lucius als Esel und Lucius, der in den Mysterien gereinigt und erneuert worden ist. Im parallelen Sujet tritt uns Psyche in zweifacher Gestalt entgegen: vor ihrer Reinigung durch entsprechende Leiden und danach; die Heldin geht hier den Weg der Wiedergeburt Schritt für Schritt, ohne dabei in drei gänzlich verschiedene Gestalten zu zerfallen.

Auch in den frühchristlichen *Krisisviten*, die zum gleichen Typ gehören, finden wir gewöhnlich nur zweierlei Gestalten des Menschen, die durch Krise und Wiedergeburt voneinander getrennt und miteinander vereint sind: die Gestalt des Sünders (vor der Wiedergeburt) und die des Gerechten und Heiligen (nach der Krise und Wiedergeburt). Mitunter gibt es auch drei Gestalten, und zwar dann, wenn der Lebensabschnitt, der dem reinigenden Leiden, der Askese und dem Kampf mit sich selbst gilt (was dem Verweilen des Lucius in der Eselsgestalt entspricht), besonders hervorgehoben und herausgearbeitet ist.

Wir können also feststellen, daß sich der Roman dieses Typs nicht in der im strengen Sinn *biographischen Zeit* entfaltet. Er stellt lediglich die *herausragenden*, gänzlich *ungewöhnlichen* Momente eines menschlichen Lebens dar, die im Verhältnis zur Dauer des ganzen Lebens eine sehr kurze Zeitspanne in Anspruch nehmen. Diese Momente indes *bestimmen* die *endgültige Gestalt des Menschen* wie auch den *Charakter seines ganzen folgenden Lebens*. Das eigentliche lange Leben mit seiner biographischen Abfolge, mit seiner Arbeit und seinen Mühen vollzieht sich jedoch nach der Wiedergeburt und liegt demzufolge bereits außerhalb des Romans. So beginnt Lucius, nachdem er dreimal geweiht worden ist, seinen biographischen Lebensweg als Rhetor und Priester.

Dies bestimmt die Besonderheiten der Abenteuerzeit des zweiten Typs. Wir haben es hier nicht mit der spurenlosen Zeit des griechischen Romans zu tun. Im Gegenteil, diese Zeit hinterläßt im Menschen selbst und in dessen ganzem Leben eine tiefe, unauslöschliche Spur. Gleichzeitig aber handelt es sich hier um eine Abenteuerzeit: eine Zeit herausragender, ungewöhnlicher Ereignisse, wobei auch diese Ereignisse vom Zufall bestimmt und ebenfalls durch zufällige Gleichzeitigkeit und zufällige Ungleichzeitigkeit charakterisiert sind.

Diese Logik des Zufalls ist hier jedoch einer anderen, sie umgreifenden höheren Logik untergeordnet. Gewiß: Photis, die Dienstmagd der Zauberin, verwechselt *zufällig* die Büchsen und reicht Lucius statt der Salbe zur Verwandlung in einen Vogel die Salbe zur Verwandlung in einen Esel. Und *zufällig* gibt es im Hause *gerade* in diesem Moment keine Rosen, die zur Rückverwandlung notwendig wären. *Zufällig* wird das Haus *gerade* in dieser Nacht von Räubern überfallen, die den Esel entführen. Auch bei allen folgenden Abenteuern, die dem Esel selbst und seinen jeweiligen Herren widerfahren, hat der Zufall seine Hand im Spiel. Immer von neuem verhindert er, daß der Esel wieder in einen Menschen verwandelt wird. Der Macht des Zufalls und seiner Initiative sind jedoch Grenzen gesetzt, er wird nur innerhalb eines ihm zugewiesenen Bereichs wirksam. Nicht der Zufall, sondern Wollust, jugendlicher Leichtsinn und eine »unglückselige Neugier« veranlassen Lucius zu seinem gefährlichen Unterfangen, sich mit der Zauberei einzulassen. *Er selbst ist schuld.* Mit seiner unangebrachten Neugier hat er das Spiel des Zufalls entfesselt. Folglich geht die *Anfangsinitiative* vom *Helden selbst* und dessen *Charakter* aus. Es handelt sich hier freilich (und das ist sehr wichtig) um *keine positiv-schöpferische* Initiative, sondern um eine Initiative der *Schuld*, des *Irrens* und *Fehlens* (dem entspräche in der christlichen Vitenliteratur als einer Variante dieses Typs die Sünde). Mit dieser negativen Initiative stimmt auch die erste Gestalt des Helden überein, in der er jung, leichtsinnig, zügellos, wollüstig und voll müßiger Neugier ist. Er lenkt die Macht des Zufalls auf sich. Somit wird das erste Glied der Abenteuerreihe nicht vom Zufall, sondern vom Helden und dessen Charakter bestimmt.

Aber auch das letzte Glied – der Abschluß der gesamten Abenteuerreihe – wird nicht vom Zufall bestimmt. Lucius wird von der Göttin Isis gerettet, die ihm zu erkennen gibt, was er tun muß, um wieder Menschengestalt anzunehmen. Die Göttin Isis fungiert hier nicht als Synonym des »glücklichen Zufalls« (wie die Götter im griechischen Roman), sondern als eine Führerin, die Lucius den Weg zur Läuterung zeigt, indem sie von ihm ganz bestimmte Reinigungsriten und Askese fordert. Bezeichnenderweise haben Träume und Visionen bei Apuleius eine andere Bedeutung als im griechischen Roman. Im letzteren unterrichten sie die Menschen vom Willen der Götter oder des Zufalls nicht, um sie in die Lage zu versetzen, den Schicksalsschlägen zuvorzukommen und Gegenmaßnahmen zu ergreifen, »sondern damit sie die Leiden leichter tragen« (Achilleus Tatios). Deshalb lösen die Träume und Visionen bei den Helden keinerlei Aktivitäten aus. Bei Apuleius dagegen erhalten die Helden über Träume und Visionen Hinweise, was zu tun sei, wie man zu Werke gehen müsse, um sein Schicksal zu wenden, d. h., hier werden die Helden durch Träume zu konkreten Handlungen, zu Aktivität veranlaßt.

Mithin hat der Zufall über das erste und das letzte Glied der Abenteuerkette keine Gewalt. Infolgedessen aber wandelt sich auch der Charakter der ganzen Kette. Sie wird zu einem Agens, das den Helden und dessen Schicksal verändert. Die Reihe der ihm widerfahrenen Abenteuer führt nicht zu einer bloßen Bestätigung seiner Identität, sondern zum Aufbau des neuen Bildes eines gereinigten und wiedergeborenen Helden. Und das bewirkt, daß auch die Zufälligkeit selbst, die innerhalb der einzelnen Abenteuer regiert, mit neuem Sinn erfüllt wird.

Charakteristisch sind in dieser Hinsicht die Worte, die der Priester der Isis zu dem rückverwandelten Lucius spricht: »Viele und mannigfache Leiden[7] hast du überstanden und von großen Unwettern und mächtigen Stürmen *des Schicksals* bist du umhergetrieben worden, um nun endlich zum Hafen der Ruhe und zum Altare der Barmherzigkeit zu kommen, Lucius. Deine Herkunft und selbst deine Stellung oder die Bildung, durch die du dich auszeichnest, hat dir nicht irgendwo genützt, sondern infolge der Haltlosigkeit deines jugendlichen Alters bist du in *sklavische Lüste* verfallen und hast für deine unglückselige Neugier einen *traurigen Lohn erhalten. Aber jedenfalls hat dich das blinde Schicksal,* während es dich mit den schlimmsten Gefahren peinigte, *mit seiner nichtsahnenden Bosheit zu dieser frommen Glückseligkeit geführt.* So mag's denn jetzt gehen und mit grimmer Wut toben und sich für seine Grausamkeit einen andern Gegenstand suchen. Denn bei denen, deren Leben unsere erhabene Göttin zu ihrem Dienst erkoren, *hat der feindliche Zufall keine Stätte.* Was nützten Räuber, was wilde Tiere, was Knechtschaft, was Irrfahrten hin und her auf rauhen Wegen, was tägliche Todesfurcht dem ruchlosen Schicksal? Du bist nun in den Schutz des Schicksals aufgenommen, aber des *sehenden*, das mit dem Glanz seines Lichtes auch die übrigen Götter erleuchtet« (»Der goldene Esel«, 11. Buch).

Hier wird deutlich auf die *eigene Schuld* des Lucius hingewiesen, die ihn der Macht des Zufalls (des »blinden Schicksals«) anheimgab. Ebenso deutlich wird hier dem »blinden Schicksal«, dem »feindlichen Zufall« das »sehende Schicksal«, d.h. das Walten der Göttin, die die Rettung des Helden herbeiführte, gegenübergestellt. Und schließlich zeigt sich hier klar, welcher Sinn dem »blinden Schicksal«, dessen Herrschaftsbereich bei der eigenen Schuld des Lucius beginnt und bei der Macht des »sehenden Schicksals«, d.h. dem Schutz durch die Göttin, endet, beizulegen ist. Dieser Sinn besteht im *»traurigen Lohn«* und im *Weg* zur *»frommen Glückseligkeit«*, zu der dieses »blinde Schicksal ... mit seiner nichtsahnenden Bosheit« Lucius geführt hat. Somit wird der gesamten Abenteuerreihe der Sinn von *Strafe und Sühne* verliehen.

Auf völlig identische Weise ist die Abenteuer- und Märchenreihe im parallelen Sujet (in der Novelle von Amor und Psyche) organisiert. Das erste Glied bildet auch hier die eigene Schuld der Psyche, das letzte – der Beistand der Götter. Die Abenteuer und die dem Märchen gemäßen Bewährungsproben der Psyche werden gleichfalls als Strafe und Sühne begriffen. Die Rolle des Zufalls, des »blinden Schicksals« ist hier noch stärker eingeschränkt und trägt in noch größerem Maße untergeordneten Charakter.

Wir können also sagen, daß die Abenteuerreihe mit ihrer Zufälligkeit im »Goldenen Esel« völlig der sie umgreifenden und mit eigenem Sinn erfüllenden Reihe Schuld – Strafe – Sühne – Glückseligkeit untergeordnet wird. Diese Reihe wird von einer Logik beherrscht, die sich von der des Abenteuers grundsätzlich unterscheidet. Diese Reihe ist aktiv, sie bestimmt vor allem die Metamorphose, d.h. die Abfolge der Gestalten des Helden: Lucius, der leichtsinnig und voll müßiger Neugier ist – Lucius, der als Esel Leid erfährt – Lucius, der gereinigt und erleuchtet ist. Außerdem ist dieser Reihe eine bestimmte Form und ein bestimmtes Maß von Notwendigkeit, die innerhalb der griechischen Abenteuerreihe überhaupt nicht vorhanden war, eigen: Auf die Schuld folgt notwendig die Vergeltung,[8] und auf die erlittene Vergeltung folgen notwendig Läuterung und

Glückseligkeit. Ferner hat diese Notwendigkeit menschlichen Charakter, es handelt sich hier um keine mechanische, übermenschliche Notwendigkeit. Die Schuld erwächst direkt aus dem Charakter des Menschen, und auch die Vergeltung ist notwendig als die Kraft, die den Menschen reinigt und bessert. So basiert diese ganze Reihe auf der *menschlichen Verantwortlichkeit.* Und schließlich wird diese Reihe gerade durch die *Abfolge von Gestalten* ein und desselben Menschen in ihrem Wesen menschlich.

All das ist bestimmend für die unbestreitbaren Vorzüge dieser Reihe gegenüber der griechischen Abenteuerzeit. Auf der mythologischen Grundlage der Metamorphose kommt es hier zur Aneignung einer wesentlicheren und realeren Seite der Zeit. Die Zeit ist hier nicht lediglich etwas Technisches, eine einfache Aneinanderreihung umkehrbarer, untereinander vertauschbarer und innerlich unbegrenzter Tage, Stunden und Augenblicke, die Zeitreihe bildet hier vielmehr ein wesentliches und *unumkehrbares Ganzes.* Infolgedessen entfällt die für die griechische Abenteuerzeit charakteristische Abstraktheit. Im Gegenteil: Diese neue Zeitreihe verlangt Konkretheit der Darlegung.

Diese positiven Momente sind jedoch mit wesentlichen Einschränkungen gepaart. Wie im griechischen Roman ist der Mensch auch hier der *private* und *isolierte* Mensch. Schuld, Vergeltung, Läuterung und Glückseligkeit sind somit privater und individueller Natur, stellen also die *gesonderte* Angelegenheit des *einzelnen* Menschen dar. Auch entbehrt die Aktivität eines solchen Menschen des schöpferischen Moments: Sie äußert sich negativ – in einer unüberlegten Handlung, einem Fehler, einer Schuld. Die ganze Reihe wird deshalb nur im Hinblick auf die Gestalt des Menschen und dessen Schicksal wirksam. In der Umwelt hinterläßt diese Zeitreihe – gleich der griechischen Abenteuerreihe – keinerlei Spuren. Infolgedessen hat die Verbindung zwischen dem Schicksal des Menschen und der Welt *äußerlichen* Charakter. Die Wandlung des Menschen, seine Metamorphose, geht gänzlich unabhängig von der Welt vor sich; die Welt selbst bleibt unverändert. Die Metamorphose hat deshalb einen privaten und nichtschöpferischen Charakter.

Daher ist die grundlegende Zeitreihe des Romans, obwohl ihr, wie gesagt, Unumkehrbarkeit und Ganzheitlichkeit eignen, in sich geschlossen und isoliert und in der geschichtlichen Zeit nicht lokalisiert (d.h., sie ist nicht in die unumkehrbare historische Zeitreihe einbezogen, weil der Roman diese Reihe noch gar nicht kennt).

Soviel zur grundlegenden Abenteuerzeit dieses Romans. Es gibt jedoch in diesem Roman auch eine Alltagszeit. Wie ist diese Zeit beschaffen, und auf welche Weise ist sie innerhalb des Romanganzen mit der von uns behandelten besonderen Abenteuerzeit verknüpft?

Charakteristisch ist für den Roman insbesondere, daß der Lebensweg des Menschen (in seinen entscheidenden Peripetien) mit dessen realem räumlichem Weg, d.h. mit dessen Wanderungen verschmilzt. Hier vollzieht sich die Realisierung der Metapher »Lebensweg«. Der Weg selbst führt durch heimatliches, vertrautes Land, in dem es nichts Exotisches, Fremdes oder Fremdartiges gibt. Es entsteht ein Romanchronotopos besonderer Art, der in der Geschichte dieses Genres eine enorme Rolle spielte. Seine Basis ist die Folklore. Der in verschiedenen Variationen realisierten Metapher des Lebenswegs kommt in allen Folkloreformen eine große Bedeutung zu. Man kann geradezu sagen, daß der Weg in der Folklore niemals einfach ein Weg ist, sondern immer den – ganzen oder partiellen – Lebensweg verkörpert; die Wahl des Weges ist eine Wahl des Lebenswegs, die Wegkreuzung stets ein Wendepunkt im Leben des Menschen der Folklore; der Aufbruch aus dem Elternhaus zur Wanderschaft und die Rückkehr in die Heimat bezeichnen gewöhnlich Stufen im Lebens*alter* (als Jüngling bricht er auf, als Mann kehrt er zurück); Merkmale des Weges sind Vorzeichen des Schicksals u. dgl. Deshalb ist der Romanchronotopos des Weges so konkret, so organisch und so tief von Folkloremotiven durchdrungen.

Die Fortbewegung des Menschen im Raum, sein Umherirren verliert hier jenen abstrakt-technischen Charakter, der der Verknüpfung von Raum- und Zeitbestimmungen (Nähe – Ferne, Gleichzeitigkeit – Ungleichzeitigkeit) eigen ist, die wir am griechischen Roman beobachtet haben. Der Raum wird konkret und mit einer substantielleren Zeit ausgefüllt. Er nimmt realen, lebensbezogenen Sinn in sich auf und gewinnt eine wesentliche Beziehung zum Helden und dessen Schicksal. Dieser Chronotopos ist derart gesättigt, daß in ihm Momente wie Begegnung, Abschied, Kollision, Flucht usw. eine neue und in viel stärkerem Maße konkrete und chronotopische Bedeutung erlangen.

Diese Konkretheit des Chronotopos des Weges erlaubt es auch, in seinem Rahmen das *Alltagsleben* breit auszufalten. Allerdings ist dieser Alltag sozusagen abseits vom Wege und auf Nebenpfaden angesiedelt. Der Hauptheld und die entscheidenden Ereignisse, die

die Wendepunkte in seinem Leben markieren, befinden sich *außerhalb des Alltags*. Der Hauptheld beobachtet das Alltagsleben nur, mischt sich zuweilen als eine fremde Kraft in dieses Leben ein, setzt sich gelegentlich selbst eine Alltagsmaske auf, hat aber im Grunde genommen am Alltagsleben nicht teil und wird von diesem nicht determiniert.

Der Held *selbst* durchlebt *außergewöhnliche, nichtalltägliche* Geschehnisse, die durch die Reihe Schuld – Vergeltung – Sühne – Glückseligkeit bestimmt sind. So auch Lucius. Als jedoch Vergeltung und Sühne ihren Lauf nehmen (d.h. gerade im Prozeß der Metamorphose), ist Lucius gezwungen, sich auf die Stufe des gemeinen Alltagsdaseins zu begeben, um dort die niedrigste Rolle – nicht einmal die eines Sklaven, sondern die eines Esels – auszufüllen. Als Arbeitsesel gerät er mitten in das Dickicht des gemeinen Alltagsdaseins; er landet bei Viehtreibern, muß bei einem Müller im Kreise gehen, um die Mühlsteine rotieren zu lassen, dient einem Gemüsegärtner, einem Soldaten, einem Koch und einem Bäcker. Er bezieht ständig Prügel, wird von bösen Weibern (der Frau des Treibers und der des Bäckers) drangsaliert. Das alles erlebt er jedoch nicht als Lucius, sondern als Esel. Auf dem Festzug am Schluß des Romans tritt er, nachdem er die Eselshülle abgeworfen hat, wieder in die höheren, nichtalltäglichen Lebenssphären ein. Mehr noch, für Lucius kommt der Aufenthalt im Alltagsleben einem Scheintod gleich (seine Angehörigen glauben, er sei gestorben), sein Ausscheiden aus dem Alltagsdasein aber einer Auferstehung. Steckt doch in der Metamorphose des Lucius ein uralter folkloristischer Kern, der Tod, Abstieg in die Unterwelt und Auferstehung zum Inhalt hat. Dem Alltagsleben entspricht hier die Unterwelt, das Grab. (Analoge mythologische Äquivalente könnte man für alle Sujetmotive des »Goldenen Esels« anführen.)

In dieser Position des Helden gegenüber dem Alltag kommt eine für den zweiten Typ des antiken Romans außerordentlich wichtige Besonderheit zum Ausdruck. Diese Besonderheit zieht sich (natürlich variierend) auch durch die ganze weitere Geschichte dieses Typs. Der Hauptheld ist hier genaugenommen niemals am Alltagsleben beteiligt; er geht durch die Alltagssphäre hindurch wie ein Mensch aus einer anderen Welt. Zumeist ist dieser Held ein Schelm, der sich verschiedener Alltagsmasken bedient, im Alltagsleben keinen festen Platz innehat, mit dem Alltag spielt und diesen nicht ernst nimmt;

oder es ist ein umherziehender Schauspieler, ein verkleideter Aristokrat bzw. ein Mensch von adligem Stamme, der aber seine Herkunft nicht kennt (ein »Findelkind«). Der Alltag ist hierbei eine niedere Sphäre des Seins, aus der der Held sich zu befreien sucht und mit der er in seinem Innersten niemals verschmelzen kann. Der Lebensweg des Helden ist ein ungewöhnlicher, nichtalltäglicher, nur eine Etappe dieses Weges führt durch die Sphäre des Alltags.

Indem Lucius, der am alltäglichen Leben innerlich keinen Anteil hat, im gemeinen Alltagsdasein die allerniedrigste Rolle ausfüllt, kann er dieses Leben umso besser bis in dessen verborgenste Winkel beobachten und erforschen. Für ihn sind dies *Erfahrungen* im Erforschen und Erkennen von Menschen. »Denn ich selber«, sagt Lucius, »weiß meinem Esel aufrichtigen Dank dafür, daß er mir, der ich *unter seiner Hülle* in manchen *Schicksalsschlägen* geübt worden bin, wenn auch nicht gerade Klugheit, so doch *vielerlei Wissen* verschafft hat« (»Der goldene Esel«, 9. Buch).

Für die Erkundung der verborgensten Winkel des alltäglichen Lebens ist die Position des Esels besonders günstig. In seiner Gegenwart erlegt sich niemand Zwang auf, enthüllt jeder rückhaltlos sich selbst. »Kein Trost in meinem jammervollen Leben war da irgendwo zu sehen, nur daß ich in meiner angeborenen Neugier eine Erholung fand, da ja alle, *ohne auf meine Gegenwart zu achten, ganz frei nach Herzenslust handelten und redeten*« (»Der goldene Esel«, 9. Buch).

Außerdem gereichen dem Esel in dieser Hinsicht auch seine Ohren zum Vorteil. »Aber wenn ich auch sehr erbost war über das Versehen der Photis, die mich, während sie mich zum Vogel gestaltete, zum Esel gemacht hat, so labte ich mich doch an dem einzigen Trost für meine jammervolle Häßlichkeit, daß *ich mit so großen Ohren begabt auch weit Entferntes leicht wahrnahm*« (»Der goldene Esel«, 9. Buch).

Und diese Sonderstellung des Esels im Roman ist ein Spezifikum von außerordentlicher Wichtigkeit.

Das Alltagsleben, das von Lucius beobachtet und erforscht wird, ist *ausnahmslos* das *gesonderte, private Leben*. Nichts ist in diesem Leben *öffentlich*, dies widerspräche seinem ureigensten Wesen. Alle Ereignisse dieses Lebens sind *Privatangelegenheit* isolierter Menschen; sie können sich nicht öffentlich, »in der Gemeinschaft«, im Beisein des *Chores* vollziehen; über sie wird nicht öffentlich auf dem Marktplatz (vor dem ganzen Volk) Rechenschaft abgelegt. Eine spezifische öffentliche Bedeutung erlangen sie lediglich dort, wo sie zu kriminellen Handlungen werden. Die *Straftat* ist das Moment des privaten Lebens, wo dieses sozusagen *notgedrungen* öffentlichen Charakter annimmt. Im übrigen besteht dieses Leben aus Bettgeheimnissen (Treulosigkeit »böser Eheweiber«, Impotenz der Ehemänner usw.), aus Geheimnissen der Bereicherung, aus kleinen Alltagsschwindeleien u. dgl.

Ein solches privates Leben läßt naturgemäß keinen Platz für einen Betrachter, für einen »Dritten«, der berechtigt wäre, es fortlaufend zu beobachten, zu beurteilen, zu bewerten. Es findet innerhalb der vier Wände und unter vier Augen statt. Das öffentliche Leben hingegen, jedes Ereignis, das auch nur eine gewisse gesellschaftliche Bedeutung hat, tendiert dem Wesen nach zur Veröffentlichung,[9] setzt notwendig einen Zuschauer, einen Richter, einen Wertenden voraus, für den innerhalb des Ereignisses immer Platz ist und der ein notwendiger (obligatorischer) Teilnehmer am Ereignis ist. Der öffentliche Mensch lebt und wirkt immer in der Gemeinschaft, und sein ganzes Leben gestattet grundsätzlich jederzeit die Veröffentlichung. Das öffentliche Leben und der öffentliche Mensch sind ihrer Natur nach *unverhüllt*, sind *sichtbar* und *hörbar*. Auch verfügt das öffentliche Leben über die verschiedenartigsten Formen, sich selbst (unter anderem in der Literatur) der Veröffentlichung und Rechenschaftslegung zu unterziehen. Das Problem des besonderen Standorts des Menschen, der dieses Leben (als »Dritter«) betrachtet und belauscht, und der besonderen Formen der Veröffentlichung dieses Lebens stellt sich deshalb hier überhaupt nicht. Die klassische antike Literatur – als eine Literatur des öffentlichen Lebens – kennt darum dieses Problem gar nicht.

Als jedoch (in der Epoche des Hellenismus) der private Mensch und das private Leben in die Literatur Eingang fanden, mußten sich diese Probleme unvermeidlich stellen. Es entstand ein *Widerspruch zwischen der Öffentlichkeit der literarischen Form und dem privaten Charakter ihres Inhalts*. Es begann der Prozeß der Herausbildung *privater Genres* – ein Prozeß, der in der Antike keinen Abschluß fand.

Besonders akut war dieses Problem im Hinblick auf die großen epischen Formen (das »große Epos«). Und in dem Prozeß, in dem es zur Lösung dieses Problems kam, entstand der antike Roman.

Im Unterschied zum öffentlichen Leben ist das ausgesprochen private Leben, das in den Roman Eingang fand, naturgemäß *verdeckt*.

Man kann es im Grunde genommen nur *heimlich beobachten und belauschen.* Die Literatur des privaten Lebens ist genaugenommen eine Literatur, in der heimlich beobachtet und belauscht wird, »wie die anderen leben«. Oder dieses Leben wird in einem Strafverfahren bloßgelegt und veröffentlicht: entweder direkt durch Einführung des Strafverfahrens (nebst den Formen von Fahndung und Untersuchung) in den Roman und krimineller Handlungen in das private Leben oder indirekt und bedingt (in halbverdeckter Form) durch Verwendung von Formen wie Zeugenaussagen, Geständnisse der Angeklagten, Gerichtsdokumente, Beweisstücke, Rückschlüsse auf Grund von Indizien. Schließlich können auch die Formen der privaten Mitteilung und Selbstoffenbarung Verwendung finden, die unmittelbar im privaten und alltäglichen Leben entstehen: der private Brief, das intime Tagebuch, die Beichte.

Wir haben bereits gesehen, wie der griechische Roman das Problem, das private Leben und den privaten Menschen darzustellen, gelöst hat. Er hat den Inhalt des privaten Lebens in äußerliche und inadäquate öffentlich-rhetorische Formen (die zu dieser Zeit schon erstarrt waren) gekleidet, was ihm nur mit Hilfe der griechischen Abenteuerzeit und einer insgesamt äußerst abstrakten Darstellung gelingen konnte. Darüber hinaus fand das Strafverfahren auf eben dieser rhetorischen Grundlage Eingang in den griechischen Roman, in welchem es eine entscheidende Rolle spielt. Partiell wurden im griechischen Roman auch Alltagsformen wie der Brief genutzt.

Auch in der weiteren Geschichte des Romans sind das *Strafverfahren* – in seiner direkten und indirekten Form – sowie generell gerichtlich-kriminologische Kategorien von enormer organisatorischer Bedeutung. Dem entspricht die ungewöhnlich große Relevanz, die kriminellen Handlungen im Romaninhalt selbst zukommt. Die verschiedenen Formen und Spielarten des Romans nutzen die verschiedenen gerichtlich-kriminologischen Kategorien auf verschiedene Weise. Es genügt hier, einerseits auf den abenteuerlichen Detektivroman (mit Verbrechensfahndung, Tatspuren und darauf aufbauender Rekonstruktion der Ereignisse) sowie andererseits auf die Romane Dostojewskis (»Schuld und Sühne«, »Die Brüder Karamasow«) hinzuweisen.

Die Bedeutung der gerichtlich-kriminologischen Kategorien und die verschiedenen Methoden ihrer Anwendung – als besonderer Formen der Aufdeckung und Veröffentlichung privaten Lebens – stellen für die Romangeschichte ein interessantes und wichtiges Problem dar.

Auch im »Goldenen Esel« spielt das Moment der Kriminalität eine große Rolle. Einige der eingeschobenen Novellen (die sechste, siebente, elfte und zwölfte) sind direkt als Erzählungen über kriminelle Handlungen angelegt. Wesentlich ist für Apuleius jedoch nicht das Material der Straftaten, sondern es geht ihm um die Alltagsgeheimnisse des privaten Lebens, aus denen sich die Natur des Menschen ablesen läßt, d.h. um alles das, was man nur heimlich beobachten und belauschen kann.

Und gerade für den Zweck, das private Leben heimlich zu beobachten und zu belauschen, eignet sich die Position, die Lucius als Esel einnimmt, außerordentlich gut. So erklärt sich auch, daß diese Position zu einem festen Bestandteil der Tradition geworden ist und uns, wenn wir die nachfolgende Romanentwicklung betrachten, in mannigfaltigen Variationen begegnet. Erhalten bleibt von der Eselsmetamorphose gerade die spezifische Position, die der Held gegenüber dem privaten alltäglichen Leben als »Dritter« einnimmt und die ihm das heimliche Beobachten und Belauschen gestattet. Dergestalt ist die Position des *Schelms* und des *Abenteurers*, die beide am Alltagsleben innerlich nicht teilhaben, in ihm keinen eindeutig fixierten Platz einnehmen, die aber gleichzeitig durch dieses Leben hindurchgehen und genötigt sind, seine Mechanismen, alle seine verborgenen Triebfedern kennenzulernen. Insbesondere aber trifft dies auf die Position des *Dieners* zu, der sich nacheinander bei verschiedenen Herren verdingt. Der Diener ist der ewige »Dritte« im Privatleben der vornehmen Leute. Er ist in diesem Sinne ein Mitwisser par excellence. Vor ihm geniert man sich kaum mehr als vor einem Esel, und er ist gleichzeitig berufen, an allen intimen Seiten des Privatlebens teilzuhaben. In der weiteren Geschichte des zweiten Typs des Abenteuerromans (des abenteuerlichen Alltagsromans) hat daher der Diener den Esel abgelöst. Breite Verwendung findet die Position des Dieners im Schelmenroman von »Lazarillo« bis zu »Gil Blas«. In diesem klassischen (reinen) Typ des Schelmenromans leben auch andere Momente und Motive des »Goldenen Esels« fort (sie bewahren vor allem denselben Chronotopos). In dem komplizierteren, nicht mehr reinen Typ des abenteuerlichen Alltagsromans rückt die Figur des Dieners etwas in den Hintergrund, behält aber dennoch ihre Bedeutung. Doch auch in anderen Romantypen (ja sogar anderen

Genres) ist diese Figur von grundlegender Bedeutung (vgl. z. B. Diderots »Jacques der Fatalist« oder die dramatische Trilogie von Beaumarchais). Der Diener verkörpert eine besondere Art der Sicht auf die Welt des Privatlebens, ohne die die auf dieses Leben bezogene Literatur nicht auskommen konnte.

Einen (den Funktionen nach) vergleichbaren Platz nehmen im Roman die *Prostituierte* und die *Kurtisane* ein (man denke etwa an Defoes »Moll Flanders« und »Roxana«). Auch deren Position erweist sich als überaus günstig, das Privatleben – dessen Geheimnisse und intime Triebkräfte – heimlich zu beobachten und zu belauschen. Die gleiche Bedeutung, jedoch als zweitrangige Figur, hat im Roman die *Kupplerin*, die gewöhnlich als Erzählerin fungiert. So wird z. B. bereits im »Goldenen Esel« die neunte der eingeschobenen Novellen von einer alten Kupplerin erzählt. Auch möchte ich an die sehr bemerkenswerte Erzählung der alten Kupplerin in Sorels »Francion« erinnern, die, was das Aufzeigen von Privatleben anbelangt, in ihrer realistischen Kraft fast an Balzac heranreicht (und analoge Erscheinungen bei Zola weitaus übertrifft).

Eine – bezüglich der Funktionen – ähnliche Rolle spielt schließlich, wie wir schon sagten, im Roman ganz allgemein der *Abenteurer* (im weiten Sinne) und insbesondere der »*Parvenü*«. Der Abenteurer und der Parvenü werden durch ihre Position, die darin besteht, daß sie im Leben noch keinen festen und gesicherten Platz eingenommen haben, jedoch nach Erfolg im Privatleben – dem Aufbau einer Karriere, dem Erwerb von Reichtum, der Eroberung von Ruhm (unter dem Aspekt privaten Interesses, »für sich selbst«) – streben, dazu angeregt, dieses Privatleben zu studieren, seine verborgenen Mechanismen aufzudecken und seine intimsten Geheimnisse heimlich zu beobachten und zu belauschen. Ihren Weg beginnen sie auf der untersten Stufe (auf der sie mit Dienern, Prostituierten und Kupplerinnen in Berührung kommen, von denen sie erfahren, »wie das Leben wirklich ist«), steigen dann ein Stück höher (meist auf dem Wege über die Kurtisane), erreichen schließlich – wenn sie nicht unterwegs scheitern – die höchsten Stufen des Privatlebens oder bleiben bis zum Schluß gemeine Abenteurer (Abenteurer der Elendsviertel). Diese ihre Position ist dem Anliegen, alle Schichten und Etagen des Privatlebens aufzudecken und zur Anschauung zu bringen, außerordentlich förderlich. Deshalb bestimmt die Position des Abenteurers und Parvenüs den Aufbau des komplizierten Typs des abenteuerlichen Alltagsromans: Ein Abenteurer im weiteren Sinne (aber natürlich kein Parvenü) ist auch Sorels Francion (vgl. den gleichnamigen Roman); in die Lage von Abenteurern sind auch die Helden von Scarrons »Komischem Roman« (17. Jahrhundert) versetzt; Abenteurer sind die Helden der Schelmenromane (»Schelmenroman« ist hier nicht im strengen Sinne des Wortes aufzufassen) Defoes (»Captain Singleton«, »Colonel Jack«); Parvenüs treten zum ersten Mal bei Marivaux auf (»Der emporgekommene Landmann«); und Abenteurer sind die Helden Smolletts. Außerordentlich tiefgründig und umfassend ist die gesamte Spezifik der Positionen von Esel, Schelm, Vagabund, Diener, Abenteurer, Parvenü und Schauspieler bei Diderot in der Figur von Rameaus Neffen verkörpert und verdichtet: Diese Figur vermittelt uns geradezu eine *Philosophie des »Dritten« im Privatleben*, die außergewöhnlich tief und kraftvoll ist. Es ist dies die Philosophie eines Menschen, der nur das Privatleben kennt und nur dieses Leben ersehnt, der jedoch nicht an ihm partizipiert und in ihm keinen Platz innehat, der es darum bis auf den Grund durchschaut und ganz und gar unverhüllt sieht, alle seine Rollen durchspielt, aber mit keiner einzigen von ihnen verschmilzt.

In dem komplizierten synthetischen Roman der großen französischen Realisten – bei Stendhal und Balzac – hat die Position des Abenteurers und Parvenüs ihre organisierende Bedeutung vollauf bewahrt. An zweiter Stelle figurieren in diesen Romanen auch all die anderen »Dritten« des Privatlebens – Kurtisanen, Prostituierte, Kupplerinnen, Diener, Notare, Wucherer und Ärzte.

Im klassischen englischen Realismus (Dickens und Thackeray) spielen der Abenteurer und der Parvenü keine so bedeutende Rolle. Sie rangieren dort (mit Ausnahme der Rebekka Sharp in Thackerays »Jahrmarkt der Eitelkeit«) erst an zweiter Stelle.

Hervorgehoben sei, daß sich in allen hier behandelten Erscheinungen – in gewissem Grade und in einer gewissen Form – auch das Moment der Metamorphose wiederfindet: im Rollen- und Maskenwechsel des Schelms, in der Verwandlung des Bettlers in einen Reichen, des obdachlosen Herumtreibers in einen wohlhabenden Aristokraten, des Räubers und Spitzbuben in einen reumütigen guten Christen u. ä. m.

Neben den Gestalten des Schelms, des Dieners, des Abenteurers und der Kupplerin hat der Roman noch einige weitere Verfahren entwickelt, die dem heimlichen Beobachten und Belauschen des Privatlebens dienen, Verfahren, die bisweilen sehr geistreich und subtil sind, aber keine typische und wesentliche Bedeutung erlangt haben. So deckt z. B. bei Lesage der Hinkende Teufel (in dem gleichnamigen Roman) die Dächer der Häuser ab und macht das Privatleben in den Momenten sichtbar, in denen normalerweise kein »Dritter« zugelassen ist. In Smolletts Roman »Peregrine Pickle« macht der Held die Bekanntschaft eines stocktauben Engländers namens Cadwallader, in dessen Gegenwart sich (ebenso wie im Beisein des Lucius als Esel) niemand scheut, über alles zu sprechen; später erweist es sich dann, daß Cadwallader keineswegs taub ist, sondern sich nur die Maske der Taubheit angelegt hat, um die Geheimnisse des Privatlebens belauschen zu können.

Soviel zu der außerordentlich wichtigen Position, die dem in einen Esel verwandelten Lucius als Beobachter des Privatlebens zukommt. In was für einer Zeit aber tritt nun dieses private Alltagsleben zutage?

Die Alltagszeit im »Goldenen Esel« und in anderen Ausprägungen des antiken abenteuerlichen Alltagsromans ist keineswegs eine zyklische Zeit. In diesem Roman wird das Moment der Wiederholung, der periodischen Wiederkehr ein und derselben Momente (Erscheinungen) überhaupt nicht herausgestellt. Die antike Literatur kannte lediglich eine idealisierte – auf den Alltag des Landlebens bezogene – zyklische Zeit, die sich mit der natürlichen und mythologischen Zeit verband (die Hauptetappen ihrer Entwicklung verkörpern Hesiod, Theokrit und Vergil). Von dieser zyklischen Zeit (in all ihren Variationen) hebt sich die Alltagszeit des Romans deutlich ab. Die Alltagszeit des Romans ist vor allem von der Natur (und den natürlich-mythologischen Zyklen) völlig losgelöst. Zudem wird diese Loslösung der Alltagsebene von der Natur noch hervorgehoben. Naturmotive tauchen bei Apuleius nur innerhalb der Reihe Schuld – Sühne – Glückseligkeit auf (vgl. z. B. die Szene an der Meeresküste vor der Rückverwandlung des Lucius). Der Alltag erscheint als die Unterwelt, das Grab, wo es weder Sonnenschein noch einen Sternenhimmel gibt. Deshalb wird der Alltag hier als die Kehrseite des echten Lebens dargeboten. Sein Kernstück bilden Obszönitäten, d. h. die Kehrseite der geschlechtlichen Liebe, die von der Zeugung, dem Wechsel der Generationen, dem Aufbau einer Familie und einer Gens losgelöst ist. Der Alltag ist hier priapisch, seine Logik ist die der Obszönität. Doch um diesen sexuellen Kern des Alltags (Ehebruch, Morde aus sexuellen Beweggründen usw.) sind auch andere Momente des Alltagslebens (Gewalttaten, Diebstähle, Betrügereien aller Art, Tätlichkeiten) angesiedelt.

In diesem Alltagsstrudel des privaten Lebens hat die Zeit keinen einheitlichen und in sich geschlossenen Charakter. Sie ist in gesonderte Abschnitte zerteilt, die einzelne Alltagsepisoden umfassen. Jede Episode (speziell in den eingestreuten alltagsbezogenen Novellen) ist zwar in sich vollendet und abgeschlossen, aber sie steht isoliert da und genügt sich selbst. Die Alltagswelt ist zersplittert und zerstückkelt, ihr sind die wesentlichen Zusammenhänge genommen. Sie wird nicht von einer einzigen Zeitreihe, der eine spezifische Gesetzmäßigkeit und Notwendigkeit eignet, durchzogen. Deshalb sind die Zeitabschnitte der Alltagsepisoden gleichsam senkrecht zur Hauptachse des Romans, der Reihe Schuld – Strafe – Sühne – Läuterung – Glückseligkeit, angeordnet (namentlich zu dem Moment von Strafe und Sühne). Die Alltagszeit verläuft nicht parallel zu dieser Hauptreihe und geht mit ihr auch keine Verbindung ein, sondern die einzelnen Abschnitte (in die diese Alltagszeit zerfällt) stehen senkrecht zur Hauptreihe und schneiden sich mit ihr im rechten Winkel.

Trotz ihres ganz und gar zerstückelten und naturalistischen Charakters bleibt diese Alltagszeit doch nicht völlig wirkungslos. Sie erhält als Ganzes ihren Sinn als Bestrafung, die den Lucius läutert, und in ihren einzelnen Momenten und Episoden dient sie dem Lucius als die *Erfahrung*, die ihm die menschliche Natur erschließt. Die Alltagswelt selbst ist bei Apuleius *statisch*, es gibt in ihr keine Entwicklung (deshalb findet man hier auch keine *einheitliche* Alltagszeit). Es zeigt sich in dieser Welt jedoch eine *soziale Mannigfaltigkeit*. Zwar werden in dieser Mannigfaltigkeit noch keine sozialen *Widersprüche* sichtbar, doch wohnen sie ihr bereits inne. Würden diese Widersprüche offenbar, so geriete die Welt in Bewegung, so erhielte sie einen Stoß in die Zukunft, und die Zeit bekäme Fülle und Historizität. Dieser Prozeß ist jedoch in der Antike, und insbesondere bei Apuleius, zu keinem Abschluß gekommen.

Bei Petronius allerdings ist dieser Prozeß schon etwas weiter gediehen. In seiner Welt wird die soziale Mannigfaltigkeit fast zu einer widersprüchlichen Vielfalt. Im Zusammenhang damit tauchen dort auch erste Spuren der historischen Zeit – Merkmale der Epoche – auf. Aber dennoch gelangt auch bei ihm dieser Prozeß bei weitem noch nicht zu einem Abschluß.

Das »Satiricon« des Petronius gehört, wie gesagt, zu demselben Typ des abenteuerlichen Alltagsromans. Doch ist die Abenteuerzeit hier eng mit der Alltagszeit verflochten (wodurch dieses Werk mehr dem Schelmenroman europäischen Typs ähnelt). Den Streifzügen und Abenteuern der Helden (Encolpius u. a.) liegt keine ausgeprägte Metamorphose und nicht die spezifische Reihe Schuld – Vergeltung – Sühne zugrunde. Freilich tritt an deren Stelle hier ein vergleichbares, jedoch abgeschwächtes und parodistisches Motiv, nämlich die Verfolgung durch den erzürnten Gott Priapos (eine Parodie auf die epische Primärursache der Irrfahrten des Odysseus und des Aeneas). Gegenüber dem Alltag des Privatlebens nehmen die Helden des Petronius jedoch genau dieselbe Stellung ein wie der zum Esel gewordene Lucius. Auch sie durchschreiten die Alltagssphäre des Privatlebens, ohne ihr innerlich verhaftet zu sein. Es sind Schelme – Spitzel, Scharlatane und Parasiten –, die den ganzen Zynismus des Privatlebens, das hier in noch größerem Maße priapisch ist, heimlich beobachten und belauschen. Aber, wie gesagt, in der sozialen Mannigfaltigkeit dieser Welt privaten Lebens zeigen sich erste, zaghafte Spuren der historischen Zeit. In der Beschreibung des Gastmahls des Trimalchio wie auch in dessen Gestalt selbst treten bereits Merkmale der Epoche, d.h. eines gewissen *zeitlichen Ganzen* zutage, das die einzelnen Alltagsepisoden umspannt und zusammenfaßt.

In den Ausprägungen, die die Vita in ihrem abenteuerlich-alltäglichen Typus erfahren hat, rückt das Moment der Metamorphose in den Vordergrund (sündiges Leben – Krise – Sühne – Heiligkeit). Die abenteuerlich-alltägliche Ebene wird hier in der Form der Entlarvung des sündigen Lebens oder in der Form der reuevollen Beichte vermittelt. Diese Formen (speziell die zweite) berühren sich bereits mit dem dritten Typ des antiken Romans.

3. Die antike Biographie und Autobiographie

Bevor wir den dritten Typ des antiken Romans behandeln können, müssen wir zunächst eine sehr wichtige Einschränkung machen: Mit dem dritten Typ meinen wir den *biographischen Roman*, doch hat die Antike einen solchen *Roman*, d.h. ein so großes biographisches Werk, das wir unserer Terminologie gemäß Roman nennen könnten, nicht hervorgebracht. Die Antike hat jedoch eine Reihe höchst bedeutsamer autobiographischer und biographischer Formen ausgebildet, die nicht nur auf die Entwicklung der europäischen Biographie und Autobiographie, sondern auch auf die Entwicklung des europäischen Romans insgesamt einen gewaltigen Einfluß ausgeübt haben. Diesen antiken Formen liegt der neue Typ der *biographischen Zeit* sowie das neue, spezifisch aufgebaute Bild des Menschen, der seinen *Lebensweg* durchläuft, zugrunde.

Unter dem Aspekt dieses neuen Zeittyps und dieses neuen Menschenbildes wollen wir nun einen kurzen Überblick über die antiken autobiographischen und biographischen Formen geben. Wir sind deshalb weder bestrebt, das Material vollständig heranzuziehen noch es umfassend zu analysieren. Wir heben lediglich das hervor, was eine unmittelbare Beziehung zu unseren Zielsetzungen aufweist.

Im klassischen Griechenland lassen sich zwei wesentliche Typen der Autobiographie feststellen.

Den ersten Typ wollen wir den Platonischen nennen, da er zuerst und am prägnantesten in Werken Platons wie der »Apologie des Sokrates« und dem »Phaidon« Ausdruck fand. Dieser Typ autobiographischer Selbsterkenntnis des Menschen ist mit den festen Formen der mythologischen Metamorphose verbunden, der der Chronotopos des »Lebenswegs eines nach der wahren Erkenntnis suchenden Menschen« zugrunde liegt. Das Leben dieses Suchenden gliedert sich in exakt abgegrenzte Epochen oder Stufen. Der Weg führt von arroganter Unwissenheit über selbstkritische Skepsis und Selbsterkenntnis hin zur wahren Erkenntnis (Mathematik und Musik).

Dieses frühe Platonische Schema des Weges eines Suchenden erhält in hellenistisch-römischer Zeit durch außerordentlich wichtige Momente komplexeren Charakter: Der Suchende durchläuft mehrere philosophische Schulen und unterzieht sie einer Prüfung; die zeitliche Untergliederung des Weges richtet sich nach den Werken des Suchenden. Auf dieses kompliziertere Schema, das von sehr großer Bedeutung ist, kommen wir noch zurück.

Im Platonischen Schema gibt es sowohl das Moment der Krise als auch das der Wiedergeburt (die Worte des Orakels als Wendepunkt im Lebensweg des Sokrates). Der spezifische Charakter des Weges des Suchenden wird noch sinnfälliger, wenn man ihn mit dem analogen Wegschema des Aufstiegs der Seele zum Schauen der Ideen vergleicht (»Symposion«, »Phaidros« u. a.). Hier treten die bis zu Mythos und Mysterienkult zurückreichenden Grundlagen dieses Schemas deutlich hervor. Von daher wird auch die Verwandtschaft dieses Schemas mit jenen »Bekehrungsgeschichten« evident, von denen im vorangehenden Abschnitt die Rede war. Sokrates' Weg, wie er in der »Apologie« aufgezeigt wird, ist der öffentlich-rhetorische Ausdruck ebendieser Metamorphose. Die reale biographische Zeit ist hier in der idealen und sogar abstrakten Zeit dieser Metamorphose fast vollständig aufgelöst. Die Bedeutsamkeit der Gestalt des Sokrates läßt sich aus diesem ideal-biographischen Schema nicht erschließen.

Der zweite griechische Typ ist die rhetorische Autobiographie und Biographie.

Dieser Typ geht auf das »Enkomion«, eine im staatsbürgerlichen Leben verankerte Grab- und Gedenkrede, zurück, die das alte »Trauer- und Klagelied« (Threnos) abgelöst hat. Die Form des Enkomions hat auch die erste antike Autobiographie, die Verteidigungsrede des Isokrates, bestimmt.

Bevor wir diesen klassischen Typ betrachten, müssen wir zunächst auf folgendes hinweisen: Diese klassischen Formen der Autobiographien und Biographien hatten als Werke nicht den Charakter literarischer Bücher, die vom konkreten gesellschaftlich-politischen Ereignis ihrer weithin vernehmbaren Veröffentlichung losgelöst sind. Im Gegenteil, sie waren von diesem Ereignis durch und durch geprägt. Sie waren sprachliche staatsbürgerlich-politische Akte öffentlicher Verherrlichung oder öffentlicher Rechenschaftslegung realer Menschen. Deshalb hat uns hier nicht nur und auch nicht in erster Linie ihr innerer Chronotopos (d.h. die Raumzeit des dargestellten Lebens), sondern vor allem auch der reale äußere Chronotopos zu interessieren, in welchem diese Darstellung des eigenen oder fremden Lebens als staatsbürgerlich-politischer Akt öffentlicher Verherrlichung oder Rechenschaftslegung erfolgt. Gerade unter den Gegebenheiten dieses realen Chronotopos, in dem das eigene oder fremde Leben erschlossen (veröffentlicht) wird, treten die Umrisse der Gestalt und des Lebens eines Menschen deutlich hervor, werden sie auf bestimmte Weise beleuchtet.

Dieser reale Chronotopos ist der Marktplatz (»Agora«). Hier ist – unter den Bedingungen der klassischen Antike – eine autobiographische (und biographische) Bewußtwerdung des Menschen seiner selbst und seines Lebens erstmals offenbar geworden und zu Form geronnen.

Als Puschkin von der Theaterkunst sagte, sie sei »auf dem Marktplatz geboren«,[10] dachte er an einen Platz, auf dem das »einfache Volk« zusammenströmt, an einen Basar, Schaubuden und Kneipen, d.h. an den Marktplatz der europäischen Städte des 13., des 14. und der folgenden Jahrhunderte. Er hatte dabei ferner im Auge, daß der offizielle Staat, die offizielle Gesellschaft (d.h. die privilegierten Klassen) sowie deren offizielle Wissenschaften und Künste (im wesentlichen) außerhalb dieses Platzes situiert sind. Der antike Marktplatz war jedoch zugleich der Staat (noch dazu der ganze Staat mit all seinen Organen), das oberste Gericht, die gesamte Wissenschaft und Kunst; auf ihm kam das ganze Volk zusammen. Das war ein erstaunlicher Chronotopos, in dem alle höheren Instanzen – vom Staat bis zur Wahrheit – konkret repräsentiert und verkörpert, visuell vorhanden waren. Und in diesem konkreten und gleichsam allumfassenden Chronotopos wurde das ganze Leben eines Bürgers aufgedeckt und durchleuchtet und einer öffentlich-staatsbürgerlichen Prüfung unterzogen.

Es ist völlig verständlich, daß es an einem solchen biographischen Menschen (Bild eines Menschen) überhaupt nichts geben konnte, das intim-privat, geheimnisvoll-persönlich, auf sich selbst bezogen und vom Wesen her einsam wäre. Der Mensch ist hier nach allen Seiten hin offen, er ist ganz nach außen gekehrt, an ihm gibt es nichts, das er »für sich allein« hätte, das nicht öffentlich-staatlicher Kontrolle und Rechenschaft unterläge. Alles war hier durch und durch öffentlich.

Es liegt auf der Hand, daß unter diesen Umständen von prinzipiellen Unterschieden zwischen der Betrachtung des fremden Lebens und der des eigenen Lebens, d.h. zwischen biographischem und autobiographischem Blickpunkt, keine Rede sein konnte. Später, in der hellenistisch-römischen Epoche, als die öffentliche Einheit des Menschen zerfiel, warfen Tacitus, Plutarch und einige Rhetoren speziell die Frage auf, ob es statthaft sei, sich selbst zu verherrlichen. Diese Frage wurde im positiven Sinne entschieden. Plutarch sammelte – angefangen bei Homer (bei dem die Helden sich selbst preisen) – Material, stellte die Zulässigkeit der Selbstverherrlichung fest und wies auf Formen hin, in denen dies geschehen müsse, um alles Abstoßende zu umgehen. Aristides, ein zweitrangiger Rhetor, sammelte gleichfalls umfangreiches Material zu dieser Frage und gelangte zu dem Schluß, daß es sich bei der stolzen Selbstverherrlichung um eine rein hellenistische Eigenart handle; die Selbstverherrlichung sei durchaus zulässig und korrekt.

Es ist jedoch sehr charakteristisch, daß eine derartige Frage überhaupt aufkommen konnte. War doch die Selbstverherrlichung lediglich die krasseste, am meisten in die Augen springende Erscheinungsform der Gleichförmigkeit biographischer und autobiographischer Sicht auf das Leben. Hinter der speziellen Frage nach der Zulässigkeit der Selbstverherrlichung verbirgt sich daher die allgemeinere Frage; ob man in derselben Weise an sein eigenes wie an das fremde Leben, an sich selbst wie an den anderen herangehen könne. Die Tatsache, daß eine derartige Frage aufgeworfen wurde, zeugt davon, daß die klassische *öffentliche Ganzheit* des Menschen in Zerfall begriffen war und eine prinzipielle Differenzierung der biographischen und der autobiographischen Formen einsetzte.

Aber unter den Gegebenheiten des griechischen Marktplatzes, wo der Mensch begann, sich seiner selbst bewußt zu werden, konnte von einer solchen Differenzierung zunächst keine Rede sein. Noch gab es keinen inneren Menschen, keinen »Menschen für sich« (ich für mich) und keine besondere Einstellung zu sich selbst. Die Einheit des Menschen und sein Selbstbewußtsein waren ganz und gar öffentlich. Der Mensch war – und dies im buchstäblichen Sinne des Wortes – *ganz und gar außen.*

Diese völlige Extrovertiertheit[11] ist eine sehr wichtige Besonderheit des Menschenbildes in der klassischen Kunst und Literatur. Sie zeigt sich auf höchst verschiedenartige, vielfältige Weise. Ich will hier nur auf eine sehr bekannte Erscheinungsform dieser Extrovertiertheit hinweisen.

Der griechische Mensch in der Literatur stellt sich uns – bereits bei Homer – als höchst unbeherrscht dar. Die Helden Homers verleihen ihren Gefühlen sehr heftig und sehr lautstark Ausdruck. Vor allem fällt auf, wie oft und wie lautstark sie weinen und schluchzen. Achilles schluchzt (in der berühmten Szene mit Priamos) in seinem Zelt derart laut, daß sein Wehklagen im ganzen griechischen Lager zu hören ist. Man hat diesen Zug verschieden zu erklären versucht: mit den Besonderheiten einer primitiven Psychologie, der Konventionalität des literarischen Kanons, den Eigentümlichkeiten der Lexik Homers, die es mit sich bringen, daß die unterschiedlichen Stufen der Gefühlsskala nur durch Angabe der unterschiedlichen Stufen des äußeren Gefühlsausdrucks übermittelt werden können. Auch wurde darauf hingewiesen, daß in der Einstellung zum Gefühlsausdruck überhaupt etwas Relatives liegt (bekanntlich haben z. B. die Menschen des 18. Jahrhunderts – die Aufklärer wohlgemerkt! – sehr häufig und gern geweint). Indessen muß man sehen, daß dieser Zug im Bild des antiken Helden durchaus nichts Singuläres darstellt, sondern harmonisch mit anderen Zügen seines Bildes verknüpft ist und eine prinzipiellere Grundlage hat, als gemeinhin angenommen wird. Dieser Wesenszug ist eine der Erscheinungsformen jener totalen Extrovertiertheit des öffentlichen Menschen, von der wir bereits gesprochen haben.

Für den Griechen der klassischen Epoche war jegliches Sein sowohl *sichtbar* als auch *hörbar*. Ein grundsätzlich (vom Wesen her) unsichtbares und stummes Sein gab es für ihn nicht. Das betraf alles Sein, und natürlich vor allem das menschliche. Ein stummes Innenleben, stummes Leid oder stummes Denken waren dem Griechen völlig fremd. Dies alles – d. h. das gesamte Innenleben – konnte nur existieren, wenn es sich in hörbarer oder sichtbarer Form nach außen hin kundtat. Das Denken z. B. verstand Platon als ein Gespräch des Menschen mit sich selbst (»Theaitetos«, »Sophistes«). Der Begriff des schweigenden Denkens tauchte erst im Zusammenhang mit der Mystik auf (seine Wurzeln liegen im Orient). Dabei setzt das Denken als Gespräch mit sich selbst in Platons Auffassung keineswegs ein besonderes Verhältnis zu sich selbst (das sich von dem Verhältnis zu einem anderen unterscheidet) voraus; das Gespräch mit sich selbst geht unmittelbar in das Gespräch mit dem anderen über, irgendwelche grundsätzlichen Scheidelinien gibt es hier nicht.

Im Menschen selbst gibt es keinerlei stummen und unsichtbaren Kern, alles an ihm kann gesehen und gehört werden, alles tritt nach außen hin zutage; es gibt aber auch sonst keine stummen und unsichtbaren Seinssphären, an denen der Mensch partizipierte und von denen er geprägt würde (Platons Reich der Ideen ist ganz und gar sichtbar und hörbar). Um so ferner mußte der klassischen griechischen Weltanschauung der Gedanke liegen, die eigentlichen Leitzentren des menschlichen Lebens in stumme und unsichtbare Zentren hineinzuverlegen. Daraus resultiert auch die so frappierende totale Extrovertiertheit des klassischen Menschen und seines Lebens.

Erst in hellenistisch-römischer Zeit beginnt der Prozeß, in dem ganze Seinsbereiche – solche, die im Menschen selbst, wie auch solche, die außerhalb von ihm liegen – in das *stumme Register* übertragen und *prinzipiell unsichtbar* gemacht werden. Auch dieser Prozeß ist in der Antike bei weitem nicht zum Abschluß gekommen. Bezeichnenderweise kann man selbst die »Bekenntnisse« des heiligen Augustinus noch nicht »für sich« lesen, sondern muß sie laut deklamieren, weil aus ihrer Form noch allzusehr der Geist des griechischen Marktplatzes spricht, auf dem sich das Selbstbewußtsein des europäischen Menschen erstmals herausgebildet hat.

Wenn wir von einer totalen Extrovertiertheit des griechischen Menschen sprechen, dann gehen wir dabei natürlich von unserem Standpunkt aus. Der Grieche selbst hat unsere Unterteilung in Äußeres und Inneres (das Stumme und das Unsichtbare) nicht gekannt. Unser »Inneres« war für ihn innerhalb des Menschenbildes zusammen mit unserem »Äußeren« auf einer Ebene angesiedelt, d.h., es war ebenso sichtbar und hörbar wie jenes, und existierte *für den anderen* ebenso *nach außen hin* wie *für sich selbst.* In dieser Beziehung waren alle Momente des Menschenbildes gleichartig.

Diese totale Extrovertiertheit des Menschen fand ihre Realisierung jedoch nicht im leeren Raum (»unterm Sternenhimmel auf kahler Erde«), sondern innerhalb eines organischen menschlichen Kollektivs, »im Volk«. Deshalb war das »Außen«, in dem der ganze Mensch sich offenbarte und existierte, nichts Fremdes und Kaltes (keine »Wüstenei der Welt«), sondern das eigene Volk. Außen sein, das hieß: für andere, für ein Kollektiv, für das eigene Volk dasein. Der Mensch war ganz und gar veräußerlicht im menschlichen Element, im menschlichen Medium des Volkes. Und daher trug die *Einheit* dieser veräußerlichten Ganzheit des Menschen *öffentlichen* Charakter.

Auf all dem beruht die unwiederholbare Eigenart des Menschenbildes in der klassischen Kunst und Literatur. Alles Körperliche und Äußere ist in ihm durchgeistigt und vertieft, alles (aus unserer Sicht) Geistige und Innere ist körperlich und veräußerlicht. Wie die Goethesche Natur (für die dieses Menschenbild als »Urphänomen« diente) hat es »weder Kern noch Schale«, weder Äußeres noch Inneres. Das ist es auch, was das antike Menschenbild so entschieden von denen späterer Epochen abhebt.

In den nachfolgenden Epochen haben die stummen und unsichtbaren Sphären, deren der Mensch nun teilhaftig wurde, das Bild des Menschen verzerrt. Stummheit und Unsichtbarkeit sind in sein Inneres eingedrungen, und mit ihnen auch die Einsamkeit. Der einzelne und isolierte Mensch – der »Mensch für sich« – büßte Einheit und Ganzheit ein, die in dem öffentlichen Prinzip ihre Bedingung hatten. Seinem Selbstbewußtsein, dem nun der volkstümliche Chronotopos des Marktplatzes fehlte, gelang es nicht, einen anderen – ebenso realen, einheitlichen und ganzheitlichen – Chronotopos zu finden; es zerfiel deshalb, verlor seinen Zusammenhalt und nahm abstrakten und idealen Charakter an. Für den privaten Menschen (in dessen privatem Leben) gab es nunmehr sehr viele Sphären und Objekte, die entweder der Veröffentlichung überhaupt nicht unterlagen (z. B. die Sexualsphäre) oder nur in intim-privater und konventionalisierter Form Ausdruck fanden. Das Bild des Menschen wurde vielschichtig und heterogen. Kern und Schale, Äußeres und Inneres trennten sich in ihm voneinander.

Wir werden noch sehen, daß der bemerkenswerteste Versuch in der Weltliteratur, den Menschen erneut ganz zu veräußerlichen – zudem ohne dabei auf eine Stilisierung des antiken Menschenbildes zurückzugreifen –, von Rabelais unternommen wurde.

Einen anderen Versuch, die antike Ganzheit und Extrovertiertheit neu erstehen zu lassen, hat – allerdings auf einer gänzlich anderen Grundlage – Goethe unternommen.

Doch zurück zum griechischen Enkomion und zur ersten Autobiographie. Aus der von uns gekennzeichneten Besonderheit des antiken Selbstbewußtseins erwachsen die Gleichförmigkeit im biographischen und im autobiographischen Herangehen wie auch deren durchgängige Öffentlichkeit. Das Menschenbild des Enkomions ist jedoch äußerst einfach und plastisch, das Entwicklungsmoment fehlt in ihm fast völlig. Das Enkomion geht aus vom Ideal einer bestimmten Lebensform oder Position – der eines Feldherrn, eines Königs oder eines Politikers. In dieser idealen Form sind all die Forderungen zusammengefaßt, die an die jeweilige Position geknüpft werden: Wie muß ein Feldherr beschaffen sein, was für Eigenschaften, was für Tugenden muß er haben? Alle diese Eigenschaften und Tugenden treten sodann im Leben der verherrlichten Persönlichkeit zutage. Das Ideal und das Bild, das von dem Toten entworfen wird, verschmelzen miteinander. Das Bild des Verherrlichten ist plastisch und zeigt ihn gewöhnlich im Augenblick der Reife und in der Blüte seiner Jahre.

Auf der Grundlage der ausgereiften biographischen Schemata des Enkomions entstand dann auch die erste Autobiographie in der Form einer Verteidigungsrede – die Autobiographie des Isokrates, die auf die gesamte Weltliteratur (vornehmlich über die italienischen und englischen Humanisten) einen gewaltigen Einfluß ausgeübt hat. Es ist dies ein öffentlicher apologetischer Bericht über das eigene Leben. Isokrates verwendet für das Bild von sich selbst die gleichen Bauprinzipien, wie sie auch für die Bilder der großen Toten im Enkomion gelten. Zugrunde gelegt wird das Ideal eines Rhetors. Die Beredsamkeit wird von Isokrates als höchste Form jeder Lebenstätigkeit verherrlicht. Dieses berufliche Selbstbewußtsein des Isokrates hat ganz konkreten Charakter. Er beschreibt seine materielle Lage, macht Angaben über seine Einkünfte als Rhetor. Rein private (von unserem Standpunkt aus), spezifisch berufliche (wiederum von unserem Standpunkt aus) und gesellschaftlich-staatliche Elemente sowie schließlich auch philosophische Ideen liegen hier auf ein und derselben konkreten Ebene und sind eng miteinander verflochten. Alle diese Elemente werden als völlig gleichartig aufgefaßt und verdichten sich zu einem plastischen Menschenbild, das Einheitlichkeit und Ganzheitlichkeit aufweist. Das Selbstbewußtsein des Menschen stützt sich hier ausschließlich auf solche Momente der eigenen Persönlichkeit und des eigenen Lebens, die nach außen gekehrt sind und für andere ebenso existieren wie für es selbst; nur in ihnen sucht es seinen Halt und seine Einheit. Andere – intim-persönliche, »selbstische«, individuelle und unwiederholbare – Momente kennt das Selbstbewußtsein hier gar nicht.

Daraus erklärt sich auch der spezifische normativ-pädagogische Charakter dieser ersten Autobiographie, an deren Schluß ein Erziehungs- und Bildungsideal direkt vorgestellt wird. Aber auch das gesamte Material der Autobiographie erscheint in einem normativ-pädagogischen Licht.

Wir dürfen allerdings nicht vergessen, daß diese erste Autobiographie in einer Epoche entstanden ist, in der sich die mit der griechischen Öffentlichkeit verbundene Ganzheit des Menschen (wie sie in Epos und Tragödie zutage trat) bereits zu zersetzen begann. Daher rührt der etwas abstrakte und formale rhetorische Charakter dieses Werkes.

In einem anderen realen Chronotopos entstehen die römischen Autobiographien und Memoiren. Ihr Nährboden ist die römische *Familie.* Die Autobiographie ist hier Dokument des familiar-gentilen Selbstbewußtseins. Das autobiographische Selbstbewußtsein nimmt auf dieser familiar-gentilen Grundlage jedoch keinen privaten und intim-persönlichen Charakter an. Es bleibt zutiefst öffentlich.

Die (patrizische) römische Familie ist nicht mit der bürgerlichen Familie, dem Symbol alles Privaten und Intimen, gleichzusetzen. Gerade als Familie verschmolz sie unmittelbar mit dem Staat. Dem Familienoberhaupt fielen bestimmte Elemente der Staatsgewalt zu. Die religiösen Kulthandlungen der Familie (Gens), die eine entscheidende Rolle spielten, bildeten die unmittelbare Fortsetzung staatlicher Kulte. Die Vorfahren galten als Repräsentanten eines nationalen Ideals. Das Selbstbewußtsein orientiert sich hier am konkreten Gedächtnis der Gens und am Andenken an die Ahnen, ist aber gleichzeitig auch auf die Nachkommen gerichtet. Die familiar-gentilen Traditionen müssen vom Vater an den Sohn weitergegeben werden. Die Familie hat ihr eigenes Archiv, in dem die schriftlichen Dokumente aller Glieder der Gens aufbewahrt werden. Die Autobiographie wird zur Übermittlung der familiar-gentilen Traditionen von Glied zu Glied niedergeschrieben und im Archiv abgelegt. Das autobiographische Selbstbewußtsein wird dadurch zu einem *öffentlich-historischen* und *staatlichen*.

Diese spezifische Historizität unterscheidet das römische autobiographische Selbstbewußtsein vom griechischen, das auf lebendige, auf dem Marktplatz direkt anwesende Zeitgenossen orientiert ist. Das römische Selbstbewußtsein empfindet sich in erster Linie als Bindeglied zwischen den toten Vorfahren und den Nachkommen, die noch nicht im politischen Leben stehen. Es ist deshalb nicht so plastisch, dafür aber von der Zeit tiefer durchdrungen.

Eine weitere spezifische Besonderheit der römischen Autobiographie (und Biographie) knüpft sich an die Rolle, die die »prodigia« – Vorzeichen verschiedenster Art und deren Deutungen – spielen. Es handelt sich hierbei um kein äußeres Sujetmerkmal (wie in den Romanen des 17. Jahrhunderts), sondern um ein sehr wichtiges Prinzip des Erfassens und Gestaltens autobiographischen Materials. In einem engen Zusammenhang damit steht die gleichfalls sehr wichtige, nur der römischen Autobiographie eignende Kategorie des »Glücks«.

In den prodigia, d.h. in den Vorzeichen des Schicksals, die einzelne Handlungen und Unternehmungen des Menschen wie auch dessen ganzes Leben betrafen, waren das Individuell-Persönliche und das Öffentlich-Staatliche untrennbar miteinander verbunden. Für die Einleitung und Ausführung aller Unternehmungen und Handlungen des Staates bildeten die prodigia ein wichtiges Moment. Ohne zuvor die Vorzeichen geprüft zu haben, tat der Staat nicht einen Schritt.

Die prodigia sind Merkzeichen für die Schicksale des Staates, dem sie Glück oder Unglück prophezeien. Von dort gehen sie auf die individuelle Persönlichkeit des Diktators oder Feldherrn über, dessen Schicksal von dem des Staates nicht zu trennen ist, und verschmelzen mit den Merkzeichen für dessen persönliches Schicksal. So gab es einen Diktator der glücklichen Hand (Sulla) und einen des glücklichen Sterns (Cäsar). Der Kategorie des Glücks kommt hierbei eine besondere lebensbestimmende Bedeutung zu. Sie wird zur Form der Persönlichkeit und deren Lebens (»der Glaube an den eigenen Stern«). Dieses Prinzip bestimmt das Selbstbewußtsein Sullas in seiner Autobiographie. Aber, wie gesagt, das Glück Sullas wie Cäsars besteht darin, daß die staatlichen und die persönlichen Schicksale ineinanderfließen. Am allerwenigsten ist damit ein rein persönliches, privates Glück gemeint. Handelt es sich hier doch um das Glück im Tätigsein, in staatlichen Unternehmungen, in Kriegen. Dieses ist ganz und gar an das aktive, schöpferische Handeln, an die Arbeit und deren objektiven öffentlich-staatlichen Inhalt gebunden. Somit schließt dieser Glücksbegriff auch unsere Begriffe »Begabung«, »Intuition« und jenen spezifischen Begriff »Genialität«,* der in der Philosophie und Ästhetik des ausgehenden 18. Jahrhunderts (Young, Hamann, Herder, die Genies des Sturm und Drang) eine solche Bedeutung hatte, ein. In den nachfolgenden Jahrhunderten ist diese Kategorie des Glücks zersplittert und privatisiert worden. Aus ihr schwanden alle schöpferischen und öffentlich-staatlichen Momente, Glück wurde zu einem privat-persönlichen und nichtschöpferischen Prinzip.

Neben diesen spezifisch römischen Zügen sind in der römischen Autobiographie auch griechisch-hellenistische Traditionen lebendig. Auf römischem Boden wurden die alten Totenklagen (naenia) gleichfalls durch Grabreden – »Laudationen« – ersetzt. Hier herrschen die Schemata der griechisch-hellenistischen Rhetorik vor.

Eine wichtige Form der römisch-hellenistischen Autobiographie bilden die Arbeiten »über die eigenen Schriften«. Wir haben bereits darauf verwiesen, daß diese Form wesentlich unter dem Einfluß des Platonischen Schemas vom Lebensweg des zur Erkenntnis Gelangenden stand. Hier wird jedoch für diese Form eine gänzlich andere objektive Fundierung gefunden. Geboten wird ein Katalog der eigenen Werke, es wird über deren Themen und deren Erfolg beim Publikum

* Der Begriff »Glück« implizierte gleichermaßen Genialität und Erfolg; ein verkanntes Genie ist demnach eine Contradictio in adjecto.

berichtet, und es wird ein autobiographischer Kommentar zu diesen Werken erteilt (Cicero, Galen u. a.). Die Reihe der eigenen Werke bildet eine reale und stabile Grundlage, um den zeitlichen Ablauf des eigenen Lebens zu erfassen. In der Aufeinanderfolge der eigenen Werke ist eine wesentliche Spur der biographischen Zeit – deren Objektivierung – gegeben. Außerdem offenbart sich das Selbstbewußtsein in diesem Falle nicht »jemandem« schlechthin, sondern dem fest umrissenen Kreis der Leser dieser Werke. Auf ihn ist die Autobiographie zugeschnitten. Die autobiographische Konzentration auf sich selbst und das eigene Leben erlangt hier ein Minimum an wesentlicher Öffentlichkeit, die ganz neuen Typs ist. Zu diesem autobiographischen Typ gehören auch die »Retractationes« des heiligen Augustinus. In der Neuzeit sind hierzu einige Werke der Humanisten (z. B. Chaucer) zu zählen, in den darauffolgenden Epochen wird dieser Typ jedoch lediglich zu einem (allerdings sehr wichtigen) Moment innerhalb von Autobiographien, die sich dem künstlerischen Schöpfertum zuwenden (z. B. bei Goethe).

Soviel zu den autobiographischen Formen der Antike, die man als Formen des *öffentlichen Selbstbewußtseins des Menschen* bezeichnen kann.

Wir wollen nun kurz auf die reifen biographischen Formen der römisch-hellenistischen Epoche eingehen. Hervorzuheben ist hier vor allem der Einfluß, den Aristoteles auf die charakterologischen Methoden der antiken Biographen ausgeübt hat, speziell die Lehre von der Entelechie, die besagt, daß der Endzweck zugleich die Primärursache der Entwicklung ist. Diese aristotelische Identifikation von Ziel und ursächlichem Prinzip mußte unbedingt auf die Besonderheiten der biographischen Zeit wesentlich einwirken. Von daher ergibt sich, daß die zum Abschluß geführte Reife des Charakters das eigentliche Grundprinzip der Entwicklung ist. Es kommt hier zu einer eigentümlichen »charakterologischen Inversion«, die ein wirkliches Werden des Charakters ausschließt. Die ganze Jugend des Menschen wird lediglich als Vorankündigung seiner Reife aufgefaßt. Ein gewisses Element der Bewegung findet nur insofern Eingang, als es zum Kampf der Neigungen und Affekte kommt und der Mensch sich in der Tugend übt, um diese dauerhaft zu machen. Durch diesen Kampf und diese Übungen werden lediglich die bereits vorhandenen Eigenschaften des Charakters gefestigt, ohne daß etwas Neues entsteht. Grundlage bleibt das unwandelbare Wesen eines fertigen Menschen.

Auf dieser Basis haben sich zwei Konstruktionstypen der antiken Biographie herausgebildet.

Den ersten könnte man als energetischen bezeichnen. Ihm liegt der Aristotelische Begriff der Energie zugrunde. Nicht der Zustand, sondern die Handlung, die aktive Kraft (»Energie«) macht die Fülle des Seins und das Wesen des Menschen aus. Diese »Energie« ist die Entfaltung des Charakters in Taten und Ausdrucksweisen. Handlungen, Worte und andere Ausdrucksweisen des Menschen bestehen jedoch keineswegs nur darin, daß irgendein inneres Wesen des Charakters, das bereits unabhängig von diesen Bekundungen, vor ihnen und außer ihnen, existiert, sich nach außen hin (für andere, für einen »Dritten«) offenbart. Diese Bekundungen gerade machen das Sein des Charakters, der außerhalb seiner »Energie« überhaupt nicht existiert, aus. Nur wenn er sich nach außen hin kundtut und ausdrückt, nur wenn er Reife und Vernehmlichkeit erlangt, verfügt der Charakter über Wirklichkeits- und Seinsfülle. Je umfassender sich der Charakter ausdrückt, um so vollständiger ist auch das Sein.

Deshalb soll die Darstellung des menschlichen Lebens (Bios) und des Charakters nicht dadurch erfolgen, daß die charakterologischen Eigenschaften (die Tugenden oder Laster) analytisch aufgeführt und zu einem feststehenden Bild des Menschen zusammengefügt werden, sondern durch Wiedergabe seiner Taten, Reden und sonstigen Arten, sich zu offenbaren und auszudrücken.

Repräsentant dieses energetischen Biographentyps ist Plutarch, dessen Einfluß auf die Weltliteratur (und nicht nur auf die biographische) außerordentlich groß war.

Die biographische Zeit bei Plutarch hat ihre eigene Spezifik. Es ist dies eine Zeit, in der sich der *Charakter offenbart*, keineswegs aber eine Zeit des Werdens und Wachsens des Menschen.* Freilich, außerhalb dieser Offenbarung, dieser »Manifestation« des Charakters gäbe es denselben nicht. Doch als »Entelechie« ist er prädeterminiert und kann sich nur in einer bestimmten Richtung erschließen. Die historische Wirklichkeit, in der sich die Offenbarung des Charakters vollzieht, bildet für diesen Vorgang nur das Medium, schafft Anlässe dafür, daß sich der Charakter in Taten und in Worten bekundet, hat aber keinen bestimmenden Einfluß auf den Charakter selbst; sie formt

* Die Zeit gehört zum Bereich des Phänomenalen, das Wesen des Charakters aber liegt außerhalb der Zeit. Der Charakter erhält seine Substantialität nicht durch die Zeit.

ihn nicht, erschafft ihn nicht, sondern aktualisiert ihn lediglich. Die historische Wirklichkeit ist der Schauplatz, auf dem sich die menschlichen Charaktere offenbaren und entfalten – nicht mehr.

Die biographische Zeit ist irreversibel bezüglich der Ereignisse des Lebens, die von den historischen Ereignissen nicht zu trennen sind; sie ist aber reversibel bezüglich des Charakters: Dieser oder jener Charakterzug könnte für sich genommen früher oder später zutage treten. Die Charakterzüge selbst unterliegen keiner Chronologie, ihr Erscheinen ist zeitlich verschiebbar. Der Charakter selbst wächst nicht und verändert sich nicht, er wird lediglich *ausgefüllt*: Ein zu Beginn unvollständiger, nicht zutage getretener und fragmentarischer Charakter wird am Schluß zu einem *vollständigen* und abgerundeten. Der Weg, den die Offenbarung des Charakters nimmt, führt folglich nicht zu einer Veränderung und Entwicklung des Charakters im Zusammenhang mit der geschichtlichen Wirklichkeit, sondern lediglich zu dessen *Vollendung*, d.h. nur zu einer Ausfüllung der Form, die von Anfang an vorgezeichnet war. Soviel zum biographischen Typ Plutarchs.

Den zweiten Typ der Biographie könnte man den analytischen nennen. Ihm liegt ein Schema mit bestimmten Rubriken zugrunde, auf die sich das gesamte biographische Material verteilt: gesellschaftliches Leben, Familienleben, Verhalten im Kriege, Beziehungen zu Freunden, denkwürdige Aussprüche, Tugenden, Laster, äußere Erscheinung, Habitus u. dgl. mehr. Dabei werden die einzelnen Züge und Eigenschaften des Charakters aus verschiedenen Geschehnissen und Vorfällen, die sich im Leben des Helden *zu verschiedenen Zeiten* ereigneten, zusammengelesen und den jeweiligen Rubriken zugeordnet. Der Charakterzug wird mit ein bis zwei Beispielen aus dem Leben der betreffenden Person belegt.

Die biographische Zeitreihe ist hier also zerstückelt: Unter ein und derselben Rubrik werden Momente, die verschiedenen Lebensabschnitten entstammen, versammelt. Da als leitendes Prinzip auch hier das *Ganze* des Charakters dient, haben die Zeit und die Reihenfolge, in der bestimmte Teile dieses Ganzen in Erscheinung treten, keine Bedeutung. Schon die ersten Details (die ersten Erscheinungsweisen des Charakters) bestimmen im voraus die festen Konturen dieses Ganzen, und alles Weitere findet dann – entweder zeitlich (erster Biographientyp) oder systematisch (zweiter Biographientyp) geordnet – innerhalb dieser Konturen Platz.

Hauptvertreter dieses zweiten Typs antiker Biographien ist Sueton. Während Plutarch gewaltigen Einfluß auf die Literatur, insbesondere auf das Drama, ausgeübt hat (die energetische Biographie ist ja ihrem Wesen nach dramatisch), erstreckt sich Suetons Wirkung vor allem auf das biographische Genre im engeren Sinne, speziell das mittelalterliche. (Bis in unsere Tage hat sich ein Biographientyp erhalten, der das Leben nach Rubriken aufteilt, d. h. den Dargestellten als Menschen, als Schriftsteller, als Familienvater, als Denker usw. zeigt.)

Alle bisher angeführten Formen der Autobiographie wie auch der Biographie (prinzipielle Unterschiede in der Sicht auf den Menschen gab es zwischen diesen Formen nicht) waren ihrem Wesen nach öffentlicher Natur. Nun müssen wir auf diejenigen autobiographischen Formen eingehen, in denen sich bereits der Zerfall dieser öffentlichen Extrovertiertheit des Menschen zeigt, in denen das private Selbstbewußtsein des isolierten, einsamen Menschen und die privaten Sphären seines Lebens sich Durchbruch zu verschaffen beginnen und mehr und mehr sichtbar werden. Auch im Bereich der Autobiographie finden wir in der Antike lediglich den Beginn jenes Prozesses vor, in dem sich die Privatisierung des Menschen und seines Lebens vollzog. Deshalb sind hier neue Formen, in denen das *einsame Selbstbewußtsein* autobiographischen Ausdruck finden konnte, noch nicht geschaffen worden. Es entstanden lediglich spezifische Modifikationen vorhandener öffentlich-rhetorischer Formen. Wir beobachten im wesentlichen drei solcher Modifikationen.

Die erste Modifikation besteht darin, sich selbst und das eigene Leben auf satirisch-ironische oder humoristische Weise in Satiren und Diatriben darzustellen. Wir weisen vor allem auf die allbekannten ironischen Autobiographien und Selbstcharakteristiken in Versen bei Horaz, Ovid und Properz hin, die auch ein Moment der Parodierung öffentlich-heroischer Formen einschließen. Das *Gesonderte* und *Private* kleidet sich hier in die Form der *Ironie* und des *Humors* (es findet keine positiven Formen, um sich selbst Ausdruck zu verleihen).

Die zweite Modifikation, der von ihrer historischen Resonanz her größte Bedeutung zukommt, wird durch die Briefe Ciceros an Atticus repräsentiert.

Aus den öffentlich-rhetorischen Formen der Einheit des Menschenbildes wich das Leben, sie wurden zu offiziell-konventionellen Formen, Heroisierung und Verherrlichung (einschließlich der Selbstverherrlichung) nahmen schablonenhaften und schwülstigen Charakter an. Außerdem boten die vorhandenen öffentlich-rhetorischen Genres für die Darstellung des privaten Lebens, dessen Sphäre an Breite und Tiefe ständig zunahm und sich in wachsendem Maße der Außenwelt verschloß, faktisch keinen Raum. Unter diesen Bedingungen begannen *intim-rhetorische* Formen große Bedeutung zu erlangen, vor allem die Form des *Freundesbriefes.* In der freundschaftlich-intimen Atmosphäre (die freilich partiell konventionellen Charakter trägt) tritt mehr und mehr das neue vertraulich-private Selbstbewußtsein des Menschen zutage. Eine ganze Reihe von Kategorien des Selbstbewußtseins und der Gestaltung des biographischen Lebens (wie Erfolg, Glück, Verdienst) beginnen ihren öffentlich-staatlichen Bedeutungsgehalt zu verlieren und auf die Ebene des Persönlich-Privaten überzugehen. Auch die in diese neue intim-private Welt einbezogene Natur unterliegt einer grundlegenden Veränderung. Es entsteht die »Landschaft«, d.h. die Natur als Blickfeld (als Gegenstand des Sehens) und Umgebung (als Hintergrund, Rahmen) des gänzlich privaten und einsam-untätigen Menschen. Diese Natur unterscheidet sich kraß von der Natur der Schäferidylle oder der Georgika, ganz zu schweigen von der Natur des Epos und der Tragödie. In Form malerischer Ausschnitte findet die Natur in der Zeit der Spaziergänge, der Mußestunden oder in Momenten, da der Blick zufällig auf eine sich eröffnende Ansicht fällt, in die intime Welt des privaten Menschen Eingang. Diese malerischen Ausschnitte sind in die labile Einheit des Privatlebens des kultivierten Römers eingebettet, werden aber nicht zum Bestandteil eines einheitlichen, mächtigen, durchgeistigten und selbständigen Ganzen der Natur, wie dies im Epos und in der Tragödie (man denke etwa an die Natur im »Gefesselten Prometheus«) der Fall ist. Lediglich einzeln können diese malerischen Ausschnitte zu geschlossenen sprachlichen Landschaftsbildern abgerundet werden. Einer analogen Transformation unterliegen in dieser neuen intim-privaten Mikrowelt auch andere Kategorien. Zahlreiche Kleinigkeiten des Privatlebens, in denen der Mensch sich zu Hause fühlt und auf die sich sein privates Selbstbewußtsein zu stützen beginnt, erlangen Bedeutung. Das Menschenbild verlagert sich mehr und mehr in geschlossene private Bezirke, die schon fast intimen Zimmercharakter haben, und büßt dort seine monumentale Plastizität und uneingeschränkte öffentliche Extrovertiertheit ein.

Dergestalt sind die Briefe an Atticus. Und doch enthalten sie viele – teils konventionelle und erstarrte, teils lebensvolle und substantielle – öffentlich-rhetorische Elemente. Hier wurden sozusagen Bruchstükke des zukünftigen, ganz und gar privaten Menschen in die alte öffentlich-rhetorische Einheit des Menschenbildes eingesprenkelt (eingelötet).

Die dritte und letzte Modifikation könnte man als den stoischen Typ der Autobiographie bezeichnen. Hierher gehören vor allem die sogenannten »Konsolationen« (Tröstungen). Sie waren in Form eines Dialogs mit der Philosophie als Trösterin angelegt. Hier wäre in erster Linie die (nicht erhalten gebliebene) »Consolatio« des Cicero, die er nach dem Tode seiner Tochter verfaßt hat, zu nennen. Ebenso zählt hierzu Ciceros »Hortensius«. In den darauffolgenden Epochen finden wir solche Konsolationen bei Augustinus, bei Boëthius und schließlich bei Petrarca.

Ferner muß man zur dritten Modifikation die Briefe Senecas, das autobiographische Buch Mark Aurels (»Selbstbetrachtungen«) sowie die »Bekenntnisse« und weitere autobiographische Werke des Augustinus rechnen.

Charakteristisch für alle diese Werke ist, daß in ihnen das Verhältnis zu sich selbst in einer neuen Form aufscheint. Dieses neue Verhältnis läßt sich am besten mit dem Augustinischen Terminus »Soliloquia«, d.h. »Einsame Gespräche mit sich selbst«, charakterisieren. Zu diesen einsamen Gesprächen zählen natürlich auch die Gespräche mit der Philosophie als Trösterin in den Konsolationen.

Dieses neue Verhältnis zu sich selbst, zum eigenen »Ich« läßt keine Zeugen zu, einem »Dritten«, wer immer es auch sein möge, gewährt es kein Stimmrecht. Das Selbstbewußtsein des einsamen Menschen sucht hier seinen Halt und seine höchste richterliche Instanz in sich selbst und unmittelbar im ideellen Bereich – in der Philosophie. Ja, es kommt sogar zum Kampf gegen den Standpunkt des »anderen«, beispielsweise bei Mark Aurel. Dieser vom »anderen« uns gegenüber eingenommene Standpunkt, den wir in Betracht ziehen und nach dem wir uns selbst beurteilen, stellt eine Quelle der Eitelkeit, des selbstgefälligen Stolzes oder der Kränkung dar. Er trübt unser Selbstbewußtsein und unsere Selbsteinschätzung; man muß sich von ihm frei machen.

Eine weitere Besonderheit der dritten Modifikation liegt darin, daß sich das spezifische Gewicht der Ereignisse des intim-persönlichen Lebens auffallend erhöht, d.h. solcher Ereignisse, die im persönlichen Leben des betreffenden Menschen eine enorme Rolle spielen, für andere aber von sehr geringem Belang sind und so gut wie gar keine sozial-politische Bedeutung haben, wie etwa der Tod der eigenen Tochter (in Ciceros »Consolatio«). Innerhalb derartiger Geschehnisse empfindet sich der Mensch gewissermaßen als grundsätzlich einsam. Auch bei Ereignissen von öffentlicher Bedeutung kommt es allmählich dazu, daß der persönliche Aspekt dieser Ereignisse akzentuiert wird. Im Zusammenhang damit treten die Fragen nach der Vergänglichkeit aller irdischen Güter und der Sterblichkeit des Menschen mit aller Schärfe hervor; wie überhaupt nun das Thema des persönlichen Todes in seinen verschiedenen Variationen eine wesentliche Rolle innerhalb des autobiographischen Selbstbewußtseins des Menschen zu spielen beginnt. Im öffentlichen Selbstbewußtsein hatte dieses Thema natürlich (fast) gar keine Rolle gespielt.

Ungeachtet dieser neuen Momente behält dennoch auch die dritte Modifikation in bedeutendem Maße öffentlich-rhetorischen Charakter. Jener wahrhaft einsame Mensch, der im Mittelalter auf den Plan tritt und danach im europäischen Roman eine so große Rolle spielt, ist hier noch nicht präsent. Wir haben es hier noch mit einer sehr relativen und naiven Einsamkeit zu tun. Das Selbstbewußtsein verfügt noch über eine ziemlich stabile öffentliche Fundierung, aus der das Leben jedoch teilweise schon gewichen ist. Derselbe Mark Aurel, der den »Standpunkt des anderen« (im Kampf mit dem Gefühl der Kränkung) ausschließt, ist zutiefst vom Gefühl für seine öffentliche Würde erfüllt und dankt voll Stolz dem Schicksal und den Menschen für seine Tugenden. Und schon die Form, die die Autobiographie der dritten Modifikation aufweist, hat öffentlich-rhetorischen Charakter. Wir erwähnten bereits, daß selbst die »Bekenntnisse« des Augustinus laut vorgetragen werden wollen.

So sind die Grundformen der antiken Autobiographie und Biographie beschaffen. Auf die weitere Entwicklung dieser Formen in der europäischen Literatur wie auch auf die Entwicklung des Romans haben sie einen außerordentlich großen Einfluß ausgeübt.

4. Das Problem der historischen Inversion und des folkloristischen Chronotopos

Die Betrachtung der antiken Romanformen wollen wir mit einem Hinweis auf die diesen Formen gemeinsamen Besonderheiten der Zeitaneignung abschließen.

Wie verhält es sich mit der Zeit-Ganzheit im antiken Roman? Wir erwähnten bereits, daß ein gewisses Minimum an Zeit-Ganzheit in jedem zeitlichen Bild (und die Bilder der Literatur sind zeitliche Bilder) enthalten sein muß. Um so abwegiger wäre es, von einer Widerspiegelung der Epoche außerhalb des Zeitablaufs, außerhalb des Zusammenhangs mit der Vergangenheit und mit der Zukunft, außerhalb der Zeit-Ganzheit zu sprechen. Dort, wo keine Zeit abläuft, gibt es auch kein Moment der Zeit in der vollen und grundlegenden Bedeutung dieses Wortes. Faßt man die Gegenwart außerhalb ihrer Beziehung zu Vergangenheit und Zukunft, so verliert sie ihre Einheit, verstreut sich über singuläre Erscheinungen und Dinge und wird zu deren abstraktem Konglomerat.

Ein gewisses Minimum an Zeit-Ganzheit gibt es auch im antiken Roman. Ihr Ausmaß ist im griechischen Roman gleichsam minimal und wird im abenteuerlichen Alltagsroman etwas beträchtlicher. Im antiken Roman ist diese Zeit-Ganzheit zweifacher Natur. Sie hat ihre Wurzeln einmal in der volkstümlich-mythologischen Zeit-Ganzheit. Diese spezifischen Zeitformen waren jedoch bereits in Auflösung begriffen und konnten angesichts der zu jener Zeit einsetzenden einschneidenden sozialen Differenzierung natürlich keinen neuen Inhalt umschließen und diesem eine adäquate Form geben. Dennoch waren diese Formen der folkloristischen Zeit-Ganzheit im antiken Roman noch wirksam.

Zum anderen finden sich im antiken Roman erste, schwache Anzeichen neuer Formen von Zeit-Ganzheit, die mit dem Hervortreten sozialer Widersprüche zusammenhängen. Jedes Hervortreten sozialer Widersprüche weitet die Zeit unvermeidlich zur Zukunft hin aus. Je tiefer sich die Widersprüche zeigen und je mehr sie folglich zur Reife gelangt sind, desto grundlegenderen und umfassenderen Charakter kann die Zeit-Ganzheit in den Bildern des Künstlers haben. Erste Anzeichen einer solchen realen Einheit der Zeit haben wir im abenteuerlichen Alltagsroman gesehen. Sie waren jedoch zu schwach ausgeprägt, um dem novellistischen Zerfall der Formen des großen Epos völlig Einhalt gebieten zu können.

An dieser Stelle muß auf eine Besonderheit des Zeitempfindens eingegangen werden, das auf die Entwicklung der literarischen Formen und Gestalten einen mächtigen, bestimmenden Einfluß ausgeübt hat.

Diese Besonderheit tritt vor allem in der sogenannten *»historischen Inversion«* zutage. Das Wesen einer solchen Inversion besteht darin, daß das mythologische und künstlerische Denken Kategorien wie Ziel, Ideal, Gerechtigkeit, Vollkommenheit, harmonischer Zustand des Menschen und der Gesellschaft u. a. in der Vergangenheit ansiedelt. Die Mythen vom Paradies, vom Goldenen Zeitalter, vom heroischen Zeitalter, von der uralten Wahrheit sowie die späteren Vorstellungen von einem Naturzustand, von natürlichen, angeborenen Rechten usw. sind Ausdrucksweisen dieser historischen Inversion. Etwas vereinfacht könnte man sagen, daß dabei das, was tatsächlich erst in der Zukunft verwirklicht werden kann oder soll, was im Grunde ein Ziel, ein Seinsollendes, keineswegs aber eine Realität der Vergangenheit ist, als etwas, das bereits in früherer Zeit existent war, dargestellt wird.

Diese eigenartige »Umstellung« (»Inversion«) der Zeit, die für das mythologische und künstlerische Denken verschiedener Entwicklungsepochen der Menschheit charakteristisch ist, resultiert aus einer besonderen Vorstellung von der Zeit, speziell der Zukunft. Die Gegenwart und besonders die Vergangenheit werden dabei auf Kosten der Zukunft angereichert. Nur die Gegenwart und die Vergangenheit – das »ist« und das »war« – verfügen über die Kraft und Stichhaltigkeit des Realen, Wirklichen; der Zukunft eignet eine Realität anderer Art, eine sozusagen mehr ephemere Realität; das »wird« entbehrt jener Materialität und Dichte, jener realen Wägbarkeit, die dem »ist« und dem »war« zukommt. Die Zukunft ist anders geartet als Gegenwart und Vergangenheit, und wie dauerhaft man sie sich auch immer vorstellen mag, ihr fehlt die inhaltliche Konkretheit, sie hat nicht viel Substanz und ist wenig kompakt, da alles Positive, Ideale, Seinsollende und Ersehnte mit Hilfe der Inversion auf die Vergangenheit oder partiell auf die Gegenwart bezogen wird, denn auf diese Weise erlangt all das größere Wägbarkeit, Realität und Beweiskraft. Um einem Ideal Realität zu verleihen, denkt man es sich als eines, das irgendwann im Goldenen Zeitalter im »Naturzustand«

schon einmal dagewesen ist, oder man stellt es sich als in der Gegenwart existierend vor: irgendwo am Ende der Welt, jenseits aller Meere – wenn nicht auf der Erde, dann unter der Erde, wenn nicht unter der Erde, dann im Himmel. Man ist eher bereit, die Wirklichkeit (Gegenwart) in der Vertikalen – nach oben und unten – auszubauen, als entlang der Horizontalen der Zeit nach vorn zu gehen. Wenn diese vertikalen Anfügungen auch zu jenseitig-idealen, ewigen und zeitlosen erklärt werden, so wird dieses Zeitlose und Ewige doch als ein mit dem gegebenen Moment, mit der Gegenwart Gleichzeitiges gedacht, d.h. als ein Jetziges, als das, was schon existiert – dieses ist besser als eine Zukunft, die es noch nicht gibt und auch noch niemals gegeben hat. Die historische Inversion im exakten Sinne des Wortes gibt – unter dem Aspekt der Realität – gegenüber einer solchen Zukunft der Vergangenheit als dem Wägbareren und Kompakteren den Vorrang. Die vertikalen Jenseits-Anfügungen hingegen ziehen einer derartigen Vergangenheit das Zeitlose und Ewige als das schon Seiende und gleichsam bereits Gegenwärtige vor. Jede dieser Formen entleert die Zukunft auf ihre Weise, macht sie weniger kompakt, zieht ihr das Blut ab. In analogen philosophischen Theorien entspricht der historischen Inversion die Proklamation der »Anfänge« als der ungetrübten, reinen Quellen allen Seins sowie die Verkündung ewiger Werte und idealer, zeitloser Seinsformen.

Eine andere Form, in der sich die gleiche Beziehung zur Zukunft zeigt, ist die Eschatologie. Hier wird die Zukunft auf andere Weise entleert. Die Zukunft wird hier als das Ende alles Existierenden, als das Ende des Seins (in seinen früheren und jetzigen Formen) verstanden. Dabei ist es gleichgültig, ob das Ende als Katastrophe und bloße Zerstörung, als neues Chaos, als Götterdämmerung oder als Anbruch des Reiches Gottes gedacht wird; wichtig ist nur, daß allem Bestehenden ein Ende gesetzt wird, zudem ein Ende, das relativ nahe ist. Die Eschatologie stellt sich dieses Ende stets so vor, daß die Zeitspanne der Zukunft, die die Gegenwart von diesem Ende trennt, entwertet wird, daß sie alle Bedeutung und jedes Interesse einbüßt: Es ist dies eine unnötige Verlängerung der Gegenwart von unbestimmter Dauer.

Soviel zu den spezifischen Formen des mythologischen und künstlerischen Verhältnisses zur Zukunft. In ihnen allen wird der realen Zukunft Substanz und Lebenssaft entzogen. Doch bietet jede dieser Formen Möglichkeiten für konkrete, dem Wert nach verschiedene Variationen.

Bevor wir aber auf die einzelnen Variationen zu sprechen kommen, müssen wir das Verhältnis all dieser Formen zur realen Zukunft genauer bestimmen. Geht es doch in allen diesen Formen letztlich dennoch um die reale Zukunft, namentlich um das, was noch nicht ist, wohl aber sein soll. Im Grunde genommen trachten diese Formen, das, was als das Seinsollende und Wahre erachtet wird, zur Realität zu machen, ihm Leben zu verleihen, es in die Zeit hineinzustellen und als das wirklich Seiende und zugleich Wahre mit der gegebenen Realität, die gleichfalls seiend, aber schlecht und unwahr ist, zu konfrontieren.

Die Bilder dieser Zukunft wurden zwangsläufig in der Vergangenheit angesiedelt oder in ein weit entferntes Gebiet, über alle Meere hinweg, verlegt; ihre zeitliche und räumliche Ferne war der Gradmesser dafür, wie wenig sie der grausamen und garstigen Gegenwart ähnelten. Doch wurden diese Bilder nicht aus der Zeit als solcher herausgelöst und nicht von der diesseitigen realen und materiellen Wirklichkeit abgetrennt. Im Gegenteil, es hatte sozusagen die gesamte Energie der erhofften Zukunft eine äußerst intensivierende Wirkung auf die Bilder der irdischen materiellen Wirklichkeit und vor allem auf das Bild des lebendigen leiblichen Menschen: Der Mensch wuchs auf Kosten der Zukunft und wurde – gemessen an seinen Zeitgenossen – zu einem Recken (»Recken, nicht solche wie ihr«),[12] man versah ihn mit unglaublichen Körperkräften und einer unerhörten Leistungsfähigkeit; man heroisierte seinen Kampf mit der Natur, seinen nüchternen praktischen Verstand, ja sogar seinen gesunden Appetit und seinen Durst. Ideale Größe, Kraft und ideale Bedeutung des Menschen sind hier niemals von räumlichen Maßen und von zeitlicher Dauer losgelöst. Der große Mensch war auch ein physisch großer Mensch, der große Schritte machte, nach Weite des Raumes verlangte und ein zeitlich langes reales physisches Leben lebte. Freilich macht zuweilen dieser große Mensch in einigen Formen der Folklore eine Metamorphose durch, während der er klein ist und seine Bedeutung in Raum und Zeit nicht realisiert (er geht – wie die Sonne – unter, steigt in die Hölle, in die Erde hinab), letzten Endes aber realisiert er stets die ganze Fülle seiner Bedeutung in Raum und Zeit, wird groß und lebt lange. Wir haben diese Eigentümlichkeit der echten Folklore hier ein wenig vereinfacht, es war uns jedoch wichtig, hervorzuheben, daß diese Folklore keine Idealität kennt, die dem Raum und der Zeit feindlich gegenüberstünde. Alles Bedeutsame kann und muß letztendlich auch in Raum und Zeit bedeutsam sein. Um sich zu realisieren, bedarf der Mensch der Folklore des Raumes und der Zeit: In ihnen existiert er ganz und gar; in ihnen fühlt er sich wohl. Gänzlich fremd ist es der Folklore, ideale Bedeutsamkeit und körperliche Ausmaße (im weiten Sinne des Wortes) einander absichtlich entgegenzustellen, die ideale Bedeutsamkeit in gewollt klägliche Raum- und Zeitformen zu hüllen, um alles Räumlich-Zeitliche herabzusetzen. Und noch ein Zug der echten Folklore muß hierbei betont werden: In ihr ist der Mensch von sich aus gewaltig, und nicht auf anderer Kosten, er ist selbst hochgewachsen und stark, er kann allein ein ganzes feindliches Heer siegreich zurückschlagen (wie Cú Chulainn während des Winterschlafs der Ulter),[13] er ist das direkte Gegenteil des kleinen Herrschers über ein großes Volk, und er ist dieses große Volk, das groß durch sich selbst ist. Das einzige, was er sich unterwirft, ist die Natur, und seine einzigen Diener sind Tiere (und auch diese sind keine Sklaven für ihn).

Dieses Wachsen des Menschen im Raum und in der Zeit innerhalb der Formen der irdischen (materiellen) Realität zeigt sich in der Folklore nicht nur in den von uns angemerkten Formen der Körpergröße und Kraft, sondern darüber hinaus auch noch auf sehr vielfältige und verfeinerte Weise. Die Logik, der dieses Wachsen gehorcht, ist indessen überall dieselbe: Aus eigener Kraft wächst hier der Mensch auf gerade und ehrliche Weise in der irdischen realen Welt, ohne jede falsche Erniedrigung, ohne jedwede ideale Kompensation von Schwäche und Not. Auf andere Ausdrucksformen dieses menschlichen Wachstums nach allen Seiten werden wir bei der Analyse des genialen Romans von Rabelais gesondert eingehen.

Aus diesem Grunde ist die Phantastik der Folklore eine realistische Phantastik: Sie überschreitet nirgends die Grenzen der irdischen realen, materiellen Welt, sie stopft deren Löcher nicht mit irgendwelchen idealen jenseitigen Momenten, sie wirkt in den Weiten des Raumes und der Zeit, sie versteht es, diese Weiten zu erfühlen, und vermag sie in ganzer Breite und Tiefe zu nutzen. Diese Phantastik stützt sich auf die tatsächlichen Möglichkeiten der menschlichen Entwicklung – Möglichkeiten nicht im Sinne eines Programms unmittelbarer praktischer Aktion, sondern im Sinne der Bedürfnis-Möglichkeiten des Menschen, im Sinne der unausrottbaren ewigen Ansprüche der realen Natur des Menschen. Diese Ansprüche werden bleiben, solange es Menschen gibt; man kann sie nicht unterdrükken; sie sind ebenso real, wie die Natur des Menschen selbst real ist, und darum kann es gar nicht anders sein, als daß sie sich früher oder später Wege zu ihrer vollständigen Verwirklichung bahnen.

Der Realismus der Folklore erweist sich daher auch für die gesamte Buchliteratur (einschließlich des Romans) als ein unversiegbarer Quell des Realismus. Besondere Bedeutung hatte dieser Quell des Realismus im Mittelalter und – insonderheit – in der Epoche der Renaissance; doch auf diese Frage kommen wir noch zurück, wenn wir uns mit der Analyse des Buches von Rabelais befassen.

5. Der Ritterroman

In aller Kürze wollen wir nun auf die Besonderheiten der Zeit – und damit auch des Chronotopos – im Ritterroman eingehen (von einer Analyse einzelner Werke müssen wir absehen).

Der Ritterroman arbeitet mit der Abenteuerzeit – vor allem der griechischen Typs –, obwohl in einigen Romanen (speziell in Wolfram von Eschenbachs »Parzival«) eine stärkere Annäherung an den Zeittyp des abenteuerlichen Alltagsromans festzustellen ist, wie wir ihn bei Apuleius finden. Die Zeit zerfällt in mehrere Segmente, die Abenteuer, innerhalb welcher sie abstrakt-technisch organisiert ist; auch die Verknüpfung der Zeit mit dem Raum ist eine technische. Wir stoßen hier auf dieselbe zufällige Gleichzeitigkeit und Ungleichzeitigkeit, auf dasselbe Spiel mit Ferne und Nähe, auf dieselben Retardationen. Auch der Chronotopos dieses Romans – eine auf mannigfaltige Weise fremde und etwas abstrakte Welt – ist dem des griechischen verwandt. Der Erprobung der Helden (und der Dinge) auf ihre Identität (vor allem der Erprobung der Liebestreue und der Einhaltung des ritterlichen Ehrenkodex) kommt hier die gleiche organisierende Rolle zu. Notwendigerweise treten dabei auch die mit der Identitätsidee verknüpften Momente auf: Scheintode, Wiedererkennen und Nichtwiedererkennen, Namenswechsel u. a. (sowie auch ein komplizierteres Spiel mit der Identität, vergleiche die beiden Isolden – die geliebte und die ungeliebte – im »Tristan«). Auch die Motive vom Charakter orientalischer Märchen, die (letztlich) mit der Identität zusammenhängen, zeigen sich hier: Zaubereien aller Art, durch die der Mensch zeitweise aus den Ereignissen ausgeschlossen und in eine andere Welt versetzt wird.

Aber daneben gibt es in der Abenteuerzeit der Ritterromane (und damit auch in deren ganzem Chronotopos) etwas grundsätzlich Neues.

Innerhalb jeder Abenteuerzeit kommt es zur Einmischung des Zufalls, des Schicksals, der Götter usw. Entsteht doch eben diese Zeit an den Punkten, wo die normalen, realen und gesetzmäßigen Zeitreihen abreißen (wo sich eine Kluft auftut), also dort, wo diese Gesetzmäßigkeit (wie auch immer sie beschaffen sein mag) *plötzlich* verletzt wird und die Ereignisse eine unerwartete, unvorhergesehene Wendung nehmen. In den Ritterromanen wird dieses »plötzlich« gleichsam zu etwas Normalem, zu etwas, das alles determiniert und beinahe gewöhnlich ist. Die ganze Welt wird wunderbar, und das Wunderbare wird selbst zu etwas Gewohntem (ohne deshalb aufzuhören, wunderbar zu sein). Das, was seit eh und je als überraschend galt, ist nun nichts Unerwartetes mehr. Man erwartet das Unerwartete, und man erwartet nur dieses. Die ganze Welt wird der Kategorie des »plötzlich«, der Kategorie der wunderbaren und überraschenden Zufälligkeit zugeordnet. Der Held der griechischen Romane war bestrebt, die Gesetzmäßigkeit wiederherzustellen, die auseinandergerissenen Glieder des normalen Lebensablaufs wieder miteinander zu verbinden, dem Spiel des Zufalls zu entrinnen und in das gewohnte, normale Leben (allerdings bereits außerhalb des Romans) zurückzukehren; die Abenteuer erlebte er als auf ihn herabgesandte Mißgeschicke, er war jedoch kein Abenteurer, er suchte diese Erlebnisse nicht selbst (auch in dieser Hinsicht war er initiativlos). Der Held des Ritterromans stürzt sich in die Abenteuer wie in ein vertrautes Element, für ihn steht die Welt ganz im Zeichen eines wunderbaren »plötzlich«, dies ist der normale Zustand der Welt. Er ist ein Abenteurer, jedoch ein uneigennütziger (freilich kein Abenteurer im Sinne der späteren Verwendung dieses Wortes, d.h. nicht im Sinne eines Menschen, der seine selbstsüchtigen Ziele kaltblütig, auf nicht üblichen Pfaden des Lebens verfolgt). Er kann seinem ganzen Wesen nach nur in dieser Welt der wunderbaren Zufälligkeiten leben und nur in ihnen seine Identität bewahren. Und schon sein »Kodex«, an dem seine Identität gemessen wird, ist ausdrücklich auf diese Welt der wunderbaren Zufälligkeiten ausgerichtet.

Auch erhält der Zufall (alle diese zufälligen Gleichzeitigkeiten und Ungleichzeitigkeiten) im Ritterroman eine ganz andere Note als im griechischen Roman. Ist es dort die nackte Mechanik zeitlicher Divergenzen und Konvergenzen in einem abstrakten Raum, der mit Raritäten und Kuriosa angefüllt ist, so besitzt der Zufall hier den ganzen Reiz des Wunderbaren und Geheimnisvollen, wird er personifiziert in Gestalt guter und böser Feen, guter und böser Zauberer, lauert er in verzauberten Hainen und Schlössern usw. In der Mehrzahl der Fälle erlebt der Held durchaus keine »Mißgeschicke«, die nur für den Leser interessant sind, sondern »wunderbare Abenteuer«, die auch für ihn selbst interessant (und reizvoll) sind. Das Abenteuer erhält durch diese ganze Wunderwelt, in der es sich ereignet, eine neue Tönung.

Darüber hinaus werden in dieser Welt der Wunder Ruhmestaten vollbracht, durch die die Helden selbst *Ruhm erlangen* und durch die sie anderen (ihrem Lehnsherren, ihrer Dame) *zum Ruhme verhelfen*. Das Moment der Ruhmestat hebt das ritterliche Abenteuer deutlich vom griechischen ab und nähert es dem *epischen Abenteuer* an. Dasselbe gilt für das Moment des *Ruhmes* und der *Verherrlichung*, das dem griechischen Roman ebenfalls völlig fremd war und gleichfalls den Ritterroman dem Epos verwandt macht.

Im Unterschied zu den Helden des griechischen Romans handelt es sich bei denen des Ritterromans um *individuelle* Helden, die gleichzeitig etwas *repräsentieren*. Die Helden der verschiedenen griechischen Romane ähneln einander, tragen jedoch verschiedene Namen; über jeden von ihnen kann man nur einen Roman schreiben; sie lassen sich nicht in Zyklen, Varianten oder in mehreren Romanen verschiedener Autoren verwenden; jeder von ihnen befindet sich in der speziellen Verfügungsgewalt seines Autors und gehört diesem wie ein Ding. Alle diese Helden stehen, wie wir gesehen haben, nur »für sich selbst«, ohne etwas oder jemanden zu vertreten. Zwischen den verschiedenen Helden der Ritterromane zeigen sich keinerlei Ähnlichkeiten, weder in ihrem Äußeren noch in ihrem Schicksal. Lancelot ist Parzival ganz und gar nicht ähnlich, Parzival ähnelt nicht Tristan. Dafür sind über jeden von ihnen mehrere Romane entstanden. Strenggenommen sind das keine Helden einzelner Romane (wie es strenggenommen auch gar keine *einzelnen* und in sich geschlossenen individuellen Ritterromane gibt), sondern Helden von *Zyklen*. Und natürlich gehören sie nicht den einzelnen Romanschriftstellern als deren Privateigentum (was selbstverständlich nicht auf das Fehlen eines Autorenrechtes und der damit verbundenen Auffassungen zurückzuführen ist); vielmehr entstammen sie wie die epischen Helden einer gemeinsamen Schatzkammer von Gestalten, die allerdings nicht wie beim Epos national, sondern international ist.

Schließlich sind der Held und jene wunderbare Welt, in der er agiert, aus einem Stück gemacht, es gibt zwischen ihnen keine Divergenz. Freilich, diese Welt ist keine nationale Heimat, sie ist allerorts eine gleichermaßen fremde (ohne daß die Fremdheit akzentuiert wird); der Held wechselt aus einem Land in ein anderes, trifft auf verschiedene Lehnsherren, überquert Meere, doch überall ist die Welt einheitlich und erfüllt von ein und demselben Ruhm, von der gleichen Auffassung darüber, was eine Heldentat und was Schmach ist. An jedem Platz dieser Welt kann der Held sich selbst und anderen Ruhm verschaffen. Überall genießen die gleichen ruhmreichen Namen den gleichen Ruhm.

Der Held ist in dieser Welt »zu Hause« (nicht aber in der Heimat); er ist ebenso wunderbar wie diese Welt: Wunderbar ist seine Herkunft, wunderbar sind die Umstände seiner Geburt, die Art und Weise seiner Kindheit und Jugend, wunderbar ist seine physische Natur usw. Der Held entstammt ganz und gar dieser wunderbaren Welt, und er ist ihr bester Vertreter.

Alle diese Besonderheiten des ritterlichen Abenteuerromans heben diesen deutlich vom griechischen Roman ab und nähern ihn dem Epos an. Der in Versen geschriebene frühe Ritterroman liegt im Grunde genommen an der Grenze zwischen Epos und Roman. Daraus resultiert auch der besondere Platz, den er in der Geschichte des Romans einnimmt. Zugleich ergibt sich aus den genannten Besonderheiten auch der eigentümliche Chronotopos dieses Romans: *eine wunderbare Welt, in der die Zeit des Abenteuers herrscht.*

Dieser Chronotopos ist auf seine Weise sehr organisch und in sich stimmig. Er wird nicht mehr von Raritätenhaftem und Kuriosem ausgefüllt, sondern von Wunderbarem; alle Dinge in ihm – Waffen, Kleidungsstücke, Quellen, Brücken u. dgl. – haben irgendwelche wunderbaren Eigenschaften oder sind einfach verzaubert. Auch ist diese Welt reich an Symbolik, die jedoch keinen groben Rebuscharakter aufweist, sondern der Symbolik orientalischer Märchen verwandt ist.

In Zusammenhang damit bildet sich auch die eigentliche Abenteuerzeit des Ritterromans heraus. Im griechischen Roman besaß sie innerhalb der einzelnen Abenteuer eine technische Wahrscheinlichkeit: Ein Tag war ein Tag, eine Stunde eine Stunde. Im Ritterroman wird auch die Zeit als solche bis zu einem gewissen Grade wunderbar. Eine märchenhafte Hyperbolie der Zeit tritt zutage: Stunden werden auseinandergezogen, Tage zu Augenblicken zusammengerafft, und die Zeit selbst kann verzaubert werden. Auch zeigt sich hier eine Beeinflussung der Zeit durch die Träume, d. h. eine spezifische Verzerrung der zeitlichen Perspektiven, die für Traumerscheinungen charakteristisch ist. Die Träume sind hier nicht mehr nur ein Element des Inhalts, sondern beginnen zugleich – ebenso wie die dem Traum vergleichbaren »Visionen« (die in der mittelalterlichen Literatur eine sehr wichtige Organisationsform darstellen) –, eine formbildende Funktion zu übernehmen.* Generell läßt sich im Ritterroman ein *subjektives Spiel mit der Zeit* beobachten: Die Zeit wird (neben den bereits genannten märchen- und traumhaften Deformationen) auf lyrisch-emotionale Weise in die Länge gezogen und zusammengedrängt; es verschwinden z. B. ganze Ereignisse, als ob sie nie stattgefunden hätten (so im »Parzival«, als der Held den König auf dem Montsalvatsch nicht erkennt: Dieses Ereignis verschwindet, es wird zu einem ungeschehenen). Ein solches subjektives Spiel mit der Zeit war der Antike völlig fremd. Im griechischen Roman zeichnete sich die Zeit innerhalb der einzelnen Abenteuer durch sachlich-nüchterne Präzision aus. Der Zeit brachte die Antike eine tiefe Achtung entgegen (sie war durch die Mythen geheiligt) und gestattete sich kein subjektives Spiel mit ihr.

Diesem subjektiven Spiel mit der Zeit, dieser Verletzung elementarer zeitlicher Korrelationen und Perspektiven entspricht im Chronotopos der wunderbaren Welt auch ein ebensolches subjektives Spiel mit dem Raum, eine ebensolche Verletzung elementarer räumlicher Relationen und Perspektiven. Dabei zeigt sich hier in der Mehrzahl der Fälle durchaus nicht die positive Freiheit des Menschen im Raum, wie wir sie aus Folklore und Märchen kennen, sondern eine subjektiv-emotionale und zum Teil symbolische Verzerrung des Raumes.

Soviel zum Ritterroman. Die nahezu epische Ganzheitlichkeit und

* Eine äußere Form der Konstruktion in der Art eines Traumes und Traumgesichts hat es natürlich auch in der Antike gegeben; man denke nur an Lukian und seinen »Traum« (wo ein Ereignis, das einen Wendepunkt im Leben darstellt, in Form eines Traumes autobiographisch beschrieben wird). Was hier jedoch fehlt, ist die spezifische innere Logik des Traumes.

Einheit des Chronotopos der wunderbaren Welt zerfällt in der Folgezeit (das beginnt bereits in dem in Prosa verfaßten späten Ritterroman, in welchem sich die Elemente des griechischen Romans verstärken) und wird niemals mehr vollständig wiederhergestellt. Einzelne Elemente dieses eigentümlichen Chronotopos, insbesondere das subjektive Spiel mit den räumlich-zeitlichen Perspektiven, werden jedoch in der nachfolgenden Romangeschichte mehrfach (freilich mit etwas veränderten Funktionen) neu belebt: bei den Romantikern (z. B. in Novalis' »Heinrich von Ofterdingen«), bei den Symbolisten, bei den Expressionisten (beispielsweise das psychologisch sehr subtil ausgeführte Spiel mit der Zeit in Meyrinks »Golem«), partiell auch bei den Surrealisten.

Am Ausgang des Mittelalters erscheinen Werke besonderer Art, die ihrem Inhalt nach enzyklopädisch (und synthetisch) und der Form nach als »Visionen« angelegt sind. Wir meinen den »Rosenroman« von Guillaume de Lorris und dessen von Jehan de Meung besorgte Fortsetzung, »Peter, der Pflüger« von Langland sowie schließlich die »Göttliche Komödie«.

Im Hinblick auf das Problem der Zeit sind diese Werke von großem Interesse, wir können jedoch nur auf das Allgemeinste und Grundlegendste an ihnen eingehen.

Der Einfluß der mittelalterlichen jenseitigen Vertikalen ist hier außerordentlich groß. Die ganze räumlich-zeitliche Welt wird hier einer symbolischen Sinngebung unterzogen. Man kann sagen, daß hier die Zeit in der eigentlichen Handlung des Werkes gänzlich zum Stillstand gebracht ist. Handelt es sich doch um eine »Vision«, die in der realen Zeit von ganz kurzer Dauer ist, während das Gesehene selbst einen außerzeitlichen Sinn hat (obgleich dieser auch in einer Beziehung zur Zeit steht). Bei Dante haben die reale Zeit der Vision und deren Bindung an einen bestimmten Augenblick der biographischen (zum menschlichen Leben gehörigen) und der historischen Zeit rein symbolischen Charakter. Alles Zeitlich-Räumliche – die Gestalten der Menschen und Dinge ebenso wie die Handlungen – ist entweder allegorisch (vor allem im »Rosenroman«) oder symbolisch (zum Teil bei Langland und im höchsten Grade bei Dante).

Das Bemerkenswerteste dieser Werke besteht darin, daß ihnen (besonders den beiden letzten) eine sehr ausgeprägte Empfindung für die Widersprüche der Epoche, die als voll ausgereifte wahrgenommen werden, zugrunde liegt sowie – genaugenommen – die Empfindung, daß das Ende der Epoche da ist. Daher rührt auch das Bestreben, eine kritische Synthese der Epoche zu liefern. Diese Synthese macht es erforderlich, daß im Werk die ganze widersprüchliche Vielfalt der Epoche gewissermaßen vollständig repräsentiert ist. Und die Komponenten dieser widersprüchlichen Vielfalt müssen im Aufriß eines Moments nebeneinandergestellt und gezeigt werden. Langland versammelt auf einer Wiese (während der Pest) und danach um die Gestalt Peters des Pflügers die Vertreter sämtlicher Stände und Schichten der Feudalgesellschaft vom König bis zum Bettler, Vertreter sämtlicher Berufe und ideologischer Strömungen; sie alle nehmen an einem symbolischen Akt teil (sie pilgern zu Peter dem Pflüger, um die Wahrheit zu finden, helfen ihm bei der Bestellung seines Feldes usw.). Bei Langland ebenso wie bei Dante hat diese widersprüchliche Vielfalt im Grunde genommen zutiefst historischen Charakter. Langland und insbesondere Dante aber richten sie nach oben und unten hin auf, dehnen sie in der Vertikalen. Dante hat diese vertikale Ausdehnung der (in ihrem Wesen geschichtlichen) Welt buchstäblich und mit genialer Konsequenz und Kraft durchgeführt. Er entwirft das außergewöhnliche plastische Gemälde einer Welt, deren Leben spannungsreich ist und die sich entlang der Vertikalen nach oben und nach unten bewegt: neun Höllenkreise unterhalb der Erde, über ihnen die sieben Kreise des Läuterungsbergs und oberhalb dieser zehn Himmel. Unten die grobe Materialität der Menschen und Dinge, oben einzig Licht und Stimme. Die zeitliche Logik dieser vertikalen Welt besteht darin, daß alles absolut gleichzeitig ist (bzw. darin, daß »in der Ewigkeit alles nebeneinander existiert«). Alles, was auf der Erde durch die Zeit getrennt ist, vereinigt sich in der Ewigkeit in der absoluten Gleichzeitigkeit des Koexistierens. Die von der Zeit verursachten Trennungen, diese »früher« und »später«, sind nicht wesentlich; man muß sie aufheben; um die Welt zu begreifen, muß man alles *in einer Zeit*, d.h. im Aufriß eines Moments nebeneinanderstellen, man muß die ganze Welt als eine *gleichzeitige* sehen. Nur in der reinen Gleichzeitigkeit oder, was dasselbe ist, im Zeitlosen kann sich der wahre Sinn dessen, was war, was ist und was sein wird, erschließen; denn das, was dies alles voneinander getrennt hat, die Zeit, besitzt keine echte Realität und keine sinngebende Kraft. Das Ungleichzeitige zum Gleichzeitigen zu machen und alle zeitlich-historischen Trennungen und Verbindungen durch rein sinnhafte, außerzeitlich-hierarchische Trennungen und Verbindungen zu ersetzen –

darin bestand das formbildende Streben Dantes, das ihn ein Weltbild ausschließlich auf der Vertikalen aufbauen ließ.

Gleichzeitig sind jedoch die Gestalten der Menschen, die diese vertikale Welt füllen (bevölkern), durch und durch historisch, jedem von ihnen sind Merkmale der Zeit, Spuren der Epoche eingeprägt. Mehr noch, in die vertikale Hierarchie sind auch Dantes Vorstellungen von Geschichte und Politik einbezogen, seine Auffassung von den progressiven und den reaktionären Kräften der historischen Entwicklung (eine Auffassung, die sehr tiefgründig ist). Deshalb sind die Gestalten und Ideen, die die vertikale Welt besiedeln, von dem machtvollen Bestreben erfüllt, ihr zu entrinnen und auf die produktive historische Horizontale hinauszugelangen, sich nicht nach oben, sondern nach vorn auszurichten. Jede Gestalt ist voll geschichtlicher Potenz und tendiert deshalb mit ihrem ganzen Wesen zur Teilnahme am historischen Ereignis innerhalb des zeitlich-historischen Chronotopos. Doch der mächtige Wille des Künstlers hat sie dazu bestimmt, auf der außerzeitlichen Vertikalen für immer ein und denselben Platz einzunehmen. Teilweise werden diese zeitlichen Potenzen in einzelnen novellistisch abgeschlossenen Erzählungen realisiert. Erzählungen wie die Geschichte von Francesca und Paolo oder die vom Grafen Ugolino und vom Erzbischof Ruggieri könnte man als horizontale, zeiterfüllte Abzweigungen von der außerzeitlichen Vertikalen der Danteschen Welt ansehen.

Daraus resultiert die Tatsache, daß die ganze Dantesche Welt außerordentlich spannungsgeladen ist. Diese Spannung erwächst aus dem Kampf zwischen der lebendigen historischen Zeit und der zeitlosen jenseitigen Idealität. Die Vertikale preßt in sich gleichsam die machtvoll nach vorn strebende Horizontale zusammen. Das formbildende Prinzip des Ganzen steht im Widerspruch und Kampf mit der historisch-zeitlichen Form der einzelnen Gestalten. Es siegt die Form des Ganzen. Aber gerade dieser Kampf und die enorme Spannung, die seiner künstlerischen Lösung innewohnt, haben dazu geführt, daß Dantes Werk auf ungewöhnlich kraftvolle Weise seiner Epoche, genauer gesagt: der Grenzscheide zweier Epochen, Ausdruck verleiht.

Dantes vertikaler Chronotopos ist im Verlaufe der nachfolgenden Geschichte der Literatur niemals mehr mit solcher Folgerichtigkeit und Konsequenz neubelebt worden. Mehrmals aber hat es Versuche gegeben, die geschichtlichen Widersprüche sozusagen auf der Vertikalen des außerzeitlichen Sinns zu lösen, die grundlegende sinngebende Kraft des »früher« und des »später«, d.h. der zeitlichen Trennungen und Verbindungen zu negieren (unter diesem Aspekt kann alles Wesentliche gleichzeitig sein), die Welt im Aufriß der reinen Gleichzeitigkeit und Koexistenz zu erschließen (das Nichtakzeptieren der historischen »Externität« der Sinngebung). Den tiefgründigsten und konsequentesten Versuch dieser Art seit Dante hat Dostojewski unternommen.

6. Die Funktionen des Schelms, des Narren und des Tölpels im Roman

Gleichzeitig mit den Formen der großen Literatur entwickelten sich im Mittelalter die kleinen folkloristischen und halbfolkloristischen Formen satirischen und parodistischen Charakters. Diese Formen tendierten teilweise zur Zyklenbildung, und es entstanden parodistisch-satirische Epen. In dieser Literatur der sozialen Unterschichten des Mittelalters traten drei Figuren hervor, die für die weitere Entwicklung des europäischen Romans von großer Bedeutung waren: der *Schelm*, der *Narr* und der *Tölpel*. Neu waren diese Figuren freilich ganz und gar nicht; die Antike wie auch der Alte Orient hatten sie gekannt. Wollte man versuchen, diese Gestalten historisch auszuloten, so würde das Lot in keiner von ihnen auf Grund stoßen: so tief ist dieser Grund. Die kultische Bedeutung der entsprechenden antiken Masken ist relativ greifbar, sie liegt in der vollen Tageshelle der Geschichte; doch dann entgleiten diese Figuren in die Tiefen der Folklore der Vorklassengesellschaft. Das Problem ihrer Genesis interessiert uns hier (wie in der ganzen Untersuchung) jedoch nicht, uns geht es lediglich um jene besonderen Funktionen, die sie in der Literatur nach dem Mittelalter innehaben und die dann die Entwicklung des europäischen Romans entscheidend beeinflussen.

Schelm, Narr und Tölpel schaffen um sich herum besondere Mikrowelten, besondere Chronotopoi. Alle diese Figuren nahmen in den von uns schon behandelten Chronotopoi und Zeiten keinen nennenswerten Platz ein (eine gewisse Ausnahme bildet lediglich der Chronotopos des abenteuerlichen Alltagsromans). Was diese Figuren in die Literatur einbringen, ist erstens, daß sie auf ganz essentielle Weise mit den Theatergerüsten und Bühnenmasken der öffentlichen

Plätze verknüpft sind, daß sie mit einem spezifischen, doch sehr wesentlichen Abschnitt des Volksplatzes verbunden sind. Zweitens (und das hängt natürlich mit dem ersten zusammen) hat schon allein die Existenz dieser Figuren nicht direkte, sondern *übertragene Bedeutung*: Ihr Äußeres und alles, was sie tun und reden, hat keine direkte und unmittelbare Bedeutung, sondern eine übertragene und zuweilen entgegengesetzte, man darf sie nicht wörtlich nehmen, sie sind nicht das, was sie zu sein scheinen. Drittens schließlich (und das ergibt sich wiederum aus dem Vorhergehenden) ist ihr Sein die Widerspiegelung eines anderen Seins, wobei es sich hier um keine direkte Widerspiegelung handelt. Sie sind Schauspieler des Lebens, ihr Sein fällt mit ihrer Rolle zusammen, und außerhalb dieser Rolle existieren sie überhaupt nicht.

Es ist ihre Eigentümlichkeit und ihr besonderes Recht, *fremd* auf dieser Welt zu sein. Mit keiner der auf dieser Welt vorhandenen Lebenslagen solidarisieren sie sich, nicht eine behagt ihnen; sie bemerken die jeder Lage anhaftende Kehrseite und Lüge. Deshalb kann ihnen jede beliebige Lebenslage nur als Maske dienen. Der Schelm ist noch durch einige Fäden mit der Wirklichkeit verbunden; Narr und Tölpel sind »nicht von dieser Welt«, weswegen sie besondere Rechte und Privilegien genießen. Alle drei lachen selbst und werden verlacht. Ihr Lachen ist ein öffentliches, ist das Lachen der Volksplätze. Sie stellen die Öffentlichkeit der menschlichen Gestalt wieder her, denn diese Figuren existieren an und für sich schon ganz und gar außen, sie geben gewissermaßen alles auf dem Platz bekannt, und ihre Funktion liegt ausschließlich im Veräußerlichen (zwar nicht des eigenen, sondern eines widergespiegelten fremden Seins – aber ein anderes haben sie ja auch nicht). Es entsteht dadurch ein besonderer Modus, den Menschen mittels parodistischen Gelächters zu veräußerlichen.

Dort, wo diese Figuren die realen Theatergerüste nicht verlassen, wirken sie völlig eingängig und so vertraut, daß sie keinerlei Probleme aufzuwerfen scheinen. Doch von diesen Gerüsten aus haben sie Eingang in die schöne Literatur gefunden, wobei sie alle ihre von uns hervorgehobenen Spezifika in sie einbrachten. Hier – in der Romanliteratur – haben sie selbst mehrere Transformationen erfahren und auch ihrerseits einige wesentliche Momente des Romans transformiert.

Wir können dieses sehr komplexe Problem hier nicht von allen

Seiten aus beleuchten, sondern nur in dem Maße, wie es für die folgende Analyse bestimmter Romanformen, insbesondere der Rabelaisschen (aber zum Teil auch der Goetheschen), erforderlich ist.

Die transformierende Wirkung der hier untersuchten Gestalten vollzog sich in zwei Richtungen. In erster Linie beeinflußten sie die vom Autor selbst im Roman eingenommene Position (und das Bild des Autors, wenn dieses sich in irgendeiner Weise im Roman erschloß), den Blickpunkt des Autors.

Ist doch – verglichen mit Epos, Drama und Lyrik – die Position des Romanautors gegenüber dem dargestellten Leben generell eine sehr komplexe und problematische. Das allgemeine Problem der persönlichen Autorschaft (das überhaupt jüngeren Datums und ein spezifisches Problem ist, denn die »personalautorgebundene« Literatur ist bislang nur ein Tropfen im Meer der nichtpersonalen und nicht autorgebundenen Volksdichtung) wird hier noch komplizierter durch das Unabdingbare einer wesentlichen, nicht erfundenen Maske, die zum einen die Position des Autors gegenüber dem dargestellten Leben (*wie und von wo aus* er, ein privater Mensch, dieses ganze private Leben sieht und aufdeckt) bestimmt, und zum anderen die Position des Autors gegenüber den Lesern, dem Publikum (in welcher Eigenschaft er mit der »Entlarvung« der Wirklichkeit hervortritt – als Richter, Inquirent, »protokollierender Sekretär«, Politiker, Prediger, Narr oder sonstwer) festlegt. Natürlich betreffen diese Fragen jede Art persönlicher Autorschaft und lassen sich mit Hilfe des Wortes »Berufsschriftsteller« keinesfalls lösen, doch stellen sie sich bei den anderen literarischen Genres (Epos, Lyrik, Drama) auf philosophischer, kultureller, sozialpolitischer Ebene: Hier ist die unmittelbare Position des Autors, der Standpunkt, der für die Formgebung des Materials unabdingbar ist, durch das Genre selbst (Drama, Lyrik und deren Spielarten) gegeben, hier ist diese unmittelbare schöpferische Position den Genres selbst immanent. Das Genre des Romans besitzt eine solche immanente Position nicht. Man kann das eigene authentische Tagebuch veröffentlichen und es als Roman bezeichnen; man kann unter derselben Bezeichnung einen Packen Geschäftspapiere, private Briefe (einen Briefroman) oder ein Manuskript publizieren, »von dem nicht bekannt ist, von wem und zu welchem Zweck es verfaßt und wo und von wem es aufgefunden wurde«. Für den Roman erhebt sich daher die Frage nach der Autorschaft nicht nur (wie für die anderen Genres) auf allgemeiner Ebene, sondern auch auf der

Formebene des Genres. Wir sind darauf zum Teil schon eingegangen, als wir die Formen, mit denen das private Leben heimlich beobachtet und belauscht wird, behandelten.

Der Romanschriftsteller kommt ohne eine wesentliche Genreform-Maske, die seine Position beim Sehen des Lebens wie auch seine Position beim Veröffentlichen dieses Lebens bestimmte, nicht aus.

Und gerade hier kommen dem Romanschriftsteller die Masken des Narren und des Tölpels, freilich auf verschiedene Weise transformiert, zu Hilfe. Diese Masken sind nicht erfunden, sie wurzeln zutiefst im Volk, sie sind durch die geheiligten Privilegien, die darin bestehen, daß der Narr am Leben *unbeteiligt* und daß sein Narrenwort *unantastbar* ist, mit dem Volk verbunden, sind mit dem Chronotopos des Volksplatzes und den Theatergerüsten verknüpft. Das alles ist für das Romangenre von größter Wichtigkeit. Damit war die Seinsform eines Menschen gefunden, der am Leben unbeteiligt teilhat, der es immer nur beobachtet und es widerspiegelt, und zugleich waren die spezifischen Formen zur Widerspiegelung – Veröffentlichung – des Lebens gefunden. (Eine sehr alte Funktion des Narren besteht zudem darin, auch solche Lebenssphären zu veröffentlichen, die – wie die Sexualsphäre – ganz und gar nicht öffentlich sind. Vgl. Goethes Beschreibung des Karnevals.)

Ein sehr wichtiges Moment ist hierbei die indirekte, übertragene Bedeutung der ganzen Gestalt des Menschen, deren durchgängige Sinnbildlichkeit. Dieses Moment hängt natürlich mit der Metamorphose zusammen. Narr und Tölpel sind eine Metamorphose von Kaiser und Gott, die sich in der Hölle befinden, die gestorben sind (vgl. das analoge Moment der Metamorphose in den römischen Saturnalien und den christlichen Passionsspielen, in denen sich Gott und Kaiser in einen Sklaven, einen Verbrecher und einen Narren verwandeln). Der Mensch befindet sich hier im Zustand eines Sinnbildes. Für den Roman ist dieser *Sinnbild-Zustand* von enormer formbildender Bedeutung.

Dies alles gewinnt deshalb besondere Relevanz, weil eine der fundamentalsten Aufgaben des Romans darin bestehen wird, jegliche Konventionalität, jegliche schlechte, verlogene Übereinkunft in sämtlichen menschlichen Beziehungen zu entlarven.

Diese schlechte Konventionalität, die das menschliche Leben durchdrungen hat, wird in erster Linie durch die feudale Ordnung und die feudale Ideologie, die allem Räumlich-Zeitlichen jeden Wert abspricht, repräsentiert. Alle menschlichen Beziehungen sind nunmehr erfüllt von Heuchelei und Lüge. Die gesunden, »natürlichen« Funktionen des Menschen realisieren sich auf gleichsam gesetzwidrige und rohe Weise, weil die Ideologie sie nicht heiligt. Dadurch gelangen Unaufrichtigkeit und Zwiespältigkeit in das menschliche Leben. Alle ideologischen Formen – Institutionen – sind heuchlerisch und verlogen geworden, und das reale Leben, dem die ideologische Sinngebung fehlt, hat tierisch-brutale Züge angenommen.

In Fabliaux und Schwänken, in Farcen und in satirisch-parodistischen Zyklen wird gegen den feudalen Hintergrund und die schlechte Konventionalität, gegen die Lüge, die alle menschlichen Beziehungen durchdrungen hat, angekämpft. Als entlarvende Kraft werden diesen der nüchterne, fröhliche und verschmitzte Verstand des Schelms (in Gestalt eines Bauern, eines kleinen städtischen Handwerksgesellen, eines umherziehenden jungen Klerikers oder schlechthin eines deklassierten Vagabunden), die parodistischen Spötteleien des Narren und das treuherzige Nichtverstehen des Tölpels gegenübergestellt. Dem schwerwiegenden und finsteren Betrug wird der fröhliche Betrug des Schelms entgegengesetzt, der egoistischen Unaufrichtigkeit und Heuchelei die uneigennützige Simplizität und das gesunde Nichtverstehen des Tölpels und allem Konventionellen und Verlogenen die synthetische Form der närrischen (parodistischen) Entlarvung.

Diese Auseinandersetzung mit der Konventionalität wird auf einer tiefgründigeren und prinzipielleren Basis durch den Roman weitergeführt. Dabei finden in der ersten Linie, der Linie, in der der Autor transformiert wird, die Gestalten des Narren und des Tölpels (Gestalten einer die schlechte Konventionalität nicht verstehenden Naivität) Verwendung. Im Kampf mit der Konventionalität und dem Umstand, daß alle vorhandenen Lebensformen einem wirklichen Menschen inadäquat sind, erlangen diese Masken außerordentliche Bedeutung. Aus ihnen läßt sich das Recht ableiten, das Leben nicht zu verstehen, es durcheinanderzubringen, spöttisch nachzuahmen oder zu hyperbolisieren, das Recht, parodistisch zu reden, etwas nicht wörtlich zu meinen, nicht man selbst zu sein, das Recht, das Leben durch den intermediären Chronotopos der Theaterbühne zu leiten, es als Komödie und die Menschen als Schauspieler darzustellen, das Recht, anderen die Maske herunterzureißen, das Recht, auf prinzipielle (fast kultische) Weise zu schimpfen, das Recht, das Privatleben mit all seinen intimsten Schlupfwinkeln der Öffentlichkeit preiszugeben.

Die zweite Richtung der Transformation der Gestalten von Schelm, Narr und Tölpel besteht darin, daß diese als wesentliche Helden (direkt oder transformiert) in den Romaninhalt eingeführt werden.

Sehr oft gehen beide Richtungen bei der Verwendung der genannten Gestalten eine Verbindung ein, zumal ja der wesentliche Held fast immer Träger der Gesichtspunkte des Autors ist.

Alle von uns behandelten Momente zeigen sich in der einen oder anderen Form mit unterschiedlicher Intensität im »Schelmenroman«, im »Don Quijote«, bei Quevedo y Villegas, bei Rabelais, in der deutschen humanistischen Satire (Erasmus, Brant, Murner, Moscherosch, Wickram), bei Grimmelshausen, bei Sorel (»Der verrückte Schäfer«, zum Teil auch »Francion«), bei Scarron, bei Lesage, bei Marivaux; ferner in der Epoche der Aufklärung bei Voltaire (besonders deutlich in »Naturkind«), bei Fielding (»Joseph Andrews«, »Jonathan Wild der Große«, partiell auch »Tom Jones«), zum Teil bei Smollett und in spezieller Weise bei Swift.

Bezeichnenderweise konnte auch der *innere Mensch* – die reine, »natürliche« Subjektivität – nur mit Hilfe der Gestalten des Narren und des Tölpels erschlossen werden, da für ihn eine adäquate, direkte (eine – vom Standpunkt des praktischen Lebens – nicht sinnbildhafte) Lebensform nicht zu finden war. Es erscheint die Gestalt des *Sonderlings*, die in der Geschichte des Romans eine sehr wichtige Rolle gespielt hat: bei Sterne, Goldsmith, Hippel, Jean Paul, Dickens und anderen. Die spezifische Verschrobenheit, der »Shandyismus« (ein Terminus, der von Sterne selbst stammt), wird zu einer wesentlichen Form, um den »inneren Menschen«, die »freie und sich selbst genügende Subjektivität« aufzuzeigen, zu einer Form analog dem »Pantagruelismus«, der in der Epoche der Renaissance zur Erschließung des ganzheitlichen äußeren Menschen diente.

Die Form des »Nichtverstehens« – vorsätzlich beim Autor, treuherzig-naiv bei den Helden – fungiert fast immer dann als organisierendes Moment, wenn es um die Entlarvung der schlechten Konventionalität geht. Eine solche – im Alltagsleben, in der Moral, Politik, Kunst usw. – zu entlarvende Konventionalität wird gewöhnlich vom Standpunkt eines Menschen dargestellt, der an ihr keinen Anteil hat und sie nicht versteht. Im 18. Jahrhundert fand die Form des »Nichtverstehens« breite Verwendung, um die »feudale Unvernunft« zu entlarven (es ist allgemein bekannt, wie sich Voltaire ihrer bedient hat; auch sei an die »Persischen Briefe« von Montesquieu erinnert, die ein ganzes Genre exotischer Briefe analoger Art ins Leben gerufen haben, in denen die Staatsordnung Frankreichs vom Standpunkt eines Ausländers dargestellt wird, der sie nicht versteht; auf sehr mannigfaltige Weise hat Swift diese Form in seinem »Gulliver« angewandt). In hohem Maße hat Tolstoi diese Form genutzt, z.B. bei der (von Stendhal beeinflußten) Beschreibung der Schlacht von Borodino aus der Sicht des sie nicht verstehenden Pierre, bei der Darstellung der Adelswahlen oder der Sitzung der Moskauer Duma aus der Sicht des nicht begreifenden Lewin, bei der Darstellung einer Theatervorstellung, einer Gerichtsverhandlung, bei der berühmten Schilderung des Gottesdienstes (in »Auferstehung«) u. dgl.

Der Schelmenroman arbeitet im wesentlichen mit dem Chronotopos des abenteuerlichen Alltagsromans – dem Weg durch eine vertraute Welt. Und die Position des Schelms entspricht, wie gesagt, der des Lucius als Esel.* Neu ist hier, daß das Moment der Bloßstellung der schlechten Konventionalität und der Entlarvung der ganzen bestehenden Ordnung deutlich verstärkt wird (besonders in »Guzmán de Alfarache« und »Gil Blas«).

Für den »Don Quijote« ist charakteristisch, daß sich in ihm der Chronotopos des Ritterromans (der der »fremden wunderbaren Welt«) mit dem des Schelmenromans (dem der »Landstraße durch die heimatliche Welt«) auf parodistische Weise überschneidet.

Geschichtlich gesehen, kommt Cervantes' Roman bei der Aneignung der historischen Zeit eine außerordentliche Bedeutung zu, die sich freilich nicht allein aus dieser Überschneidung der uns bekannten Chronotopoi herleitet, zumal deren Charakter sich in dieser Überschneidung von Grund auf verändert: Die Bedeutung beider Chronotopoi wird zu einer indirekten, und sie treten in ganz neue Beziehungen zur realen Welt. Doch von einer Analyse des »Don Quijote« müssen wir hier absehen.

Alle Romanformen, die mit der Transformation der Gestalten von Schelm, Narr und Tölpel zusammenhängen, haben innerhalb der Geschichte des Realismus eine immense Bedeutung, die bis heute in ihrem Kern noch gar nicht erfaßt ist. Für ein fundierteres Studium dieser Formen ist es vor allem notwendig, den Sinngehalt und die

* Selbstverständlich gibt es zwischen beiden auch eine weitgehende Gemeinsamkeit in den Motiven.

Funktionen der globalen Gestalten Schelm, Narr und Tölpel – angefangen bei der weit zurückliegenden Folklore der Vorklassengesellschaft bis hin zur Epoche der Renaissance – genetisch zu analysieren. Berücksichtigen muß man die gewaltige (im Grunde genommen mit nichts vergleichbare) Rolle, die sie im Volksbewußtsein spielen; untersuchen muß man die nationale und lokale Differenzierung dieser Gestalten (lokale Narren hat es wahrscheinlich nicht weniger gegeben als lokale Heilige) sowie ihren besonderen Stellenwert im nationalen und lokalen Selbstbewußtsein des Volkes. Eine Schwierigkeit besonderer Art bereitet ferner das Problem der Transformation dieser Gestalten bei ihrem Eintritt in die Literatur generell (ausgenommen die dramatische) und speziell – in den Roman. Gewöhnlich wird die Tatsache unterschätzt, daß hierbei auf verschiedenerlei besondere und spezifische Weise die zerrissene Verbindung zwischen Literatur und Volksplatz wiederhergestellt wurde. Es wurden dabei überdies Formen für die Veröffentlichung aller inoffiziellen und verbotenen menschlichen Lebenssphären – vor allem der sexuellen und der vitalen Sphäre (Beischlaf, Essen, Wein) – gefunden, und es kam zur Dechiffrierung der entsprechenden (alltäglichen, rituellen und offiziell-religiösen) Symbole, die diese Sphären verdecken. Besonders kompliziert stellt sich schließlich das Problem jenes *prosaischen Sinnbildes*, man könnte auch sagen: jener prosaischen Metapher (obwohl sie mit der poetischen keinerlei Ähnlichkeit hat), dar, die diese Gestalten in die Literatur eingebracht haben und für die es nicht einmal einen adäquaten Terminus gibt (»Parodie«, »Posse«, »Humor«, »Ironie«, »Groteske«, »Charge« usw. sind nur rein verbale Varianten und Schattierungen dieser Metapher). Handelt es sich doch um das sinnbildhafte Sein des ganzen Menschen bis hin zu seiner Weltanschauung, welches durchaus nicht mit dem Rollenspiel des Schauspielers übereinstimmt (wenn es auch zwischen beiden einen Berührungspunkt gibt). Wörter wie »Narretei«, »Faxenmacherei«, »Idiotismus«, »Verschrobenheit« haben eine spezifische und rein alltagsbezogene Bedeutung erlangt. Deshalb haben die großen Vertreter dieser prosaischen Sinnbildlichkeit dafür eigene (von den Namen ihrer Helden abgeleitete) Termini geschaffen: »Pantagruelismus«, »Shandyismus«. Gemeinsam mit dieser Sinnbildlichkeit kam eine besondere Komplexität und Vielschichtigkeit in den Roman, tauchten intermediäre Chronotopoi auf, z. B. der des Theaters. Ein überaus markantes Beispiel (eines von vielen) für die unverhüllte Aufnahme dieses Chronotopos ist Thackerays »Jahrmarkt der Eitelkeit«. In verdeckter Form liegt der intermediäre Chronotopos des Puppentheaters dem »Tristram Shandy« zugrunde. Der Sternesche Stil ist der Stil einer Holzpuppe, die vom Autor gelenkt und kommentiert wird. (Ein Gleiches läßt sich z. B. auch von dem verdeckten Chronotopos der Gogolschen »Nase« – »Petruschka«[14] – sagen.)

In der Epoche der Renaissance zerstörten die genannten Romanformen jene jenseitige Vertikale, die die Formen der räumlich-zeitlichen Welt und deren qualitative, lebendige Substanz aufgelöst hatte. Sie wirkten darauf hin, daß die räumlich-zeitliche, materielle Ganzheit der Welt auf einer neuen, fundierteren und komplizierteren Entwicklungsstufe wiedererstehen konnte. Sie versetzten den Roman mehr und mehr in die Lage, sich jene Welt anzueignen, in welcher zur gleichen Zeit Amerika und der Seeweg nach Indien entdeckt wurden, eine Welt, die sich der neuen Naturwissenschaft und der Mathematik erschloß. Und es bahnte sich im Roman auch eine völlig neue Sicht und Darstellung der Zeit an.

Mit der Analyse von Rabelais' Roman »Gargantua und Pantagruel« hoffen wir alle in diesem Abschnitt vorgebrachten Hauptthesen konkretisieren zu können.

7. Der Chronotopos bei Rabelais

Ebenso wie bei allen vorausgegangenen Untersuchungen müssen wir auch bei der Analyse von Rabelais' Roman von genetischen Spezialfragen gänzlich absehen; sie werden nur dann berührt, wenn dazu eine zwingende Notwendigkeit besteht. Den Roman werden wir als ein einheitliches Ganzes untersuchen, das von der Einheit der Ideologie und der künstlerischen Methode durchdrungen ist. In den grundlegenden Thesen unserer Analyse stützen wir uns allerdings auf die ersten vier Bücher, da das Fünfte Buch hinsichtlich der künstlerischen Methoden doch allzu stark vom Ganzen abweicht.

Was bei Rabelais' Roman vor allem sofort ins Auge springt, sind die ungewöhnlichen *räumlich-zeitlichen Ausdehnungen*: Hier geht es jedoch nicht nur darum, daß die Handlung des Romans sich noch nicht auf die vier Wände des privaten Familienlebens konzentriert, sondern unter freiem Himmel abläuft, mit beträchtlichen Ortsveränderungen, mit Feldzügen und Reisen verbunden ist und verschiedene Länder umfaßt – das alles finden wir auch im griechischen Roman und im Ritterroman und ebenso im bürgerlichen Abenteuer- und Reiseroman des 19. und 20. Jahrhunderts. Nein, es geht um den besonderen Zusammenhang, durch den der Mensch und alle seine Handlungen und alle Ereignisse seines Lebens mit der räumlich-zeitlichen Welt verknüpft sind. Dieses besondere Verhältnis läßt sich dadurch charakterisieren, daß die Qualitätsgrade (»Werte«) den Raum- und Zeitgrößen (Dimensionen) adäquat und direkt proportional sind. Das bedeutet natürlich nicht, daß in Rabelais' Welt Perlen und Edelsteine schlechter sind als Pflastersteine, weil sie in viel geringerer Zahl vorkommen. Das bedeutet vielmehr: Wenn Perlen und Edelsteine etwas Gutes sind, dann braucht man davon soviel wie möglich, dann muß es sie überall geben. In die Abtei Thelem wurden alljährlich sieben Schiffe mit Goldbarren, Perlen und Edelsteinen entsandt. In der Abtei selbst gab es 9332 Ankleidezimmer (für jedes Gemach eines), und in jedem hing ein Spiegel in einem Rahmen aus feinem Gold, der mit Perlen verziert war (I. Buch, Kapitel 55). Das bedeutet: Alles Wertvolle, alles, was positive Eigenschaften aufweist, muß seine qualitative Relevanz in räumlich-zeitliche Relevanz umsetzen, muß möglichst weite Verbreitung finden und möglichst lange existieren, und alles, was in qualitativer Hinsicht wirklich von Bedeutung ist, verfügt zwangsläufig auch über die Kräfte, sich dergestalt in Raum und Zeit auszudehnen, wohingegen alles, was mit negativen Eigenschaften behaftet ist, alles Geringfügige, Erbärmliche und Kraftlose völlig vernichtet werden muß, ohne sich seinem Untergang ernsthaft widersetzen zu können. Zwischen dem Wert, welcher Art er auch immer sei (Essen, Trinken, Wahres, Gutes, Schönes), und den Raum- und Zeitdimensionen gibt es keine gegenseitige Feindschaft, keinen Widerspruch; sie sind einander direkt proportional. Deshalb wächst alles Gute, es wächst in jeder Beziehung und nach allen Seiten; es muß ganz einfach wachsen, weil das Wachsen unabdingbar zu seiner Natur gehört. Das Schlechte hingegen wächst nicht, sondern es degeneriert, verkümmert und stirbt ab, kompensiert dabei jedoch seine reale Verminderung mit einer verlogenen jenseitigen Idealität. Die *Kategorie des Wachsens*, noch dazu des realen Wachsens in Raum und Zeit, ist eine der grundlegendsten Kategorien der Rabelaisschen Welt.

Wenn wir von einer direkten Proportionalität sprechen, dann meinen wir damit keineswegs, die Qualität und ihr räumlich-zeitlicher

Ausdruck seien in Rabelais' Welt zunächst getrennt, würden sich dann aber vereinigen. Das Gegenteil ist der Fall: Sie sind von Anfang an in der unauflösbaren Einheit ihrer Gestalten miteinander verbunden. Doch werden diese Gestalten bewußt der Disproportionalität der feudal-kirchlichen Weltanschauung konfrontiert, in der die Werte der räumlich-zeitlichen Realität als einem nichtigen, vergänglichen und sündigen Moment feindlich gegenüberstehen, in der das Große durch das Kleine, das Starke durch das Schwache und Wehrlose, das Ewige durch den Augenblick symbolisiert werden.

Auf dieser direkten Proportionalität beruht jenes unbegrenzte Vertrauen zum irdischen Raum und zur irdischen Zeit, jenes Pathos der räumlichen und zeitlichen Entfernungen und Weiten, das für Rabelais wie auch für andere große Vertreter der Renaissanceepoche (Shakespeare, Camões, Cervantes) so charakteristisch ist.

Doch hat dieses Pathos der räumlich-zeitlichen Adäquatheit bei Rabelais durchaus nicht den naiven Charakter, wie er dem Epos und der Folklore der Vorzeit eignet. Es steht vielmehr, wie wir schon sagten, in einem polemisch zugespitzten Gegensatz zur Vertikalen des Mittelalters. Rabelais' Anliegen war es, die räumlich-zeitliche Welt von den sie zersetzenden Momenten einer jenseitigen Weltsicht zu reinigen, diese Welt von den – auf der Vertikalen vorgenommenen – symbolischen und hierarchischen Sinngebungen zu befreien und die in sie eingedrungene Seuche der »Antiphysis« auszuräumen. Diese polemische Zielsetzung verbindet sich bei Rabelais mit einer positiven: mit der Wiedererrichtung einer adäquaten Raum- und Zeitwelt als eines neuen Chronotopos für einen neuen harmonischen, ganzheitlichen Menschen und neue Formen des menschlichen Verkehrs.

Aus dieser Verknüpfung von polemischer und positiver Zielsetzung – Reinigung und Wiederherstellung der realen Welt und des realen Menschen – resultieren die Besonderheiten der künstlerischen Methode Rabelais', entspringt die Eigenart seiner realistischen Phantastik. Das Wesen dieser Methode besteht primär in der Zerstörung aller gewohnten Zusammenhänge, aller *gewohnten Nachbarschaften* von Dingen und Ideen und in der Herstellung *unerwarteter Nachbarschaften*, unerwarteter Zusammenhänge, darunter auch völlig überraschender logischer (»Alogismen«) und sprachlicher (die spezifisch Rabelaissche Etymologie, Morphologie und Syntax) Zusammenhänge.

Zwischen den schönen Dingen dieser irdischen Welt haben sich verlogene und die wahre Natur der Dinge verzerrende Zusammenhänge hergestellt, die von der Tradition fixiert und durch Religion und offizielle Ideologie geheiligt worden sind. Die Dinge und Ideen werden durch verlogene hierarchische Beziehungen zusammengeschlossen, die ihrer Natur feindlich sind, und sie werden voneinander getrennt und entfernt durch alle möglichen transzendenten idealen Zwischenschichten, die es den Dingen nicht erlauben, sich in ihrer lebendigen Körperlichkeit zu berühren. Das scholastische Denken, die verlogene theologische und juristische Kasuistik und schließlich die Sprache selbst, die von jahrhunderte- und jahrtausendealter Lüge durchsetzt ist, verfestigen diese falschen Zusammenhänge zwischen den schönen gegenständlichen Worten und den wirklich menschlichen Ideen. Es gilt, dieses ganze verlogene Weltbild zu zerstören und neu aufzubauen, die verlogenen hierarchischen Zusammenhänge zwischen den Dingen und Ideen zu unterbrechen und alle sie trennenden idealen Zwischenschichten zu beseitigen. Man muß alle Dinge befreien und sie ungezwungene, ihrer Natur eigene Verbindungen eingehen lassen, wie bizarr diese auch vom Aspekt der gewohnten traditionellen Zusammenhänge erscheinen mögen. Man muß den Dingen erlauben, sich in ihrer lebendigen Körperlichkeit und in ihrer qualitativen Vielgestaltigkeit berühren zu können. Man muß neue Nachbarschaften zwischen den Dingen und Ideen herstellen, die ihrer wirklichen Natur gerecht werden; man muß das nebeneinanderstellen und zusammenfügen, was fälschlich voneinander getrennt und entfernt worden ist, und man muß das trennen, was fälschlich aneinander angenähert worden ist. Auf der Grundlage dieser neuen Nachbarschaft der Dinge muß sich dann ein neues Weltbild auftun, das von realer innerer Notwendigkeit durchdrungen ist. So sind bei Rabelais die Zerstörung des alten Weltbildes und der positive Aufbau eines neuen unauflöslich miteinander verflochten.

Bei der Verwirklichung der positiven Zielstellung stützt sich Rabelais auf die Folklore und auf die Antike, wo die Nachbarschaft der Dinge mehr deren Natur entsprach und frei von verlogener Konventionalität und jenseitiger Idealität war. Bei der Verwirklichung der negativen Zielstellung tritt dagegen das Rabelaissche Lachen in den Vordergrund, das unmittelbar mit den mittelalterlichen Narren-, Schelmen- und Tölpelgenres verbunden ist und mit seinen Wurzeln tief in die Folklore der Vorklassengesellschaft hineinreicht. Doch das

Rabelaissche Lachen zerstört nicht nur die traditionellen Zusammenhänge, und es beseitigt nicht nur die idealen Zwischenschichten – es macht auch die derbe und unmittelbare Nachbarschaft dessen sichtbar, was die Menschen mittels der pharisäischen Lüge trennen.

Die Trennung des traditionell Verbundenen und die Annäherung des traditionell Fernen und voneinander Getrennten wird bei Rabelais dadurch erreicht, daß er die verschiedenartigsten Reihen bildet, die entweder parallel zueinander verlaufen oder sich überschneiden. Mit Hilfe dieser Reihen fügt er zusammen und scheidet er voneinander. Der Aufbau von *Reihen* ist eine spezifische Eigentümlichkeit seiner künstlerischen Methode. All die höchst verschiedenartigen Reihen, die bei Rabelais auftreten, kann man in folgenden Hauptgruppen zusammenfassen: 1. die Reihen des menschlichen Körpers unter anatomischem und physiologischem Aspekt, 2. die Reihen der Kleidung der Menschen, 3. die Reihen des Essens, 4. die Reihen des Trinkens und der Trunkenheit, 5. die Reihen des Geschlechtslebens (Beischlaf), 6. die Reihen des Todes, 7. die Reihen der Ausscheidungen. Jede dieser sieben Reihen besitzt ihre besondere Logik; innerhalb jeder von ihnen gibt es eigene Dominanten. Alle diese Reihen überschneiden einander; dadurch, daß sich diese Reihen entfalten und überschneiden, wird es Rabelais möglich, alles, was er benötigt, aneinander anzunähern oder voneinander zu trennen. Nahezu alle Themen seines umfänglichen und themenreichen Romans sind entsprechend dieser Reihen angelegt.

Greifen wir einige Beispiele heraus. Der menschliche Körper mit all seinen Teilen und Gliedern, all seinen Organen und all seinen Funktionen wird von Rabelais während des gesamten Romans unter anatomischem, physiologischem und naturphilosophischem Aspekt dargeboten. Dieses eigentümliche künstlerische Zurschaustellen des menschlichen Körpers ist ein ganz wesentliches Moment in Rabelais' Roman. Es war wichtig, den menschlichen Körper und dessen Leben in seiner ganzen verblüffenden Kompliziertheit und Tiefgründigkeit zu zeigen und die neue Bedeutung, den neuen Platz der menschlichen Körperlichkeit in der realen räumlich-zeitlichen Welt aufzuschließen. In der Wechselbeziehung zur konkreten menschlichen Körperlichkeit erlangt auch die gesamte übrige Welt einen neuen Sinn und eine konkrete Realität und Materialität, tritt diese Welt statt in einen symbolischen in einen materiellen räumlich-zeitlichen Kontakt mit dem Menschen. Der menschliche Körper wird hier zum konkreten Richtmaß der Welt, zum Kriterium, nach dem die reale Relevanz und der reale Wert der Welt für den Menschen gemessen wird. Es handelt sich hier um den ersten konsequenten Versuch, ein ganzes Weltbild um den körperlichen Menschen herum – sozusagen in der Zone des physischen Kontakts mit ihm – aufzubauen (allerdings ist diese Zone nach Rabelais' Auffassung unendlich groß).

Dieses neue Weltbild wird polemisch der mittelalterlichen Welt entgegengehalten, in deren Ideologie der menschliche Körper nur unter dem Gesichtspunkt seiner Vergänglichkeit und Überwindung wahrgenommen wurde, während in der tatsächlichen Lebenspraxis eine grobe, schmutzige körperliche Zügellosigkeit herrschte. Die Ideologie beleuchtete das körperliche Leben nicht und gab ihm keinen Sinn, sie verneinte es. So konnte dieses – des Wortes und des Sinnes beraubte – Leben nur zügellos, grob, schmutzig und letztlich selbstzerstörerisch sein. Zwischen dem Wort und dem Körper klaffte ein unermeßlicher Abgrund.

Aus diesem Grunde hat Rabelais die menschliche Körperlichkeit (und die umgebende Welt, die in der Zone des Kontakts mit dieser Körperlichkeit liegt) nicht nur mit der asketischen Jenseitsideologie des Mittelalters, sondern auch mit der ausschweifenden, groben Praxis des Mittelalters konfrontiert. Er wollte der Körperlichkeit Wort und Sinn – die antike Idealität – zurückgeben und gleichzeitig dem Wort und dem Sinn deren Realität und materialistischen Charakter.

Der menschliche Körper wird von Rabelais unter mehreren Aspekten dargestellt, vor allem aus der Sicht der anatomischen und physiologischen Wissenschaft, sodann von der Warte eines närrischen Zynismus, weiter unter dem Aspekt grotesk-phantastischen Analogisierens (der Mensch als Mikrokosmos) und schließlich vom eigentlich folkloristischen Blickpunkt her. Diese Aspekte sind miteinander verflochten und treten nur selten in ihrer reinen Form hervor. Anatomische und physiologische Detaillisierung und Exaktheit finden sich jedoch überall dort, wo vom menschlichen Körper die Rede ist. So werden zur Geburt Gargantuas, die aus der Sicht des närrischen Zynismus dargestellt wird, exakte physiologische und anatomische Einzelheiten mitgeteilt: wie bei der Mutter Gargantuas, die zu viele Kutteln gegessen hatte, infolge eines starken Durchfalls (Reihe der Ausscheidungen) der Mastdarm herausfällt und dann die Geburt selbst vonstatten geht:

»Zufolge dieses mißlichen Umstandes wurden oberhalb die Kotyledonen der Gebärmutter gelockert, durch welche das Kind aufwärts hüpfte und in die Hohlader eindrang, dann durch das Zwerchfell bis über die Achseln hinaufschlüpfte (wo die genannte Ader sich zweiteilt), hierauf links hinüberschwenkte und zuletzt durch das linke Ohr herauskam« (I, 6).* Hier verbindet sich die groteske Phantastik mit der Genauigkeit einer anatomischen und physiologischen Analyse.

Bei allen Beschreibungen von Kämpfen und Prügeleien werden zugleich mit der grotesken Übertreibung exakte anatomische Angaben über die dem menschlichen Körper zugefügten Schäden, über Wunden oder über die Arten des Hinscheidens vermittelt.

So wird bei der Schilderung, wie der Mönchsbruder Jan die Feinde zurichtet, die in den Weinberg der Abtei eingedrungen sind, eine Reihe menschlicher Glieder und Organe im Detail aufgeführt: »Den einen zerspellte er das Hirn, andern schlug er Arm und Bein zu Stükken, andern zersplìß er die Halswirbel, manchen verrenkte er das Kreuz, hieb ihnen die Nase ab, bläute Augen, daß sie schwollen, spaltete Kinnbacken, zerschrotete Zähne in den Mäulern, walkte Schulterblätter zu Hackfleisch, drosch Schienbeine, bis sie schwarz anliefen, kugelte Steißbein um Steißbein aus, zerbröselte manch einem Arme und Beine. Wollte sich etwa einer zwischen den dichtesten Rebstöcken verstecken, so knickte er ihm das Rückgrat und brach ihm das Kreuz wie einem Hund. Wenn einer sich durch die Flucht retten wollte, dem spaltete er den Schädel an der lambdoiden Kommissur« (I, 27).

Derselbe Bruder Jan erschlägt einen Wächter: »Da zückte er mit einmal unversehens das besagte Schwert und versetzte dem Bogner, der ihm zur Rechten hielt, einen Hieb, der ihm die Jugularvenen und sphagitiden Arterien am Hals nebst dem Zäpfchen bis zur Schilddrüse durchschnitt. Dann zog er das Schwert wieder heraus und zerhieb ihm dabei das Rückenmark zwischen dem zweiten und dritten Wirbel, so daß der Bogner tot umfiel« (I, 44).

Er erschlägt auch den zweiten Wächter: »Damit schlug er ihm mit einem Streich den Kopf ab und hieb ihm den Schädel über dem Felsbein durch, spaltete ihm die beiden *Ossa bregmatis* und die Sagittalkommissur mitsamt einem großen Teil des Scheitelbeins, und zugleich zerschnitt er ihm die beiden Hirnhäute und legte bis tief

* Die Zitate aus »Gargantua und Pantagruel«[15] bringen wir in der Übersetzung von W. A. Pjast.

hinein die beiden hinteren Gehirnventrikel bloß, so daß ihm der Schädel an der Haut des Perikraniums hinten auf die Schulter hinabhing wie ein Doktorhut, außen schwarz, inwendig aber rot. So sank der Bogenschütze um und war mausetot.« Als ein weiteres analoges Beispiel kann Panurges groteske Erzählung dienen, wie er in der Türkei am Bratspieß schmorte und sich dann doch retten konnte, in der dieselbe anatomische Detaillisierung und Exaktheit bewahrt bleibt: »Kaum war er [der Herr des Hauses – M. B.] hereingekommen, zog er den Bratspieß, an dem ich stak, heraus und stach damit meinen Bratenwender mausetot, so daß er auf der Stelle starb, sei's mangels Wartung, sei's aus anderen Gründen; denn er stieß ihm den Bratspieß ein weniges über dem Nabel rechterseits in den Leib, durchbohrte ihm den dritten Leberlappen, dann glitt der Stoß aufwärts und durchstach ihm das Zwerchfell, und zuletzt trat der Bratspieß durch den Herzbeutel oben zwischen der Wirbelsäule und dem linken Schulterblatt wieder heraus« (II, 14).

In dieser grotesken Erzählung Panurges kreuzt sich die Reihe des (anatomisch gesehenen) menschlichen Körpers mit der Reihe des Essens und der Küche (Panurge wird, nachdem man ihn wie einen Braten zuvor gespickt hatte, am Spieß geröstet) und mit der Reihe des Todes (auf die wir noch zu sprechen kommen).

Alle diese anatomischen Analysen sind keine statischen Beschreibungen, sondern sie sind einbezogen in die lebendige Dynamik der Handlung, in Schlachten, Raufereien u. dgl. Der anatomische Bau des menschlichen Körpers wird in der Handlung sichtbar und entwickelt sich gleichsam zu einer besonderen handelnden Person des Romans. Doch ist diese handelnde Person kein individueller Körper in einer individuellen und unumkehrbaren Lebensreihe, sondern ein unpersönlicher Körper, der Körper des Menschengeschlechts, der geboren wird, lebt, viele verschiedene Tode stirbt, erneut zur Welt kommt und in seinem Aufbau und in all seinen Lebensprozessen gezeigt wird.

Mit der gleichen Genauigkeit und markanten Anschaulichkeit schildert Rabelais auch die äußeren Handlungen und Bewegungen des menschlichen Körpers, so etwa bei der Wiedergabe der von Gymnastes vollführten Pferdsprünge (I, 35). Die expressiven Möglichkeiten der menschlichen Körperbewegung und der Gestik sind außerordentlich detailliert und anschaulich dargestellt in dem stummen (mittels Gebärden geführten) Disput zwischen dem Engländer Thaumast und Panurge (wobei die Expressivität hier keinen bestimmten Sinn hat, sondern eine sich selbst genügende Bedeutung) (II, 19). Ein ähnliches Beispiel ist Panurges Gespräch mit dem stummen Hittenas (über die Frage des Heiratens) (III, 20).

Groteske Phantastik in der Beschreibung des menschlichen Körpers und seiner inneren Vorgänge begegnet uns bei der Schilderung von Pantagruels Krankheit, zu deren Heilung Arbeiter mit Spaten, Bauern mit Hacken und sieben Leute mit Kiepen in seinen Magen hinuntergelassen werden, um diesen von Unrat zu reinigen (II, 33). Den gleichen Charakter weist die Reise des »Autors« durch Pantagruels Mund auf (II, 32).

Bei der – unter grotesk-phantastischem Aspekt erfolgenden – Darstellung des menschlichen Körpers wird in die Reihe des Körpers eine Masse verschiedenartigster Dinge und Erscheinungen einbezogen. Diese tauchen hier in die Atmosphäre des Körpers und des körperlichen Lebens ein, treten in eine neue, unerwartete Nachbarschaft mit Körperorganen und -prozessen, werden in dieser Reihe des Körpers herabgestuft und materialisiert. Das gilt bereits für die beiden oben angeführten Beispiele.

So schluckt Pantagruel zur Reinigung des Magens große kupferne Kugeln wie Pillen, Kugeln, »mächtiger als die zu Rom auf dem Virgil-Obelisk«. In den Kugeln befinden sich Arbeiter mit Gerätschaften und Kiepen, die die Reinigung des Magens bewerkstelligen. Nachdem die Reinigung des Magens abgeschlossen ist, übergibt sich Pantagruel – und die Kugeln fallen wieder heraus. Als die Arbeiter dann aus diesen Pillen ans Tageslicht treten, entsinnt sich Rabelais dabei der Griechen, wie sie aus dem Trojanischen Pferd stiegen. Eine der Pillen sei in Orléans auf dem Turm der Heiligkreuz-Kirche zu sehen (II, 33).

Noch breiter ist die Palette der Dinge und Erscheinungen, die in die groteske anatomische Reihe der Reise des Autors durch Pantagruels Mund aufgenommen sind. Im Munde Pantagruels zeigt sich eine ganze neue Welt: hohe Berge (die Zähne), Wiesen, Wälder und befestigte Städte. In einer der Städte herrscht die Pest infolge eines stinkenden Brodems, der aus Pantagruels Magen aufsteigt. In dem Mund gibt es mehr als fünfundzwanzig besiedelte Königreiche; man unterscheidet zwischen den Leuten »diesseits« und »jenseits« der Zähne, wie man auch in der Menschenwelt von den Leuten »diesseits« und »jenseits« der Berge spricht, usw. Die Beschreibung der in

Pantagruels Mund entdeckten Welt nimmt ungefähr zwei Seiten in Anspruch. Daß dieses groteske Bild sich ganz auf die Folklore gründet, steht außer Zweifel (vgl. die analogen Bilder bei Lukian).

War es bei dieser Reise durch Pantagruels Mund die geographische und ökonomische Welt, die in die Reihe des Körpers einbezogen wurde, so ist es in der Episode mit dem Riesen Blähnüsterich die Welt des Alltags und der Landwirtschaft. »Blähnüsterich, der große Riese, hatte alle Tiegel, Kellen, Kumpen, Kasserollen und Töpfe des Landes verschluckt, aus Mangel an Windmühlen, an denen er sich sonst gütlich tat. So war es gekommen, daß er kurz vor Tagesanbruch bei einsetzender Verdauung sterbenskrank geworden war, und zwar an einer Magenverstimmung, die (wie die Ärzte sagten) darin ihre Ursache hatte, daß die Zersetzungskraft seines Magens, die auf vollbespannte Windmühlen geeicht war, die Tiegel und Kasserollen zu bewältigen Mühe hatte; dagegen hatte er die Kessel und Töpfe recht gut verdaut, wie – sagten sie – aus den Hypostasen und Eneoremen in den vier Legeln Urin, die er zweimal am Morgen abgegeben, hervorgehe« (IV, 17).

Einer Kur unterzog sich Blähnüsterich auf der »Insel Hauch«, auf der er Windmühlen schluckte. Als man ihm die Windmühlen auf Anraten der örtlichen Magenspezialisten versuchsweise noch mit Hähnen und Hennen füllte, krähten und gackerten diese in seinem Leibe und flogen dort so herum, daß er davon Koliken und Krämpfe bekam. Außerdem sprangen ihm die Füchse der Insel in den Rachen auf der Jagd hinter dem Federvieh her. Daraufhin mußte man ihm, um den Magen zu reinigen, ein Klistier aus Roggenkörnern und Hirse verabreichen. Die Hühner stürzten sich auf das Getreide, die Füchse aber jagten den Hühnern nach. Dazu nahm er oral noch Pillen, bestehend aus Wind- und Dachshunden, ein (IV, 44).

Charakteristisch ist hier die eigentümliche, echt Rabelaissche Logik des Aufbaus dieser Reihe. Verdauungsprozesse, Heilverfahren, Gegenstände des täglichen Gebrauchs, Naturerscheinungen, Gegebenheiten der Landwirtschaft und der Jagd sind hier zu einem dynamischen und lebendigen grotesken Bild vereinigt. Entstanden ist eine neue und unerwartete Nachbarschaft von Dingen und Erscheinungen. Dieser grotesken Rabelaisschen Logik liegt freilich die Logik der realistischen Phantastik der Folklore zugrunde.

In der nicht sehr umfangreichen Episode mit Blähnüsterich überschneidet sich die Reihe des Körpers, wie das bei Rabelais üblich ist, mit der Reihe der Ausscheidungen, der Reihe des Essens und der Reihe des Todes (worauf wir noch ausführlicher eingehen werden).

Noch grotesker, befremdlicher und überraschender ist die parodistische anatomische Beschreibung des Fastenspeis, die sich über drei Kapitel des Vierten Buches erstreckt (IV, 30 bis 32).

Fastenspeis ist eine groteske Verkörperung des katholischen Fastens und der Askese wie überhaupt aller antiphysischen Tendenzen der mittelalterlichen Ideologie. Die Beschreibung des Fastenspeis endet mit Pantagruels berühmter Auslassung über die Antiphysis. Deren Sprößlinge – Ohnmaß und Unschlacht – werden als Parodien auf den menschlichen Körper dargestellt: »Ihre Sprößlinge hatten einen kugelrunden Kopf gleich einem dicken Ball, nicht beiderseits leicht eingebuchtet, wie es die menschliche Form verlangt. Ihre Ohren waren aufgestellt und groß wie Eselsohren; die Augen standen brauenlos vorm Kopf und hafteten an Knochen, die wie das Fersenbein gebildet und dabei hart wie die von Krebsen waren. Die Füße waren wie zwei runde Wollknäuel, die Arme und Hände schulterwärts zurückgedreht; auch gingen sie auf ihren Köpfen und schlugen ständig Rad, Steiß über Kopf, die Füße gen Himmel« (IV, 32). Darüber hinaus führt Rabelais noch weitere Ausgeburten der Antiphysis auf: »Danach gebar sie die Mätzchenmacher, Katzbuckler und Papeloren, die Pistollhäusler, die Deixelfinger Calvins, das Schwindlerpack aus Genf, die tollwütigen Putherben, Schlickefänger, Schlitzohren, Hudler, Leisetreter und Leutefresser und andere mißgestaltete und zwieschlächtige Ungeheuer, der Natur zum Trotz« (IV, 32). In dieser Reihe sind alle ideologischen Häßlichkeiten der jenseitigen Weltsicht vertreten, einbezogen in die eine umgreifende Reihe *körperlicher* Häßlichkeiten und Deformationen.

Ein bemerkenswertes Beispiel für groteske Analogisierung sind Panurges Ausführungen über die Schuldner und Borger in den Kapiteln 3 und 4 des Dritten Buches. Hier wird – in Analogie zu den Wechselbeziehungen zwischen Schuldnern und Borgern – der harmonische Aufbau des menschlichen Körpers wie ein Mikrokosmos dargestellt. »Die Absicht des Schöpfers dieses Mikrokosmos war, darin die Seele zu bewahren, die er als Gast hineingesetzt hat, und das Leben. Das Leben besteht aus Blut. Blut ist der Sitz der Seele. Daher hat diese kleine Welt nur eine Arbeit zu leisten, nämlich in einem fort Blut zu bilden. Bei diesem Werk hat jedes Glied seine eigene Aufgabe, und ihre Rangordnung ist so eingeteilt, daß unablässig jedes vom anderen borgt, jedes dem anderen leiht, jedes des andern Schuldner ist. Materie und Grundstoff, die geeignet sind, in Blut umgewandelt zu werden, liefert die Natur: Brot und Wein. In diesen beiden sind alle Arten Nahrung einbegriffen ... Sie zu finden, zuzubereiten und garzukochen, arbeiten die Hände, schreiten die Füße und tragen dies ganze Getriebe; die Augen lenken alles ... Die Zunge versucht, die Zähne kauen sie, der Magen nimmt sie auf, verdaut und verwandelt sie in Speisebrei. Die Gekröse-Adern saugen daraus, was gut und bekömmlich ist, ... und führen es dann der Leber zu. Diese verwandelt es aufs neue und macht daraus Blut ... Dann wird das Blut in eine andere Werkstatt befördert, damit es noch besser verfeinert wird: in das Herz nämlich, das es durch seine diastolischen und systolischen Bewegungen verdünnt und erwärmt, so daß es in der rechten Herzkammer völlig geläutert und durch die Venen in alle Glieder geleitet wird. Jedes Glied zieht es an sich und nährt sich auf seine Weise davon: Füße, Hände, Augen, alle; und nun sind sie, die zuvor Borger waren, zu Schuldnern geworden.«

In derselben grotesken Reihe – in Analogie zu den Schuldnern und Borgern – gibt Rabelais eine Darstellung der Harmonie des Weltalls und der Harmonie der menschlichen Gesellschaft.

Alle diese grotesken, parodistischen und närrischen Reihen des menschlichen Körpers machen einerseits dessen Aufbau und Leben sichtbar; andererseits bringen sie eine überaus vielfältige Welt von Dingen, Erscheinungen und Ideen in die Nachbarschaft des Körpers, die im mittelalterlichen Weltbild unendlich weit vom Körper entfernt waren und zu gänzlich anderen Wort- und Gegenstandsreihen gehörten. Der unmittelbare Kontakt aller dieser Dinge und Erscheinungen mit dem Körper wird in erster Linie über ihre *sprachliche Nachbarschaft*, über ihre sprachliche Vereinigung in einem Kontext, in einer Phrase, in einer Wortverbindung erreicht. Rabelais hat zuweilen auch keine Bedenken gegen gänzlich sinnlose Wortverbindungen, wenn dabei nur Wörter und Begriffe nebeneinandergestellt (»vernachbarlicht«) werden, die von der menschlichen Rede – auf der Basis einer bestimmten Gesellschaftsordnung, einer bestimmten Weltanschauung, eines bestimmten Systems von Bewertungen – niemals in ein und demselben Kontext, Genre, Stil, in ein und derselben Phrase oder mit ein und derselben Intonation verwendet werden. Eine Logik vom Typ: »Im Garten ist der Holunder und in Kiew das Onkelchen«[16] fürchtet Rabelais nicht. Er bedient sich oft der spezifischen Logik des Lästerns, wie sie in den mittelalterlichen Formeln der Verleugnung Gottes und Christi oder des Anrufens böser Geister zutage tritt. Rabelais nutzt in breitem Maße die spezifische Logik der Schimpfwörter (worauf wir noch detaillierter eingehen werden). Besonders große Bedeutung hat die ungezügelte Phantastik, durch die sich mit gegenständlichem Sinn erfüllte, doch höchst seltsame Wortreihen schöpfen lassen (z. B. in der Episode mit Blähnüsterich, dem Windmühlenverschlinger).

Rabelais wird dabei jedoch niemals zum Formalisten. Alle seine Wortverbindungen haben – selbst dort, wo sie vom gegenständlichen Aspekt gänzlich sinnlos erscheinen – vor allem zum Ziel, die festgelegte Werthierarchie umzustoßen, das Hohe herab- und das Niedrige heraufzustufen, das gewohnte Weltbild in allen seinen Details zu zerstören. Gleichzeitig geht es Rabelais jedoch auch um die Bewältigung einer positiven Aufgabe, die all seinen Wortverbindungen und grotesken Bildern eine bestimmte Richtung verleiht: die Welt zu verleiblichen, sie zu materialisieren, alles an räumlich-zeitlichen Reihen partizipieren zu lassen, alles mit menschlich-körperlichen Maßstäben zu messen und an der Stelle des zerstörten Weltbildes ein neues zu errichten. Die merkwürdigsten und überraschendsten Wort-Nachbarschaften sind von der Einheit dieser ideologischen Bestrebungen Rabelais' durchdrungen. Darüber hinaus verbirgt sich jedoch, wie wir später sehen werden, hinter seinen grotesken Bildern und Reihen noch ein anderer, tieferer Sinn besonderer Art.

Das Körperliche wird von Rabelais nicht nur in grotesker anatomisch-physiologischer Weise zum Zwecke einer »Verleiblichung« der gesamten Welt eingesetzt; als humanistischer Arzt und Pädagoge propagiert er darüber hinaus auch direkt eine Kultur des Körpers und dessen harmonischer Entwicklung. So stellt er der scholastischen – den Körper geringschätzenden – Erziehung, die dem Gargantua zunächst zuteil wird, dessen nachfolgende humanistische Erziehung durch Ponokrates gegenüber, bei der sehr viel Wert auf anatomische und physiologische Kenntnisse sowie auf Hygiene und verschiedene Arten sportlicher Betätigung gelegt wird. Dem mittelalterlichen grobschlächtigen Körper, der da speit, furzt, gähnt, ausspuckt, rülpst, rotzt, maßlos frißt und säuft, wird der durch Leibesübungen harmonisch entwickelte, elegante und kultivierte Körper des Humanisten entgegengehalten (I, 21-24). Größte Bedeutung wird der Körperkultur auch in der Abtei Thelem beigemessen (I, 52 und 57). Auf diesen positiven harmonischen Gegenpol in Rabelais' Weltanschauung – die harmonische Welt, in der der harmonische Mensch lebt – kommen wir im folgenden noch zurück.

Die nächste Reihe ist die des Essens und des Trinkens bzw. der Trunkenheit. Diese Reihe spielt in Rabelais' Roman eine gewaltige Rolle. Fast alle Themen des Romans sind so angelegt, daß sie durch sie hindurchführen, und es gibt kaum eine Episode im Roman, die ohne sie auskommt. In die unmittelbare Nachbarschaft von Speis und Trank gelangen die vielfältigsten Dinge und Erscheinungen der Welt, darunter auch die ausgesprochen geistigen und erhabenen. »Des Autors Vorspruch« beginnt sogleich mit einer Ansprache an die Zecher, denen der Verfasser seine Bücher widmet. In ebendiesem Vorspruch versichert er auch, daß er sein Buch ausschließlich in der Zeitspanne des Essens und des Trinkens niedergeschrieben habe: »Auch ist das die rechte Stunde, solch hochfliegende Materien und tiefsinnige Weisheiten aufzuschreiben, wie Homer, das Ur- und Vorbild aller Schriftgelehrten, desgleichen Ennius, aller lateinischen Poeten Vater, trefflich zu tun verstanden (wie Horaz bezeugt), wenngleich ein tölpischer Schmierfink behauptet hat, seine Carmina röchen eher nach Wein als nach Öl.«

Noch aufschlußreicher ist in dieser Hinsicht der Prolog des Autors zum Dritten Buch. In die Reihe des Trinkens hat dort das Faß des Kynikers Diogenes Eingang gefunden, um sich dann in ein Weinfaß zu verwandeln. Auch kehrt dort das Motiv, während des Trinkens schöpferisch tätig zu sein, wieder, wobei als Schriftsteller, die während des Zechgelages dichteten, außer Homer und Ennius noch Aischylos, Plutarch und Cato genannt werden.

Schon die Namen der Hauptthelden Rabelais' erhalten ihren etymologischen Sinn in der Reihe des Trinkens. Grandgousier (Gargantuas Vater) bedeutet soviel wie »große Kehle«. Gargantua kam mit dem grausigen Schrei »zu trinken! zu trinken! zu trinken!« auf die Welt. »Que grand tu as!« (Was für eine große du hast!) sagte daraufhin Grandgousier und meinte damit die Kehle des Neugeborenen. Nach diesem ersten vom Vater ausgesprochenen Wort nannte man das Kind dann Gargantua (I, 7). Dem Namen »Pantagruel« legt Rabelais den etymologischen Sinn von »ganz Durstiger« bei.

Auch die Geburt der Hauptthelden verläuft im Zeichen des Essens und der Trunkenheit. Gargantua wurde am Tage eines großen – von seinem Vater ausgerichteten – Eß- und Trinkgelages geboren, auf dem sich seine Mutter an Kutteln überaß. Dem Neugeborenen gab man sogleich Wein zu trinken. Der Geburt Pantagruels ging eine große Trockenheit voraus, so daß Menschen und Tiere, ja sogar die Erde ungeheuren Durst verspürten. Das Bildnis, das von dieser Dürre entworfen wird, ist im biblischen Stil gehalten und voll von konkreten biblischen und antiken Reminiszenzen. Diese hohe Ebene wird von der physiologischen Reihe durchbrochen, in der der Salzgehalt des Meerwassers eine groteske Erklärung findet: »Da ward die Erde so sehr erhitzt, daß ihr ein gewaltiger Schweiß ausbrach, und sie schwitzte das ganze Meer aus, das darum salzig ist, denn aller Schweiß ist salzig. Und ihr werdet zugeben, daß dem so ist, wenn ihr euern eigenen kosten wollt oder auch den der Lustseuchlinge, wenn sie im Schwitzbad schmoren. Mir ist's einerlei« (II, 2).

Durch die Motive des Salzes und der Trockenheit wird das Grundmotiv des Durstes vorbereitet und verstärkt, unter dessen Signum dann die Geburt Pantagruels, des »Beherrschers der Durstigen«, vonstatten geht. In dem Jahr, an dem Tag und in der Stunde, da er das Licht erblickte, litt alles in der Welt Durst.

In neuer Form wird das Salzmotiv dann auch in den eigentlichen Vorgang der Geburt Pantagruels aufgenommen. Bevor das Neugeborene selbst zum Vorschein kommt, entweichen dem Leib der Mutter »achtundsechzig Maultiertreiber, und jeder führte am Halfter einen Maulesel, mit lauter Salz beladen. Nach ihnen erschienen neun Dromedare, beladen mit geräucherten Schinken und Ochsenzungen, sieben Kamele, befrachtet mit Räucheraalen, hierauf fünfundzwanzig Karren mit Lauch, Knoblauch, Zwiebeln und Schalotten ...« Erst nach dieser Abfolge salziger, durstig machender Vorspeisen kommt Pantagruel zur Welt.

Auf diese Weise bildet Rabelais die groteske Reihe: Trockenheit, Hitze, Schweiß (wenn es heiß ist, schwitzt man), Salz (Schweiß ist salzig), gesalzene Vorspeisen, Durst, Trinken, Trunkenheit. Nebenbei werden in diese Reihe einbezogen: der Schweiß der Lustseuchlinge, das Weihwasser (dessen Verbrauch während der Dürre von der Kirche streng geregelt wurde), die Milchstraße, die Quellen des Nils sowie eine ganze Reihe biblischer und antiker Reminiszenzen (Erwähnung finden: das Gleichnis vom Lazarus, Homer, Phoebus, Phaeton, Juno, Herkules, Seneca) – und das alles auf den anderthalb Seiten, die der Geburt Pantagruels gewidmet sind. Es entsteht eine für Rabelais charakteristische neue und wunderliche Nachbarschaft von Dingen und Erscheinungen, die in gewöhnlichen Kontexten miteinander unvereinbar sind.

Der Stammbaum Gargantuas wurde inmitten von Symbolen der Trunkenheit aufgefunden: in einem Grab unter einem Becher mit der Aufschrift »Hic bibitur«,[17] umgeben von neun Weinflaschen (I, 1). Man beachte die sprachliche und gegenständliche Nachbarschaft von Grabgewölbe und Weintrinken.

In die Reihe des Essens und Trinkens sind fast alle belangvollen Romanepisoden einbezogen. Der Krieg zwischen den Königreichen Grandgousiers und Pikrocholos', der im wesentlichen das Erste Buch ausfüllt, entbrennt wegen einiger Fladen mit Weintrauben, wobei diese als ein Mittel gegen Verstopfung angesehen werden und sich mit der bis ins Detail entfalteten Reihe der Ausscheidungen überkreuzen (I, 25). Der grandiose Kampf Bruder Jans mit den Kriegern des Pikrocholos bricht wegen des klösterlichen Weinbergs aus, der den Weinbedarf der Abtei deckt (der Wein war weniger für das Abendmahl, als vielmehr für die Befriedigung der Trunksucht der Mönche notwendig). Pantagruels berühmte Reise, von der das ganze Vierte (und Fünfte) Buch handelt, wird unternommen, um zum »Orakel der göttlichen Flasche« zu gelangen. Alle Schiffe, die an dieser Seereise teilnehmen, sind mit Symbolen der Trunkenheit, die als Wahrzeichen fungieren, verziert: mit einer Flasche, einem Pokal, einem Krug (Amphore), einem Humpen, einem Becher, einem Stauf, einer Kanne, einer Tragbütte oder einem Stückfaß (das Wahrzeichen eines jeden Schiffes wird von Rabelais genau beschrieben).

Die Reihe des Essens und Trinkens zeichnet sich bei Rabelais (ebenso wie die Reihe des Körpers) durch Detaillisierung und Hyperbolisierung aus. In allen Fällen erhält man die ausführlichsten Aufzählungen mannigfaltigster Imbisse und Speisen, wobei deren hyperbolische Anzahl jeweils exakt angegeben wird. So findet sich in der Beschreibung des Nachtmahls, das nach dem Kampf im Schlosse Grandgousiers veranstaltet wird, folgende Aufzählung: »Daraufhin wurde das Nachtmahl gerüstet, und dazu wurden gebraten: sechzehn Ochsen, drei Färsen, zweiunddreißig Kälber, dreiundsechzig saugende Zicklein, fünfundneunzig Hammel, dreihundert Spanferkel in Traubenmost, elfmal zwanzig Rebhühner, siebenhundert Schnepfen, vierhundert Kapaune von Loudun und Cornouaille, sechstausend Hühnchen und ebenso viele Tauben, sechshundert Masthühner, vierzehnhundert Junghasen, dreihundertunddrei Trappen und tausendsiebenhundert junge Kapphähne. An Wildbret hatte man so rasch nichts beschaffen können als elf Keiler, welche der Abt von Turpenay schickte, und achtzehn Stück Rotwild, die der gnädige Herr von Grandmont spendierte, nebst hundertvierzig Fasanen, die der edle Herr von Essarts herübersandte, dazu etliche Dutzend Ringeltauben, Wasservögel, Knäkenten, Rohrdommeln, Brachvögel, Regenpfeifer, Frankolinhühner, Wildgänse, Wasserläufer, Kiebitze, Brandenten, Löffelreiher, Sprenkelreiher, junge Reiher, Wasserhühner, Buschreiher, Störche, Zwergtrappen, orangefarbene Flamingos (auch Phönikopterus genannt), Flußschwalben, Truthennen, reichlich Kuskus und dazu Suppen in Hülle und Fülle« (I, 37). Besonders ausführlich ist die Aufzählung der verschiedenartigsten Speisen und Imbisse in dem Bericht über die Insel des Messer Bauch: Zwei volle Kapitel sind ihr hier gewidmet (IV, 59f.).

Wie gesagt, werden in die Reihe des Essens und Trinkens die vielfältigsten Dinge, Erscheinungen und Ideen einbezogen, die vom (in der ideologischen, literarischen und in der Redepraxis) vorherrschenden Standpunkt sowie nach den gängigen Vorstellungen mit dieser Reihe überhaupt nichts gemein haben. Die Arten ihrer Einbeziehung sind die gleichen wie bei der Reihe des Körpers. Greifen wir einige Beispiele heraus.

Der Kampf des Katholizismus gegen den Protestantismus (speziell den Calvinismus) ist als eine Fehde dargestellt, die zwischen Fastenspeis und den die Radau-Insel bewohnenden Geschwollenen ausgetragen wird. Die Episode mit den Würsten erstreckt sich über acht Kapitel (IV, 35-42). Die Wurst-Reihe ist bis ins Detail ausgearbeitet und wird mit grotesker Folgerichtigkeit entwickelt. Ausgehend von der Form der Würste und sich auf verschiedene Autoritäten berufend, beweist Rabelais, daß die Schlange, die Eva versuchte, eine Wurst gewesen sei, daß die Giganten im Altertum, die den Olymp erstürmten und den Pelion auf den Ossa türmten, zur Hälfte Würste gewesen seien. Auch Melusine sei bundabwärts eine Wurst gewesen. Dasselbe gelte von Erichthonius, der die Kutschen und Wagen erfand (um darin seine Wurstbeine zu verstecken). Um gegen die Geschwollenen zu kämpfen, verbündet sich Bruder Jan mit den Köchen. Eine große Sau in der Art des Trojanischen Pferdes wird aufgestellt. In einem Homer parodierenden epischen Stil wird diese Sau beschrieben, und es werden über mehrere Seiten hinweg die

Namen der kriegerischen Köche aufgezählt, die in das Innere der Sau steigen. Die Schlacht entbrennt, und in einem kritischen Moment »öffnet Bruder Jan die Tore der Sau und kommt mit seinen guten Soldaten heraus, von denen etliche mit Bratspießen bewaffnet sind, andere mit Feuerböcken, Eichenknüppeln, Pfännchen, Pfannen, Kasserollen, Bratrosten, Schürhaken, Feuerzangen, Kroppen, Reiserbesen, Töpfen, Mörsern, Stößeln, in Reih und Glied alle miteinander wie Brandstifter und wie aus einem Munde erschrecklich schreiend und brüllend: ›Nabuzardan, Nabuzardan, Nabuzardan!‹ Mit solchem Schrei und Prall keilten sie in die Schwartenmägen und quer durch die Würstchen«. Die Geschwollenen werden vernichtend geschlagen. Da erscheint über dem Schlachtfeld das fliegende »Lehrschwein Minervens« und läßt dort Senffässer fallen; Senf ist der »Gralszauber« der Würste, er heilt ihre Wunden und erweckt sogar die Toten zu neuem Leben.

Aufmerksamkeit verdient die Überschneidung der Reihe des Essens mit der des Todes. Im Kapitel 46 des Vierten Buches erläutert ein Teufel in aller Ausführlichkeit die verschiedenen Geschmackseigenschaften menschlicher Seelen. Die Seelen der Ränkemacher, Notare und Advokaten schmecken nur dann, wenn sie frisch durchgesalzen sind. Zum Frühstück nehme man die Seelen von Scholaren, zum Mittagessen die von Advokaten, zum Nachtmahl die von Kammerzofen. Von Winzerseelen bekomme man Magenkoliken.

An anderer Stelle wird berichtet, wie der Teufel zum Frühstück die Seele eines Büttels als Frikassee verspeist und sich dadurch ein gräßliches Bauchgrimmen zuzieht. In dieselbe Reihe sind die Scheiterhaufen der Inquisition einbezogen, die den Menschen Abneigung gegen den Glauben einflößen und so den Teufeln zu Gerichten aus wohlschmeckenden Seelen verhelfen.

Ein weiteres Beispiel für die Überschneidung der Reihe des Essens mit der des Todes ist die an Lukian gemahnende Episode vom Aufenthalt Epistemons im Reich der Toten im Kapitel 30 des Zweiten Buches. Der wiedererweckte Epistemon hob »zu sprechen an und erzählte, er habe die Teufel gesehen, mit Luzifer ganz gemütlich Zwiesprache gehalten und in der Hölle und in den Elysäischen Feldern herrlich und in Freuden gelebt ...« Die Reihe des Essens zieht sich dann auch weiter durch die ganze Episode: In der Unterwelt ist Demosthenes Winzer, Aeneas Müller, Scipio Africanus handelt mit Hefe, Hannibal mit Eiern. Epiktet trinkt, tanzt und tafelt allezeit unter einer ausladenden Baumkrone mit einer Schar junger Mädchen. Papst Julius verkauft Pasteten, Xerxes Senf. Als der letztere für seine Ware einen zu hohen Preis verlangt, uriniert François Villon in dessen Senfkübel, »wie die Mostrichhändler in Paris tun« (Überschneidung mit der Reihe der Ausscheidungen). Epistemons Bericht aus dem Jenseits unterbricht Pantagruel mit Worten, die das Thema des Todes und der Unterwelt mit der Aufforderung zum Essen und Trinken beschließen: »Nun aber ... wollen wir einen Happen essen und dazu trinken, ich bitt euch, Kinder. Denn diesen ganzen Monat bekommt einem ein guter Trunk« (II, 30).

Besonders häufig hat Rabelais religiöse Begriffe und Symbole – Mönchsgebete, Klöster, päpstliche Dekretalen u. ä. m. – aufs engste mit der Reihe des Essens und Trinkens verflochten. Nachdem sich der junge (damals noch von den Scholastikern erzogene) Gargantua am Mittagstisch den Bauch vollgeschlagen hat, kaut er »ganz duselig einen Trumm Gratias« hinunter. Auf der »Insel der Papimanen« wird Pantagruel und seinen Begleitern der Vorschlag gemacht, eine »Trockenmesse«, d.h. eine Messe ohne Kirchengesang, zu zelebrieren; Panurge entgegnet jedoch, daß ihm »eine mit einem guten Anjouwein beträufelte« lieber wäre. Auf derselben Insel wird ihnen ein Essen serviert, bei dem jedes Gericht, »mochten das nun Zicklein, Kapaune, Schweine (deren es in Papimanien eine Menge gibt) oder Tauben, Kaninchen, Hasen, Truthähne sein«, mit einer Farce aus »abgrundtiefer Weisheit« gefüllt ist. Epistemon bekommt von dieser »Farce« sehr starken Durchfall (IV, 51). Dem Thema »Der Mönch in der Küche« sind zwei spezielle Kapitel gewidmet: das Kapitel 15 des Dritten Buches »Darlegung mönchischer Geheimlehren hinsichtlich eingepökelten Rindfleisches« und das Kapitel 11 des Vierten Buches »Warum die Mönche gern in der Küche sind«. Hier ein charakteristischer Auszug aus dem ersteren:

»›Du liebst die Primsuppen‹« [sprach Panurge – M. B.], »›mir behagt eher ein Hasenbraten im Verein mit einem Stück Ackersmann, in neun Lektionen gepökelt.‹ – ›Ich versteh dich wohl‹, antwortete Bruder Jan, ›diese Metapher stammt aus dem klösterlichen Kochtopf. Der Ackersmann ist der Ochse, der ackert oder geackert hat; in neun Lektionen will sagen: vollkommen gargekocht. Denn die guten geistlichen Patres erledigten zu meiner Zeit, wenn sie zur Frühmette aufstanden, nach einem gewissen kabbalistischen Brauch der Alten, der zwar nicht schriftlich aufgezeichnet war, aber von Hand zu Hand weitergegeben wurde, bestimmte bemerkenswerte Präambeln, ehe sie zur Kirche gingen: Sie kackten im Kackhaus, pißten im Pißhäuschen, spuckten in die Spucknäpfe, husteten melodisch in den Huststübchen, faselten in den Faselkammern, um ja nichts Unreines in den Gottesdienst mitzubringen. War all dies getan, begaben sie sich andächtig in die heilige Kapelle (so nannten sie in ihrem Kauderwelsch die Klosterküche) und baten fromm und demütig darum, daß jetzt sogleich das Ochsenfleisch für das Frühstück der geistlichen Brüder Unseres Herrn aufs Feuer gesetzt werde. Oft zündeten sie selbst das Feuer unter dem Kochtopf an. Hatte nun aber die Frühmette neun Lektionen, standen sie verständlicherweise früher auf, und entsprechend waren auch nach dem Absingen ihrer Psalmen Hunger und Durst größer, als wenn die Frühmette bloß aus einer oder drei Lektionen besteht. Je zeitiger sie nach dem obgenannten Brauch aufstanden, desto früher war das Fleisch aufs Feuer gesetzt, und je länger es darauf stand, um so besser war es durchgekocht; je besser es durchgekocht war, um so zarter war es, um so weniger wetzte es die Zähne ab, um so mehr ergötzt' es den Gaumen, um so weniger drückt' es auf den Magen, um so besser schlug's den guten Vätern an. Dies aber war der alleinige Zweck und die erste Absicht der Stifter, in Anbetracht dessen, daß sie ja nicht essen, um zu leben, sie leben, um zu essen, und haben nichts auf der Welt als ihr Leben‹« (III, 15).

Dieser Abschnitt ist äußerst typisch für Rabelais' künstlerische Methoden. Hier haben wir zunächst eine realistische Darstellung des alltäglichen Klosterlebens vor uns. Jedoch wird mit diesem Genregemälde zugleich ein Ausdruck aus dem klösterlichen Jargon (aus dem Jargon der Mönche) entschlüsselt: ein »Stück Ackersmann, in neun Lektionen gepökelt«. Hinter dem in dieser Wendung enthaltenen Sinnbild verbirgt sich die enge Nachbarschaft von Fleisch (»Ackersmann«) und Gottesdienst (neun Lektionen, d.h. die neun Teile der Morgenmesse). Die Anzahl der gelesenen Texte bzw. Gebete (neun Lektionen) erweist sich als günstig für das ordentliche Durchkochen des Fleisches und fördert den Appetit. Diese Reihe des Gottesdienstes und Essens überschneidet sich mit der Reihe der Ausscheidungen (sie kackten, pißten, spuckten) und mit der körperlich-physiologischen Reihe (die Rolle der Zähne, des Gaumens und des Magens). Die klösterlichen Gottesdienste und Gebete haben den Zweck, die Zeit auszufüllen, die für das nötige Garen der Speisen und die Appetitsentwicklung erforderlich ist.* Daher die verallgemeinernde Schlußfolgerung, daß die Mönche nicht essen, um zu leben, sondern leben, um zu essen. Auf die Prinzipien des Rabelaisschen Reihen- und Bildaufbaus werden wir später noch ausführlicher eingehen und dazu dann alle fünf Hauptreihen heranziehen.

Wir wollen hier genetische Fragen nicht berühren, und Probleme, die mit Quellen und Einflüssen zusammenhängen, nicht untersuchen. Jedoch soll in diesem Falle ein allgemeiner Hinweis vorausgeschickt werden. Natürlich ist Rabelais nicht der erste, der in die Reihen des Essens und der Trunkenheit, der Ausscheidungen und des Beischlafs religiöse Begriffe und Symbole eingeführt hat. Wir kennen aus dem späten Mittelalter vielfältige Formen parodistischer Schmähliteratur, wir kennen parodistische Evangelien und parodistische Liturgien (»Die Saufmesse« aus dem 13. Jahrhundert), parodistische Feiertage und Riten. Diese Überschneidung von Reihen ist charakteristisch für die (lateinische) Poesie der Vaganten und sogar für deren spezifisches Argot. Und schließlich finden wir dieselbe Erscheinung auch in den Versen Villons (der mit den Vaganten eng verbunden war). Neben dieser parodistischen Schmähliteratur spielen auch die in der schwarzen Magie zur Verlästerung benutzten Typen von Sprüchen eine besondere Rolle, die im späten Mittelalter und in der Renaissance sehr bekannt und weit verbreitet waren (so daß auch Rabelais sie kennen mußte), desgleichen die »Formeln« unflätiger Beschimpfungen, in denen die uralte kultische Bedeutung noch nicht völlig erloschen war. Letztere treten sehr zahlreich in der nichtoffiziellen Sphäre der alltäglichen Rede auf und verleihen der nichtoffiziellen Alltagsrede (vornehmlich der sozialen Unterschichten) ihre stilistische und ideologische Eigenheit. Die magischen Schmähsprüche (die auch das Unzüchtige einschließen) und die unzüchtigen Schimpfereien des Alltags sind miteinander verwandt, sind Zweige ein und desselben Baumes, der mit seinen Wurzeln in die Folklore der Vorklassengesellschaft hineinreicht, doch handelt es sich hier freilich um Zweige, die die ursprüngliche edle Natur dieses Baumes weitgehend entstellt haben.

Außer dieser mittelalterlichen Tradition ist auch die antike Tradition und hier vor allem Lukian zu nennen, der konsequent die Methode anwandte, alltägliche und erotische Momente, die in Mythen

* Rabelais führt den Klosterspruch »de missa ad mensam« (von der Messe zu Tisch) an.

enthalten waren (z. B. der Koitus zwischen Aphrodite und Ares oder Athenes Geburt aus dem Haupte des Zeus), in ihren alltäglichen und physiologischen Details auszufalten. Schließlich sei noch auf Aristophanes hingewiesen, der Rabelais (insbesondere seinen Stil) beeinflußt hat.

Wir werden im weiteren noch darauf zu sprechen kommen, wie Rabelais dieser Tradition neuen Sinn verleiht und wie seine künstlerische Welt auf einem Fundament aufbaut, das von der tiefer reichenden Tradition der Folklore bedingt worden ist. Hier konnten wir diese Fragen nur provisorisch aufgreifen.

Wenden wir uns wieder der Reihe des Essens und Trinkens zu. Ebenso wie in der Reihe des Körpers findet man auch hier nicht nur groteske Überhöhungen, sondern auch einen positiven Standpunkt Rabelais' gegenüber der Bedeutung und der Kultur des Essens und Trinkens. Rabelais ruft durchaus nicht zu ordinärer Völlerei und Trunksucht auf. Aber er bekräftigt, daß Essen und Trinken im menschlichen Leben eine hohe Bedeutung haben, und es geht ihm um deren ideologisch begründete Heiligung und Regelung, um eine Eß- und Trinkkultur. Die jenseitige asketische Weltsicht erkannte diesen Verrichtungen keinen positiven Wert zu, sah in ihnen lediglich eine traurige Notwendigkeit des sündigen Fleisches und hatte für ihre Regelung nur ein einziges Schema parat – das Fasten, eine negative Form also, die ihrer Natur zuwiderlief und nicht der Liebe, sondern der Feindschaft ihnen gegenüber entspringt (vgl. die Gestalt des »Fastenspeis« als eine typische Ausgeburt der »Antiphysis«). Da aber das Essen und Trinken von der Ideologie negiert und nicht geregelt wurde und durch Wort und Sinn keine Heiligung erfuhr, mußte es im realen Leben die gröbsten Formen von Völlerei und Trunksucht annehmen. Auf Grund der Heuchelei, die in der asketischen Weltsicht mit Notwendigkeit enthalten war, gediehen Völlerei und Sauferei gerade in den Klöstern. Der Mönch ist bei Rabelais vor allem ein Vielfraß und Trunkenbold (vgl. insbesondere das abschließende Kapitel 34 des Zweiten Buches). Der besonderen Beziehung der Mönche zur Küche sind die bereits oben von uns angemerkten Romankapitel gewidmet. Ein grotesk-phantastisches Bild der Fresserei wird in der Episode vermittelt, die den Besuch Pantagruels und seiner Begleiter auf der Insel des Messer Bauch behandelt. Diese Episode erstreckt sich über fünf Kapitel (IV, 57-62). Hier wird auf der Grundlage antiken Materials, speziell des Dichters Persius, eine ganze Bauch-Philosophie entwickelt. Nicht das Feuer, sondern gerade der Bauch sei der erste Meister aller Künste gewesen (IV, 57). Er soll den Ackerbau, die Kriegskunst, den Transport, die Seefahrt u. a. erfunden haben (IV, 61 und 62). Diese Lehre von der Allmacht des Hungers als der Triebkraft der ökonomischen und kulturellen Entwicklung der Menschheit ist einerseits halb parodistisch gemeint und trägt andererseits den Charakter einer halben Wahrheit (was sich über die Mehrzahl der vergleichbaren grotesken Bilder bei Rabelais ebenfalls sagen läßt).

Eine Eß- und Trinkkultur wird der ordinären Völlerei in der Episode (des Ersten Buches), die die Erziehung Gargantuas behandelt, gegenübergestellt. Das Thema der Eßkultur und maßvollen Nahrungsaufnahme in Verbindung mit geistiger Produktivität wird in Kapitel 13 des Dritten Buches erörtert. Diese Kultur begreift Rabelais nicht nur unter medizinisch-hygienischem Aspekt (als Moment des »gesunden Lebens«), sondern auch unter kulinarischem. In dem in leicht parodistischer Form gehaltenen Bekenntnis Bruder Jans über die »menschlichen Belange in den Küchen« haben zweifellos auch Rabelais' eigene kulinarische Neigungen Ausdruck gefunden: »Potz Keil! Da jurandi – laßt mich eins fluchen. Warum tragen wir unsere menschlichen Belange nicht eher in Gottes hehre Küchen? Was betrachten wir dort nicht das Wenden der Bratspieße, das Zusammenspiel der Bratböcke, die Lage der Speckschnitten, den Wärmegrad der Suppen, die Vorbereitungen des Nachtischs, die Reihenfolge, in der die Weine aufgetragen werden? Beati immaculati in via.[18] So steht's im Brevier« (IV, 10). Das Interesse an der kulinarischen Zubereitung der Speisen und Getränke widerspricht natürlich nicht im geringsten dem Rabelaisschen Ideal eines körperlich und geistig ganzheitlichen und harmonisch entwickelten Menschen.

Einen ganz besonderen Platz nehmen in Rabelais' Roman die pantagruelistischen Gelage ein. Pantagruelismus, das ist die Fähigkeit, fröhlich, weise und gut zu sein. Die Befähigung, fröhlich und weise zu schmausen und zu zechen, gehört deshalb auch zum ureigensten Wesen des Pantagruelismus. Die Gelage der Pantagruelisten sind jedoch durchaus nicht gleichzusetzen mit den Schmausereien freßgieriger Müßiggänger, die niemals aufhören zu tafeln. Dem Gelage sollen nur die freien Abendstunden nach des Tages Arbeit gewidmet sein. Das Mittagessen (innerhalb des Arbeitstages) soll kurz und gewissermaßen rein zweckbestimmt sein. Rabelais spricht sich grundsätzlich dafür aus, den Schwerpunkt des Essens und Trinkens auf die Abendmahlzeit zu verlegen. So verfuhr auch der Humanist Ponokrates in seinem Erziehungssystem: »Hier sei vermerkt, daß sein [Gargantuas – M. B.] Mittagsmahl karg und einfach war, denn er aß nur gerade so viel, um den ärgsten Hunger zu stillen. Das Nachtmahl jedoch war üppig und reich bemessen, denn da hieb er wacker ein und nahm so viel zu sich, wie er zu Unterhalt und Nahrung brauchte. Dies ist ja die wahre und rechte Diät, wie sie die gute und verläßliche Heilkunst vorschreibt . . .« (I, 23). Eine spezielle Auslassung über das Abendbrot, die Panurge in den Mund gelegt wird, findet sich in dem bereits zitierten Kapitel 15 des Dritten Buches: »Wenn ich tüchtig gefrühstückt habe und mein Magen richtig mit Heu und Körnerfutter versorgt ist, könnte ich, wenn's sein müßte und not täte, auf das Mittagsbrot verzichten. Aber kein Nachtmahl? Daß mich der Schanker! Das ist Aberwitz. Das ist wider die Natur. Die Natur hat den Tag geschaffen, damit man sich rührt, arbeitet und ein jeder seinen Geschäften nachgeht; und zu diesem Behufe versieht sie uns mit Licht, dem hellen, fröhlichen Sonnenschein. Am Abend nimmt sie's uns mählich wieder fort und bedeutet uns damit stillschweigend: Kinder, ihr seid liebe Leutchen. Genug gearbeitet jetzt. Die Nacht bricht ein, nun gehört sich's, daß ihr die Arbeit ruhn laßt und euch mit gutem Brot, gutem Wein und guten Speisen erquickt, daß ihr euch hernach ein wenig vergnügt, dann zu Bett geht und ruht, damit ihr morgen wieder frisch und wohlaufgelegt zur Arbeit seid wie zuvor.«

Auf diesen pantagruelistischen »Abendmahlen« werden bei Brot, Wein und anderen Speisen (oder unmittelbar danach) pantagruelistische Gespräche geführt – Gespräche, die weise, aber auch voller Gelächter und Unflätigkeiten sind. Auf die besondere Bedeutung dieser »Abendmahle«, dieses neuen Rabelaisschen Blickpunkts auf Platons »Gastmahl«, werden wir weiter unten noch eingehen.

Somit dient auch die Reihe des Essens und Trinkens in ihrer grotesken Entfaltung der Aufgabe, alte und verlogene Nachbarschaften zwischen Dingen und Erscheinungen zu zerstören und neue Nachbarschaften, die die Welt verdichten und materialisieren, zu schaffen. An ihrem positiven Pol findet sie ihren Abschluß in einer ideologischen Heiligung des Essens und Trinkens, in einer Eß- und Trinkkultur – einem Wesenszug im Bild des harmonischen und ganzheitlichen neuen Menschen.

Nun zur Reihe der Ausscheidungen, die im Roman einen beachtlichen Platz einnimmt. Gegen die Seuche der Antiphysis mußte eine starke Dosis Physis als Gegengift verabreicht werden. Die Aufgabe der Reihe der Ausscheidungen besteht vor allem darin, völlig unerwartete Nachbarschaften von Dingen, Erscheinungen und Ideen herzustellen, die die Hierarchie niederreißen und die Darstellung von Welt und Leben materialisieren.

Als Beispiel für die Schaffung unerwarteter Nachbarschaften mag das »Thema des Arschwischens« dienen. Der kleine Gargantua erzählt, wie er auf diesem Gebiet nach verschiedenen Versuchen die beste Methode herausgefunden habe. In der von ihm entwickelten grotesken Reihe figurieren als Wischmittel: das samtene Gesichtslärvchen einer Dame, ein Halstuch, ein Paar karminrot seidner Ohrklappen, eine Frauenhaube, eine Märzkatze (die ihm mit ihren Krallen das Hinterteil wund und blutig kratzte), die nach Benzoe duftenden Handschuhe seiner Mutter, sodann Salbei, Dill, Majoran, Kohlblätter, Salat, Lattich, Spinat (Reihe des Essens), Rosen, Brennesseln, Decken, Vorhänge, Servietten, Heu, Stroh, Wolle, ein Kissen, Pantoffeln, ein Ranzen, ein Korb, ein Hut. Als der vortrefflichste Arschwisch erwies sich ein zartflaumiges Gänschen: »Denn Ihr verspürt dabei am Arschloch ein so wundersames Wollustgefühl, sowohl der weichen Flaumfedern wegen als auch wegen der temperierten Wärme des Gänsleins, die sich ohne weiteres dem Mastdarm und den anderen Eingeweiden mitteilt und dann sogar in die Gegend des Herzens und ins Gehirn aufsteigt.« Und unter Berufung auf die »Ansicht des Magisters Johannes Scotus« stellt Gargantua die Behauptung auf, die Seligkeit der Heroen und Halbgötter in den elysäischen Gefilden liege gerade darin, daß sie sich den Hintern mit einem Gänschen wischen.

In dem Gespräch »zum Lob der Dekretalen«, das während des Essens auf der Insel der Papimanen geführt wird, finden die päpstlichen Dekretalen Eingang in die Reihe der Ausscheidungen. Als Bruder Jan sie einmal zum Abwischen benutzte, zog er sich ein schlimmes Hämorrhoidalleiden zu, und Panurge wurde nach ihrer Lektüre von einer scheußlichen Obstipation heimgesucht (IV, 52).

Eine Überschneidung der Reihe des Körpers mit der des Essens und Trinkens sowie mit der Reihe der Ausscheidungen liegt in der Episode mit den sechs Pilgern vor. Gargantua hatte die sechs Pilger zusammen mit mehreren Salatblättern verschlungen und dann einen gewaltigen Schluck Rotwein nachgetrunken. Die Pilger verbergen sich zunächst hinter den Zähnen, wären dann aber beinahe in den Abgrund seines Magens hinabgeschwemmt worden. Mit Hilfe ihrer Wanderstäbe gelingt es ihnen, bis zum Rand der Zähne vorzudringen. Hierbei stoßen sie gegen einen kranken Zahn, woraufhin Gargantua sie wieder aus seinem Mund entfernt. Als die Pilger jedoch das Weite suchen, schlägt Gargantua sein Wasser ab, so daß sein Harn ihnen den Weg abschnitt und sie gezwungen waren, durch den großen Strom seines Urins zu waten. Als sie schließlich der Gefahr entronnen waren, erklärt einer der Pilger, daß alles, was ihnen widerfahren, schon in den Psalmen Davids vorausgesagt worden sei: »Cum exurgerent homines in nos, forte vivos deglutissent nos,[19] als wir nämlich im Salat, mit Salz bestreut, verspeist wurden; cum irasceretur furor eorum in nos, forsitan aqua absorbuisset nos, als er den gewaltigen Schluck trank; torrentem pertransivit anima nostra, als wir durch den großen Springfluß wateten; forsitan pertransisset anima nostra aquam intolerabilem seines Harnes, mit dem er uns den Weg abschnitt« (I, 38).

So sind hier die Psalmen Davids mit den Vorgängen des Essens, des Trinkens und des Wasserlassens eng verflochten.

Sehr charakteristisch ist die Episode, die auf der »Insel Hauch« spielt. Die Bewohner dieser Insel ernähren sich ausschließlich von Wind. Das Thema des »Windes« und der ganze damit in Literatur und Dichtung einhergehende Komplex von erhabenen Motiven – der Hauch des Zephirs, der Wind der Meeresstürme, das Atmen und Seufzen, die Seele als Hauch, als Geist u. a. – wird vermittels des »Windelassens« in die Reihe des Essens, der Ausscheidungen und des Alltags einbezogen. (Vgl. dazu »Luft«, »Hauch«, »Wind« als Etalon und innere Form von Wörtern, Bildern und Motiven der hohen Ebene wie Leben, Seele, Geist, Liebe, Tod.) »Sie kacken nicht, sie pissen nicht, sie spucken auch nicht auf dieser Insel. Dafür winden, furzen und rülpsen sie ausgiebig. Sie leiden an allen Sorten und Arten von Krankheiten ... Am epidemischsten jedoch ist die Mastdarmkolik. Um sie zu heilen, verwenden sie umfängliche Saugtrichter und lassen durch sie eine Menge Blähungen abgehn. Sie sterben alle an hydropischer Bauchschwellung, und zwar furzen die Männer, die Weiber fisten. So entfährt ihnen die Seele hintenheraus« (IV, 43). Hier kreuzt sich die Reihe der Ausscheidungen mit der Reihe des Todes.

Innerhalb der Reihe der Ausscheidungen erfindet Rabelais mehrere »lokale Mythen«. Ein lokaler Mythos erklärt die Genesis eines geographischen Raumes. Jede Örtlichkeit muß (von ihrem Namen bis zu den Besonderheiten ihres Reliefs, ihres Bodens, ihrer Vegetation usw.) aus einem menschlichen Ereignis heraus erklärt werden, das sich dort zugetragen hat und für die Benennung wie für das Aussehen des betreffenden Landstrichs ausschlaggebend war. Die Örtlichkeit ist die Spur des Ereignisses, das sie geformt hat. Darin besteht die Logik aller lokalen Mythen und Legenden, die dem Raum mit Hilfe der Geschichte Sinn verleihen. Solche lokalen Mythen werden unter parodistischem Vorzeichen auch von Rabelais geschaffen.

Unter anderem erklärt Rabelais den Namen der Stadt Paris wie folgt: Als Gargantua in Paris angekommen war, versammelten sich um ihn große Mengen Volks; er aber knüpfte »zum Spaß« (»par ris«) »seinen prächtigen Hosenlatz auf, zog seinen Pimpel hervor und bebrunzte sie so scharf, daß ihrer zweihundertundsechzigtausendvierhundertachtzehn ersoffen, Weiber und kleine Kinder nicht mitgerechnet ... Deshalb ward seither die Stadt Paris genannt« (I, 17).

Die heißen Bäder Frankreichs und Italiens werden darauf zurückgeführt, daß Pantagruels Harn während seiner Krankheit so heiß war, daß er sich seitdem noch nicht abgekühlt hat (II, 33).

Ein Bach, der an Sankt Viktor vorbeifließt, verdanke seine Entstehung einem Haufen pissender Hunde (die Episode wird im Kapitel 22 des Zweiten Buches erzählt).

Diese Beispiele dürften ausreichen, um die Funktionen der Ausscheidungsreihe in Rabelais' Roman zu verdeutlichen. Wir kommen nun zur Reihe des Geschlechtsakts (und allgemein der sexuellen Frivolitäten).

Die Reihe der sexuellen Frivolitäten nimmt im Roman einen enormen Platz ein. Sie hat verschiedene Variationen: von der nackten Unanständigkeit bis zur fein verschlüsselten Zweideutigkeit, von der Zote und schlüpfrigen Anekdote bis zu medizinischen und naturwissenschaftlichen Betrachtungen über die geschlechtliche Potenz, den männlichen Samen, die sexuelle Zeugungskraft, über die Ehe oder über die Bedeutung des Abstammungsprinzips.

Unverhüllt anstößige Wendungen und Späße sind über den ganzen Roman verstreut. Besonders häufig kommen sie Bruder Jan und Panurge von den Lippen, aber auch andere Helden verschmähen sie nicht. Als die Pantagruelisten bei ihrer Reise auf gefrorene Wörter stießen und unter ihnen auch unschickliche entdeckten, weigerte sich Pantagruel, ein paar der gefrorenen Kraftwörter als Vorrat aufzubewahren: »Er meinte, es sei Torheit, etwas aufzuheben, was einem doch nie abgehe und was man stets zur Hand habe wie eben Kraftwörter, die bei guten Pantagruelisten nie fehlen« (IV, 56).

An diesem Prinzip des Wortgebrauchs der »guten Pantagruelisten« hält Rabelais den ganzen Roman hindurch fest. Welche Themen auch immer erörtert werden – Unflätigkeiten, die sowohl mittels merkwürdigster gegenständlicher Assoziationen als auch mittels rein sprachlicher Zusammenhänge und Analogien herangezogen werden, finden stets ihren Platz in dem Sprachgewebe, das die Themen umgibt.

Im Roman wird eine ganze Reihe kleiner unzüchtiger Anekdoten oder Novellen erzählt, die häufig folkloristischen Quellen entstammen. So z. B. die Anekdote von dem Löwen und der Alten im Kapitel 15 des Zweiten Buches und die Geschichte »Wie der Teufel von einem papstföttischen alten Weib hereingelegt wurde« (IV, 47). Was ihnen zugrunde liegt, ist die alte folkloristische Analogie zwischen dem weiblichen Geschlechtsorgan und einer klaffenden Wunde.

In der Art der »lokalen Mythen« ist die Geschichte »Warum in Frankreich die Meilen so kurz sind« gehalten, in der der räumliche Abstand nach der Häufigkeit der sexuellen Kopulation gemessen wird. König Pharamond wählte in Paris einhundert stattliche Burschen und ebenso viele hübsche Mädchen aus der Picardie aus. Dann gab er jedem Burschen ein Mädchen und befahl diesen Paaren, sich in verschiedene Länder zu begeben. An den Stellen, wo die Burschen ihren Mädchen beiwohnten, sollten sie einen Stein setzen, und das sei dann eine Meile. Anfangs, als die ausgesandten Paare noch durch Frankreich wanderten, liebkosten sie sich alle Augenblicke, weshalb die Meilen in Frankreich so kurz sind. Später jedoch, nachdem sie müde geworden waren und ihre sexuellen Kräfte nachließen, hatten sie schon an einem lumpigen Mal täglich ihr Genügen. Daher komme es, daß die Meilen in der Bretagne, in den Landes und in Deutschland so groß sind (II, 23).

Ein weiteres Beispiel dafür, wie der geographische Raum der Welt in die Reihe der Frivolitäten eingeführt wird, ist Panurges Ausspruch: »An ein und demselben Tag föckte er [Jupiter – M. B.] den dritten Teil der Welt, Tiere und Menschen, Flüsse und Berge: nämlich Europa« (III, 12).

Von anderer Art ist Panurges tolldreiste, groteske Überlegung, auf welche Weise man am besten eine Stadtmauer für Paris errichten könne: »Ich sehe, daß hierzulande die Schnuckelschneckchen der Weibsen wohlfeiler sind als die Bausteine. Aus ihnen müßte man die Mauern zusammenfügen, indem man sie schön symmetrisch und nach den Gesetzen der Baukunst anordnete, die größten nämlich zuunterst in der ersten Reihe und dann, scharf gewölbt und übereinander geschichtet, die mittleren und ganz oben die kleinen, hernach müßte man sie zierlich mit Nagelköpfen spicken, wie's am großen Turm von Bourges zu sehen ist, und zwar aus lauter strackgesteiften Stoßplempen, welche in den Hosenlätzen der Klosterbrüder hausen. Welcher Teufel vermöchte solches Mauerwerk niederzulegen?« (II, 15).

Und wieder anders ist die Logik, mit der über die Geschlechtsorgane des Papstes räsoniert wird. Nach Ansicht der Papimanen genügt es nicht, dem Oberhaupt der römischen Kirche seine Ehrerbietung lediglich durch einen Fußkuß zu erweisen: »›O doch, das können wir, gewiß doch‹, erwiderten sie. ›Das ist bei uns schon beschlossene Sache. Wir würden ihm den Hintern ohne Feigenblatt küssen und die Schellen obendrein, denn Schellen hat er, der Heilige Vater, das geht aus unsern schönen Dekretalen hervor: sonst wär er ja nicht der Papst. So daß nach subtiler Dekretalphilosophie der Schluß zwingend ist: er ist der Papst, also hat er Schellen. Und wenn in der Welt keine Schellen mehr wären, hätte die Welt auch keinen Papst mehr‹« (IV, 48).

Diese Beispiele dürften vollauf genügen, um die verschiedenen Verfahren zu charakterisieren, deren sich Rabelais bei der Einführung und Entfaltung der Reihe der Frivolitäten bedient (eine erschöpfende Analyse dieser Verfahren gehört hier freilich nicht zu unseren Aufgaben).

Bei der Organisierung des gesamten Romanmaterials hat ein Thema, das der Reihe der Frivolitäten angehört, eine grundsätzliche Bedeutung: das Thema der »Hörner«. Panurge möchte heiraten, kann sich aber nicht dazu durchringen, es zu tun, weil er fürchtet, »gehörnt« zu werden. Fast das ganze Dritte Buch (vom Kapitel 7 an) ist den Erkundigungen gewidmet, die Panurge aus diesem Grunde einzieht: Er berät sich mit allen seinen Freunden, sucht nach einer Antwort in den Schriften Vergils, deutet Träume, spricht mit der Sibylle von Panzoust, konsultiert einen Stummen, befragt den sterbenden Dichter Raunzemurner, Agrippa von Nettesheim, den Theologen Hippothaddäus, den Arzt Rondibilis, den Philosophen Haspelmus und den Narren Triboulet. In all diesen Episoden, Gesprächen und Erörterungen figuriert das Thema der Hörner und der Treue der Ehefrauen, das seinerseits hierher (in die Erzählung) durch sinngemäße oder verbale Affinität die verschiedenartigsten Themen und Motive aus der Reihe der sexuellen Frivolitäten einbezieht, z. B. die Ausführungen über die männliche Potenz und über die ständige sexuelle Erregbarkeit der Frauen in der Rede des Arztes Rondibilis oder der Exkurs in die antike Mythologie unter dem Aspekt des Hörneraufsetzens und der Untreue des Weibes (Kapitel 31 und 12 des Dritten Buches).

Das Vierte Buch des Romans ist als Reise der Pantagruelisten zum »Orakel der göttlichen Flasche« aufgebaut, welches Panurges Zweifel betreffs der Heirat und der Hörner endgültig zerstreuen soll (wobei allerdings das »Thema der Hörner« selbst hier fast gar nicht mehr vorkommt).

Wie alle bisher untersuchten Reihen zerstört auch die Reihe der sexuellen Frivolitäten die festgelegte Hierarchie der Werte, indem sie neue Nachbarschaften von Wörtern, Dingen und Erscheinungen herstellt. Sie baut das Weltbild auf neue Weise auf, materialisiert und verdichtet es. Bis auf den Grund umgewandelt wird auch das traditionelle Menschenbild in der Literatur, und zwar mit Hilfe der nichtoffiziellen und außersprachlichen Sphären im Leben des Menschen. Der Mensch wird – in allen seinen Lebensbekundungen – *veräußerlicht und ganz und gar durch das Wort beleuchtet.* Der Mensch wird dabei jedoch keineswegs entheroisiert und herabgesetzt, er wird durchaus nicht zu einem Menschen der »niederen Alltagssphäre«. Eher kann man sagen, daß bei Rabelais alle Funktionen des körperlichen Lebens (Essen, Trinken, Ausscheidungen, Sexualsphäre) heroisiert werden. Schon die Hyperbolisierung aller dieser Vorgänge trägt zu ihrer Heroisierung bei: Sie nimmt ihnen das Gewöhnliche, entkleidet sie ihres alltäglichen und naturalistischen Kolorits. Im weiteren werden wir auf die Frage nach Rabelais' »Naturalismus« noch zurückkommen.

Die Reihe der sexuellen Frivolitäten hat auch ihren positiven Pol. Die plumpe Zügellosigkeit des mittelalterlichen Menschen stellt die Kehrseite des Askese-Ideals dar, das die Geschlechtssphäre in Mißkredit gebracht hatte. Wie sich Rabelais eine harmonische Regelung dieser Sphäre vorstellt, zeichnet sich in seinem Bild von der Abtei Thelem ab.

Mit den vier Reihen, die wir untersucht haben, sind noch nicht sämtliche materialisierenden Reihen des Romans erfaßt. Wir haben lediglich die führenden Reihen, die den Grundton bestimmen, herausgehoben. Man könnte noch auf die Reihe der Kleidung hinweisen, die bei Rabelais bis ins einzelne ausgearbeitet ist. Besondere Beachtung findet in ihr der Hosenlatz (der Teil der Bekleidung, der das männliche Geschlechtsorgan verdeckt), der diese Reihe mit der Reihe der sexuellen Frivolitäten verbindet. Man könnte eine Reihe alltäglicher Gebrauchsgegenstände und eine zoologische Reihe heraussondern. Alle diese Reihen, die auf den körperlichen Menschen abzielen, haben die gleichen Funktionen, nämlich: zu trennen, was die Tradition aneinandergekettet hat, und aneinander anzunähern, was die Hierarchie voneinander geschieden und entfernt hat, sowie die Funktion, die Welt konsequent zu materialisieren.

Nachdem wir uns mit diesen materialisierenden Reihen befaßt haben, kommen wir jetzt zur letzten Reihe – der Reihe des Todes, die im Roman bereits eine andere Funktion ausfüllt.

Auf den ersten Blick könnte es scheinen, als ob es eine solche Reihe, eine Reihe des Todes, in Rabelais' Roman gar nicht gäbe. Das Problem des individuellen Todes in seiner ganzen Schärfe scheint der gesunden, ganzheitlichen und furchtlosen Welt Rabelais' zutiefst fremd zu sein. Und dieser Eindruck trifft auch völlig zu. Doch in dem hierarchischen Weltbild, an dessen Zerstörung Rabelais ging, nahm der Tod die dominierende Stelle ein. Der Tod entwertete das irdische Leben als etwas Vergängliches und zeitlich Begrenztes, er nahm diesem Leben seinen Eigenwert und verwandelte es in eine notgedrungene Etappe für die zukünftigen, jenseitigen, ewigen Geschicke der Seele. Der Tod wurde nicht als ein notwendiges Moment des Lebens selbst aufgefaßt, nach dem das Leben (wenn wir es unter seinem prinzipiellen kollektiven oder historischen Aspekt fassen) aufs neue triumphiert und sich fortsetzt, sondern als ein Grenzphänomen, das an der absoluten Scheidelinie zwischen dieser zeitlichen, vergänglichen Welt und dem ewigen Leben liegt, als eine Tür, die zu der anderen, jenseitigen Welt führt. Der Tod wurde nicht innerhalb einer umgreifenden Zeitreihe, sondern an der Grenze der Zeit, nicht in der Reihe des Lebens, sondern an der Grenze dieser Reihe begriffen. Als Rabelais das hierarchische Weltbild zerstörte und an seiner Stelle ein neues errichtete, mußte er auch den Tod umwerten und ihn auf den Platz stellen, der ihm im realen Leben zukommt.

Er mußte ihn vor allem als ein notwendiges Moment des Lebens selbst präsentieren und ihn in der umgreifenden Zeitreihe des Lebens zeigen, das weiterschreitet, über den Tod nicht ins Straucheln gerät und nicht in jenseitige Abgründe stürzt, sondern ganz und gar hier, in dieser Zeit und diesem Raum, unter dieser Sonne bleibt. Und sichtbar machen mußte er schließlich, daß der Tod auch in dieser Welt für niemanden und nichts ein *prinzipielles* Ende darstellt. Das bedeutete, das materielle Antlitz des Todes in der ihn umgreifenden und stets triumphierenden Reihe des Lebens zu zeigen (freilich ohne jegliches poetisches Pathos; ein solches war Rabelais vollkommen fremd), den Tod jedoch *unter anderem*, also ohne ihn besonders herauszustellen, zu zeigen.

Mit geringen Ausnahmen steht die Reihe des Todes bei Rabelais unter groteskem und närrischem Vorzeichen. Sie überschneidet sich mit der Reihe des Essens und Trinkens, mit der der Ausscheidungen und der anatomischen Reihe. Auf der gleichen Ebene wird auch die Frage nach der Welt des Jenseits behandelt.

Für den Tod in der grotesken anatomischen Reihe haben wir bereits einige Beispiele kennengelernt. Der tödliche Hieb wird dort eingehend anatomisch analysiert, und es wird die physiologische Unausweichlichkeit des Todes demonstriert. Der Tod wird in diesem Falle als bloßes anatomisch-physiologisches Faktum gezeigt, bei dem alles klar auf der Hand liegt. Das gilt für alle Darstellungen des Todes in kriegerischen Auseinandersetzungen. Der Tod wird hier gleichsam in der unpersönlichen anatomisch-physiologischen Reihe des menschlichen Körpers präsentiert und stets in der Dynamik des Kampfes vorgeführt. Das Ganze ist in grotesker Tonlage gehalten, wobei gelegentlich irgendein komisches Detail des Todes hervorgehoben wird.

Auf diese Weise wird z. B. der Tod des Hauptmanns Faßbauch dargestellt: »Jählings wandte er [Gymnastes – M. B.] sich gegen den tückischen Gesellen um und stach blitzschnell nach besagtem Faßbauch, und während der sich oben deckte, zerhieb er ihm mit einem Schlag den Magen, den Grimmdarm und die halbe Leber, so daß er zu Boden stürzte und im Fallen mehr denn vier Potte voll Suppe und zusamt der Suppe auch seine Seele von sich gab« (I, 35).

Hier ist das anatomisch-physiologische Bild des Todes in eine dynamische Darstellung des Kampfes menschlicher Leiber eingeführt, und zum Schluß in unmittelbare Nachbarschaft zum Essen (»zusamt der Suppe auch seine Seele von sich gab«) gebracht.

Das anatomische Bild des Todes bei kriegerischen Auseinandersetzungen haben wir schon früher hinlänglich mit genügend Beispielen belegt (die Niedermetzelung der Feinde im Weinberg der Abtei, das Umbringen der Wächter u. a.). Alle diese Bilder ähneln einander und zeigen den Tod als ein anatomisch-physiologisches Faktum innerhalb der unpersönlichen Reihe des lebenden und kämpfenden menschlichen Körpers. Der Tod unterbricht hier nicht die kontinuierliche Reihe kämpfenden menschlichen Lebens, er wird als ein Moment in dieser Reihe gezeigt und verstößt nicht gegen die Logik dieses (körperlichen) Lebens, er ist aus demselben Teig gemacht wie das Leben.

Auf andere Weise – grotesk-narrenhaft und ohne anatomisch-physiologische Analyse – präsentiert sich der Tod in der Reihe der Ausscheidungen. So ertränkt Gargantua in seinem Urin »zweihundertundsechzigtausendvierhundertachtzehn Menschen, Weiber und kleine Kinder nicht mitgerechnet«. Dieses »Massensterben« ist hier nicht nur in direktem groteskem Sinne zu verstehen, sondern auch als eine Parodie auf die nüchterne Berichterstattung über Naturkatastrophen, unterdrückte Aufstände oder Religionskriege (vom Standpunkt derartiger offizieller Meldungen ist das menschliche Leben keinen roten Heller wert).

Auf direkt groteske Art wird dargestellt, wie die Feinde im Harn von Gargantuas Stute ersaufen. Das Bild ist hier bis ins Detail entwickelt. Die Gefährten Gargantuas müssen durch ein Gewässer hindurch, das sich aus jenem Harn gebildet hat, und Berge von Leichen überwinden. Das gelingt ihnen auch, »bis auf Eudämon, dessen Roß mit dem rechten Bein bis übers Knie in den Wanst eines dicken, feisten Kerls hineintrat, der da rücklings ersoffen war, und es nicht wieder herausziehen konnte. Es blieb auch so lang drin stecken, bis Gargantua mit seinem Stock die Kutteln des Kerls vollends ins Wasser drückte, während das Pferd das Bein hob. Und – was ein wunderbarer Fall in der Hippiatrie ist – dabei ward das besagte Pferd von einem Spat oder Überbein geheilt, das es an diesem Fuß hatte, und dies geschah durch die Berührung mit den Gedärmen des fetten Dreckhammels« (I, 36).

Charakteristisch sind hier nicht nur das Bild des Todes durch Ertrinken im Harn sowie der Ton und der Stil, in dem die Leiche beschrieben wird (»Wanst«, »Kutteln«, »Gedärme«, »dicker, feister Kerl«, »Kerl«, »fetter Dreckhammel«), sondern auch die Heilung des

Beines durch die Berührung mit den Eingeweiden der Leiche. In der Folklore kann man analoge Vorfälle sehr oft finden; sie haben ihre Basis in einer ihrer grundlegenden Vorstellungen, wonach dem Tod und der frischen Leiche Fruchtbarkeit eignet (Wunde – Mutterleib) und einer durch den Tod eines anderen geheilt wird. Freilich ist diese folkloristische Nachbarschaft von Tod und neuem Leben hier dadurch weitgehend abgeschwächt, daß sie sich in das groteske Bild von der Heilung eines Pferdebeines durch die Berührung mit den Eingeweiden eines feisten Toten verwandelt hat. Doch die spezifisch folkloristische Logik dieses Bildes ist klar erkennbar.

An ein weiteres Beispiel, in dem sich die Reihe des Todes mit der der Ausscheidungen kreuzt, sei erinnert. Wenn die Bewohner der »Insel Hauch« sterben, entfährt ihnen die Seele durchs Hinterloch, den Männern unter Furzen, den Weibern unter Fisten.*

In allen diesen Fällen grotesker (närrischer) Todesdarstellung nimmt das Bild des Todes lächerliche Züge an: Der *Tod* erscheint in unmittelbarer Nachbarschaft zum *Lachen* (wenn auch zunächst noch nicht innerhalb einer gegenständlichen Reihe). Und in der Mehrzahl der Fälle ist bei Rabelais die Darstellung des Todes auf Lachen ausgerichtet, er stellt *fröhliche Tode* dar.

Eine komische Darstellung des Todes findet man in der Episode von »Panurges Hammelherde«. Um sich an einem Händler zu rächen, der eine Hammelherde auf einem Schiff transportiert, kauft Panurge ihm das Leittier ab und wirft es ins Meer. Sogleich fangen die anderen Hammel an, sich hinterdrein zu stürzen. Als der Kaufmann und seine Helfer sich an die Hammel klammern, um sie aufzuhalten, werden sie selbst mit ins Meer gerissen. »Panurge stand neben der Schiffsküche und hielt ein Ruder in der Hand, nicht etwa um den Schaftreibern zu helfen, sondern um sie davon abzuhalten, daß sie auf das Schiff kletterten und so dem Schiffbruch entgingen. Er hielt ihnen wortgewaltig eine Bußpredigt, ... stellte ihnen mit viel rhetorischen Gemeinplätzen vor Augen, wie erbärmlich das Leben in dieser Welt und wie herrlich und selig es im Jenseits sei, beteuerte auch, glücklicher seien die Dahingeschiedenen als die Lebenden in diesem Jammertal« (IV, 8).

Die Komik dieses Todesumstands ergibt sich aus Panurges Ab-

* An einer anderen Stelle erzeugt Pantagruel mit einem Furz winzige Männlein und mit einem Fist winzige Weiblein (II, 27). Das Herz dieser Zwerge liegt sehr nahe am After, weshalb sie alle leicht aufbrausen.

schiedspredigt. Die ganze Situation ist eine böse Parodie auf die Auffassung von Leben und Tod innerhalb der jenseitsbezogenen Weltsicht des Mittelalters. An anderer Stelle erzählt Rabelais von Mönchen, die, anstatt einem Ertrinkenden sofort Hilfe zu leisten, sich zunächst um dessen ewige Seele bemühen und ihm die Beichte abnehmen müssen; währenddessen findet jener seinen Tod in den Wellen.

Im gleichen Geiste, nämlich dem der parodistischen Zerstörung der mittelalterlichen Vorstellungen von der Seele und der Welt des Jenseits, ist die fröhliche Darstellung von Epistemons vorübergehendem Aufenthalt im Reich der Toten gehalten (wir sind auf diese Episode bereits eingegangen). Ferner gehören hierher die grotesken Betrachtungen über die Geschmackseigenschaften und den gastronomischen Wert der Seelen Verstorbener, wovon ebenfalls bereits die Rede war.

Erinnert sei auch an die fröhliche Darstellung des in die Reihe des Essens einbezogenen Todes in Panurges Erzählung von seinen Mißgeschicken in der Türkei. Gezeigt werden hier die äußerlich komischen Umstände des Todes, wobei sich der Tod in unmittelbarer Nachbarschaft zum Essen befindet (das Rösten am Bratspieß, der zugleich als Stichwaffe dient). Die ganze Episode von der wunderbaren Errettung des halbgerösteten Panurge endet mit einem Loblied auf das Braten.

Tod und Lachen, Tod und Essen, Tod und Trinken stehen bei Rabelais sehr häufig nebeneinander. Die Umstände des Todes haben überall fröhlichen Charakter. Im Kapitel 17 des Vierten Buches findet man eine ganze Reihe erstaunlicher und größtenteils komischer Todesfälle. Berichtet wird hier vom Tode Anakreons, der an einem Traubenkern erstickte (Anakreon – Wein – Traubenkern – Tod). Der Prätor Fabius kommt durch ein Ziegenhaar um, das in eine Schale mit Milch geraten war. Ein anderer Mann stirbt, weil er sich seine Winde verhielt, da er sich schämte, sie in Gegenwart des Kaisers Claudius fahren zu lassen, u. dgl.

Während der Tod in den bis jetzt angeführten Beispielen nur durch die äußeren Umstände lächerlichen Charakter erhält, wird er im Falle des Herzogs von Clarence (des Bruders Eduards IV.) beinahe auch für den Sterbenden selbst zu einem fröhlichen Tod: Ihm, der zum Tode verurteilt war, hatte man die Art der Hinrichtung freigestellt, und er entschied sich »für das Ertränktwerden in einem Faß Malvasier« (IV, 33). Hier wird der fröhliche Tod in unmittelbarer Nachbarschaft zum Wein gezeigt.

Einen fröhlichen Sterbenden hat Rabelais in der Gestalt des Dichters Raunzemurner dargestellt. Als Panurge mit seinen Begleitern bei dem sterbenden Dichter erscheint, befindet sich dieser schon im Todeskampf, »doch frohgemut, heitern Gesichts und mit leuchtenden Augen« (III, 21).

In allen bisherigen Beispielen eines fröhlichen Todes steckt das Lachen im Ton, im Stil und in der Form der Darstellung des Todes. Doch dort, wo die Reihe des Todes ihren höchsten Grad erreicht, tritt das Lachen auch in eine unmittelbare gegegenständliche und sprachliche Nachbarschaft zum Tod: An zwei Stellen seines Buches führt Rabelais *Todesfälle durch Lachen* auf. Im Kapitel 20 des Ersten Buches nennt er Crassus, der vor Lachen seinen Geist aufgeben mußte, als er einen Esel Disteln fressen sah, und Philemon, der ebenfalls vor Lachen starb, als ein Esel vor seinen Augen Feigen verzehrte. Im Kapitel 17 des Vierten Buches ist von dem Maler Zeuxis die Rede, den das gleiche Schicksal ereilte, als er auf das von ihm selbst angefertigte Porträt einer Alten schaute.

Schließlich finden wir den Tod in Nachbarschaft mit der Geburt neuen Lebens und gleichzeitig in Nachbarschaft mit dem Lachen.

Als Pantagruel geboren wurde, war er so groß und schwer, daß er das Licht der Welt nicht erblicken konnte, ohne seine Mutter zu ersticken (II, 2). Da nun die Mutter des neugeborenen Pantagruel tot war, geriet sein Vater Gargantua in eine schwierige Lage. Er wußte nicht, was ihm zu sagen oder zu tun anstand: »... der Zweifel, der seinen Verstand quälte, galt dem Zwiespalt, ob er wegen der Trauer um sein Weib weinen oder aus Freude über seinen Sohn lachen sollte.« Da er sich in seinen Zweifeln nicht zu entscheiden vermochte, tat er beides. Dachte er an sein Weib, »plärrte er wie eine Kuh; doch mit einmal lachte er wieder wie ein Kalb, wenn ihm Pantagruel einfiel« (II, 3).

In der Reihe des Todes, an den Punkten, in denen sich diese Reihe mit der des Essens und Trinkens und der der Sexualität überschneidet, wie auch in der unmittelbaren Nachbarschaft zwischen dem Tod und der Geburt neuen Lebens tritt die Natur des Rabelaisschen Lachens mit aller Deutlichkeit zutage; und es kommen dabei auch die wahren Quellen und Traditionen dieses Lachens zum Vorschein. Daraus indes, daß sich dieses Lachen auf die ganze weite Welt des sozial-historischen Lebens bezieht (»Epopöe des Lachens«), auf die Epoche, genauer gesagt: die Grenzscheide zweier Epochen, erschließen sich seine Perspektiven und seine künftige historische Produktivität.

Der »fröhliche Tod« geht bei Rabelais nicht nur mit einer hohen Wertschätzung des Lebens und mit der Forderung einher, für dieses Leben rückhaltlos einzutreten, sondern er ist gerade auch Ausdruck dieser hohen Wertschätzung, Ausdruck des ewigen Triumphs der Lebenskraft über jeden Tod. Es wäre müßig, in dem Rabelaisschen Bild des fröhlichen Todes nach dekadenten Zügen, einem Hang zum Tode, einer Todesromantik suchen zu wollen. Das Todesthema als solches wird bei Rabelais, wie wir bereits ausführten, durchaus nicht in den Vordergrund gerückt oder betont. Bei der Gestaltung dieses Themas ist für Rabelais der nüchterne und klare anatomisch-physiologische Aspekt des Todes von größter Bedeutung. Auch wird das Lachen bei ihm keineswegs dem Schrecken des Todes gegenübergestellt; einen solchen Schrecken gibt es hier gar nicht, und demzufolge existiert zwischen beiden auch kein scharfer Kontrast.

Auch in den Werken anderer Vertreter der Renaissance-Epoche findet man den Tod in unmittelbarer Nachbarschaft zum Lachen, zum Essen und Trinken und zur sexuellen Frivolität: so z. B. bei Boccaccio (in der Rahmenerzählung selbst wie auch im Material der einzelnen Novellen), bei Pulci (die Darstellung der Tode und des Paradieses in der Schlacht von Ronceval; Margutte, das Urbild Panurges, stirbt vor Lachen) und bei Shakespeare (in den Falstaffschen Szenen; die fröhlichen Totengräber im »Hamlet«; der fröhliche und betrunkene Pförtner im »Macbeth«). Die Ähnlichkeit erklärt sich aus der Einheit der Epoche und aus der Gemeinsamkeit der Quellen und Traditionen, die Unterschiede liegen darin, wie umfassend und vollständig diese Nachbarschaften ausgebildet sind.

In der nachfolgenden Geschichte der Literaturentwicklung haben diese Nachbarschaften (wenn wir von Zwischenstadien einmal absehen) eine sehr starke Neubelebung durch die Romantik und dann durch den Symbolismus erfahren, wobei sich ihr Charakter jedoch von Grund auf gewandelt hat. Verloren ging die den Tod, das Lachen, das Essen und den Geschlechtsakt umgreifende Ganzheit des triumphierenden Lebens. Leben und Tod werden nun lediglich innerhalb der Grenzen eines abgeschlossenen individuellen Daseins wahrgenommen (in denen das Leben unwiederholbar und der Tod das unumstößliche Ende ist), das zudem unter seinem inneren subjektiven Aspekt gefaßt wird. Daher verwandeln sich diese Nachbarschaften in den künstlerischen Bildern der Romantiker und Symbolisten in schroffe statische Kontraste und Oxymoren, die entweder überhaupt nicht aufgelöst werden (da es kein umgreifendes und größeres reales Ganzes gibt) oder aber auf mystischer Ebene zur Lösung gelangen. Man braucht nur auf jene Erscheinungen hinzuweisen, die den Rabelaisschen Nachbarschaften äußerlich am nächsten kommen. Von Edgar Allan Poe stammt die kleine Renaissance-Novelle »Das Faß Amontillado«. Der Held bringt hier seinen Rivalen in der Zeit des *Karnevals* um, als dieser *betrunken* ist und ein *Narrenkostüm* mit *Schellen* trägt. Der Held überredet den Rivalen, mit ihm in seine Weinkeller (Katakomben) zu gehen, um den von ihm erworbenen Amontillado auf seine Echtheit zu prüfen. Dort, in den Kellern, mauert er ihn lebendig in einer Nische ein; das letzte, was er hört, ist ein *Lachen* und der *Klang der Narrenschellen*.

Die ganze Erzählung ist auf schroffen und völlig *statischen* Kontrasten aufgebaut: der fröhliche, grell beleuchtete Karneval und die finsteren Katakomben; der fröhliche, närrische Aufputz des Rivalen und der ihm bevorstehende schreckliche Tod; das Faß Amontillado, der fröhliche Klang der Narrenschellen und das Entsetzen *vor dem Tode*, das der lebendig Eingemauerte empfindet; der furchtbare, heimtückische Mord und der sachlich-ruhige, nüchterne Ton des Ich-Erzählers. Zugrunde liegt alledem der sehr alte und respektable Komplex (bzw. die Nachbarschaft): Tod – Narrenmaske (Lachen) – Wein – Ausgelassenheit des Karnevals (die carra navalis[20] des Bacchus) – Grab (Katakomben). Aber der goldene Schlüssel zu diesem Komplex ist verlorengegangen: Es fehlt die gesunde, alles umspannende Ganzheit des triumphierenden Lebens, geblieben sind nackte, ausweglose und daher grauenerregende Kontraste. Zwar spürt man dahinter noch eine dunkle und unklare, in Vergessenheit geratene Verwandtschaft, eine lange Reihe von Reminiszenzen an künstlerische Bilder der Weltliteratur, in denen die gleichen Elemente miteinander verschmolzen waren, doch diese vagen Empfindungen und Reminiszenzen üben lediglich auf den im engen Sinne ästhetischen Eindruck, den die Novelle als Ganzes hinterläßt, einen Einfluß aus.

Der allbekannten Novelle »Die Maske des roten Todes« liegt eine auf Boccaccio zurückgehende Nachbarschaft zugrunde: *Pest* (Tod, Grab) – *Fest* (Ausgelassenheit, Lachen, Wein, Erotik). Doch auch hier wird diese Nachbarschaft zu einem nackten Kontrast, der eine tragische, durchaus nicht an Boccaccio gemahnende Atmosphäre schafft. Bei Boccaccio hebt die umgreifende Ganzheit des vorwärtsschreitenden und triumphierenden Lebens (freilich nicht des Lebens im eng biologischen Sinne) die Kontraste auf. Bei Poe sind sie statisch, und die Dominante des ganzen Bildes geht auf den Tod über. Das gleiche erleben wir in der Novelle »König Pest« (in der die betrunkenen Matrosen in dem von der Pest heimgesuchten Viertel der Hafenstadt an einem Gelage teilnehmen), obwohl hier der Wein und der trunkene Übermut des gesunden Körpers im *Sujet* (aber *nur* dort) über die Pest und ihre Gespenster des Todes den Sieg davontragen.

Erwähnt seien noch die Rabelaisschen Motive, die wir bei Baudelaire, dem Vater des Symbolismus und der Dekadenz, finden. In dem Gedicht »Der fröhliche Tote« (vgl. die abschließende Wendung an die Würmer: »Seht zu Euch einen freien und fröhlichen Toten kommen«), in dem Poem »Die Reise« (der Aufruf an den Tod als »alten Kapitän« in den abschließenden Strophen) und schließlich in dem Zyklus »Der Tod« lassen sich dieselben Erscheinungen beobachten: Der Komplex fällt auseinander (die Nachbarschaft ist bei weitem nicht vollständig), und die Dominante wird auf den Tod übertragen (Einfluß des Villonismus und der »Schule der Schauer- und Schreckensliteratur«).* Der Tod ist hier wie bei allen Romantikern und Symbolisten nicht mehr ein Moment des Lebens selbst, er wird wieder zu einem Phänomen, das an der Grenze zwischen dem irdischen und einem möglichen anderen Leben liegt. Die ganze Problematik ist in den Grenzen der *individuellen* und *geschlossenen* Lebensreihe konzentriert.

Zurück zu Rabelais. Bei ihm hat die Reihe des Todes auch einen positiven Pol, an dem das Thema des Sterbens fast außerhalb jeder Groteske behandelt wird. Wir denken dabei an die Kapitel, die dem Tod der Heroen und des großen Gottes Pan gewidmet sind, sowie an den berühmten Brief, den der greise Gargantua an seinen Sohn richtet.

In den Kapiteln, in denen vom Tode der Heroen und des großen Gottes Pan die Rede ist (IV, 26-28), verzichtet Rabelais fast ganz

* Man vergleiche damit ähnliche Erscheinungen bei Novalis (der den gesamten Komplex erotisiert, vor allem in dem Gedicht vom Abendmahl) und bei Victor Hugo (»Notre Dame von Paris«) sowie die Rabelaisschen Töne bei Rimbaud, Richepin, Laforgue und anderen.

auf alles Groteske und berichtet, gestützt auf antikes Material, über die besonderen Umstände, unter denen die großen Helden der Geschichte, deren Leben und Tod für die Menschheit nicht gleichgültig ist, dahinscheiden. Der Tod edler und heldenmütiger Menschen wird häufig von besonderen Naturerscheinungen begleitet, die eine Widerspiegelung historischer Erschütterungen darstellen: Stürme toben, am Himmel zeigen sich Kometen und Meteore. »So auch künden uns in Gestalt solcher Kometen die Himmel gleichsam mit ätherischer Zeichenschrift stillschweigend die Botschaft: ›Sterbliche, so ihr von diesen glücklichen Seelen noch etwas wissen, erfahren, vernehmen, erkennen und voraussehen wollet, was dem öffentlichen und privaten Leben zu Nutz und Frommen gereicht, beeilt euch, vor sie hinzutreten und Antwort von ihnen zu empfangen, denn das Ende und die Katastrophe des Dramas nahen. Ist es vorbei, werdet ihr es bereuen‹« (IV, 27). Und an anderer Stelle: »Denn so wie die Fakkel oder die Kerze während der ganzen Zeit, da sie am Leben ist und brennt, den Anwesenden leuchtet, alles ringsherum hell macht, jeden erfreut und jedem zu Diensten ist mit ihrem Schein, keinem Verdruß oder Schaden bereitet, im Augenblick jedoch, da sie erloschen ist, mit Rauch und schlechten Dünsten die Luft verpestet, den Anwesenden schadet und mißfällt, so verhält es sich auch mit diesen edlen und bedeutenden Seelen. Solange sie ihre Leiber bewohnen, ist ihre Behausung friedsam, nützlich, erfreulich, ehrwürdig; zur Stunde aber, da sie abscheiden, ereignen sich auf den Inseln und dem Festland große Erschütterungen in der Luft, Verfinsterungen, Blitze und Hagel; auf Erden Zusammenbrüche, Beben, Entladungen, auf See Unwetter und Sturm; dazu Wehklagen der Völker, Umsturz der Religionen, Herrschaftswechsel und Umwälzung der Staaten« (IV, 26).

Die beiden Ausschnitte lassen erkennen, daß Rabelais das Hinscheiden der Heroen in einem gänzlich anderen Ton und Stil vermittelt: An die Stelle der grotesken Phantastik tritt eine heroisierende Phantastik, die teilweise im Geiste des Volksepos gehalten ist und im wesentlichen den entsprechenden Ton und Stil der antiken Quellen (die Rabelais ziemlich getreu nacherzählt) reproduziert. Dies zeugt davon, wie hoch Rabelais das historische Heldentum einschätzte. Charakteristisch ist, daß die Erscheinungen, mit denen die Natur und die historische Welt auf den Tod der Heroen reagieren, zwar »allen Naturgesetzen widersprechen«, für sich genommen aber völlig natürliche Erscheinungen sind (Stürme, Kometen, Erdbeben, Revolutionen) und innerhalb derselben irdischen Welt situiert sind, in der auch die Heroen gelebt und gewirkt haben. Diese Resonanz ist episch heroisiert, und es hat auch die Natur an ihr teil. Rabelais stellt auch in diesem Falle den Tod nicht innerhalb der (abgeschlossenen und sich selbst genügenden) individuellen Lebensreihe dar, sondern innerhalb der geschichtlichen Welt, als Erscheinung des sozial-historischen Lebens.

In der gleichen Tonart wird vom Tode des großen Gottes Pan berichtet (genauer gesagt: Plutarch folgend nacherzählt). In seiner Erzählung bezieht Pantagruel die Ereignisse, die mit diesem Hinscheiden zusammenhängen, auf den Tod des »großen Erretters der Gläubigen«, legt aber gleichzeitig in dessen Gestalt einen rein pantheistischen Inhalt hinein (IV, 28).

Das Anliegen, das Rabelais mit den drei Kapiteln verfolgt, besteht darin, das historische Heldentum als eine wesentliche und unauslöschliche Spur in der einen realen – natürlichen und geschichtlichen – Welt zu zeigen. In einer bei ihm etwas unerwarteten Weise beschließt Rabelais diese Kapitel. Nachdem Pantagruel aufgehört hat zu reden, setzt tiefes Schweigen ein. »Nicht lange, da sahen wir Tränen aus seinen Augen rollen, so dick wie Straußeneier.

Gott soll mich strafen, wenn ich auch nur mit einem Wort die Unwahrheit sage.«

Groteske Töne vermischen sich hier mit der bei Rabelais so seltenen Ernsthaftigkeit (über Rabelais' Auffassung von der Ernsthaftigkeit wird noch gesondert zu sprechen sein).

Gargantuas Brief an Pantagruel, der das Kapitel 8 des Zweiten Buches ausfüllt, ist nicht nur im Hinblick auf die Reihe des Todes wichtig, sondern auch für den ganzen (nicht grotesken und nicht kritischen) positiven Pol in Rabelais' Roman. Der Brief ist in dieser Hinsicht der Episode von der Abtei Thelem vergleichbar. Wir werden daher auf ihn (wie auch auf die Episode von der Abtei Thelem) später noch einmal zurückkommen. Hier soll uns der Brief nur insoweit interessieren, als in ihm das Motiv des Todes berührt wird.

In diesem Brief wird das Thema von der Fortdauer der Sippe, der Generationen und der Geschichte entfaltet. Ungeachtet dessen, daß in ihm notwendigerweise, aus den Bedingungen der Zeit heraus, auch orthodox-katholische Auffassungen enthalten sind, entwickelt Rabelais hier die diesen Auffassungen widersprechende Lehre von der *relativen* irdischen, biologischen und historischen, Unsterblichkeit des Menschen (die biologische und die historische Unsterblichkeit bilden hier natürlich keinen Gegensatz): der Unsterblichkeit des Samens, des Namens und der Taten.

»... unter den Gaben, Gnaden und Vorrechten, mit welchen der höchste Schöpfer, Gott, der Allmächtige, die Menschennatur von Anbeginn an gesegnet und ausgezeichnet hat, dünkt mich die Gabe vor allem einzigartig und vorzüglich zu sein, durch welche sie in ihrem sterblichen Zustand schon eine Art Unsterblichkeit erwerben und im Verlauf des vergänglichen Lebens ihren Namen und ihre Nachkommenschaft verewigen kann. Dies geschieht durch Kinder und Kindeskinder, die in legitimer Ehe von uns gezeugt werden.« So beginnt Gargantuas Schreiben. »Dank diesem Mittel der seminalen Fortpflanzung aber verblieb in den Kindern, was in den Eltern verloren war, und in den Enkeln, was bei den Kindern verlorenging ... Nicht ohne gerechten und billigen Grund danke ich Gott, meinem Bewahrer, dafür, daß er mir zu sehen verstattet hat, wie mein ergrautes Alter in Deiner Jugend aufs neue erblüht. Denn wenn dereinst nach dem Ratschluß dessen, der alles lenkt und wägt, meine Seele diese irdische Wohnstatt verläßt, werde ich meines Erachtens nicht gänzlich gestorben sein, vielmehr von einem Ort an einen andern hinübergehn, sintemal ich in Dir und durch Dich in meinem sichtbaren Abbild auf dieser Welt bleibe und weiterlebe, sehend und mit ehrenwerten Leuten und meinen Freunden fürderhin Verkehr pflegend, wie ich's bisher tat.«

Wenn auch fast jeder Absatz des Briefes mit einer frommen Redewendung eingeleitet und abgeschlossen wird, so stehen doch die in ihm entwickelten Gedanken über die relative irdische Unsterblichkeit in einem beabsichtigten und allseitigen Gegensatz zu der christlichen Lehre von der Unsterblichkeit der Seele. Rabelais befriedigt es ganz und gar nicht, die alte – aus dem hinfälligen Körper entwichene – Seele in der Welt des Jenseits, in der ihr jedes weitere irdische Wachstum und jede Entwicklung versagt ist, statisch zu verewigen. Er möchte sehen, wie er selbst – sein Alter und seine Gebrechlichkeit – in der neuen Jugend seines Sohnes, seines Enkels und seines Urenkels wieder aufblühen. Teuer ist ihm seine eigene sichtbare irdische Gestalt, deren Züge in seinen Nachkommen erhalten bleiben. In der Person der Nachkommen möchte er »auf dieser Welt« bleiben, mit guten Freunden Verkehr pflegen. Es geht hier in erster Linie um eine mögliche Verewigung des Irdischen auf Erden unter Bewahrung aller irdischen Werte des Lebens (das schöne physische Äußere, die blühende Jugend, die guten Freunde), wobei der Hauptakzent auf der Fortdauer des irdischen Wachstums, der Entwicklung und der weiteren Vervollkommnung des Menschen liegt. Am allerwenigsten ist Rabelais daran gelegen, sich selbst auf unveränderter Entwicklungsstufe zu verewigen.

Noch einen Zug gilt es hervorzuheben: Für Gargantua (Rabelais) ist durchaus nicht die Verewigung des eigenen »Ich«, der eigenen biologischen Person, der eigenen Individualität, unabhängig von ihrem Wert, wichtig, sondern die Verewigung (genauer gesagt: das weitere Wachstum) der besten Hoffnungen und Bestrebungen. »Wenn dessentwegen, wie in Dir das Abbild meines Leibes weiterlebt, nicht gleichermaßen auch Denkart und Seelenadel leuchteten, würde man nicht dafür halten, daß Du Hüter und Hort der Unsterblichkeit unseres Namens seist; und die Freude, die ich bei diesem Anblick hätte, wäre gering, wenn ich bedächte, daß der mindere Teil meiner selbst, der Leib, fortlebte und der bessere, die Seele nämlich, durch welche unser Name unter den Menschen gesegnet bleibt, verkäme und verdürbe.«

Rabelais verbindet das Wachstum der Generationen mit dem Wachstum der Kultur, mit dem Wachstum der geschichtlichen Menschheit. Der Sohn wird den Vater und der Enkel den Sohn auf einer höheren kulturellen Entwicklungsstufe fortsetzen. Gargantua weist auf die gewaltige Umwälzung hin, die sich im Laufe seines Lebens vollzogen hat: »Aber durch Gottes Güte wurden zu meinen Lebzeiten den Wissenschaften Licht und Würde wiedergeschenkt, und ich sehe, es hat sich alles so sehr zum Bessern gewendet, daß ich heute mit knapper Not in die erste Klasse der kleinen Schulbuben aufgenommen würde, wiewohl ich in meinen besten Mannesjahren (nicht zu Unrecht) für den Gelehrtesten dieses Jahrhunderts galt.« Und weiter unten: »Ich sehe, wie die Straßenräuber, die Henker, Reisläufer, Stallknechte heutzutage gelehrter sind als zu meiner Zeit die Doktoren und Prediger.«

Dieses Wachstum, das dazu führt, daß der gelehrteste Mensch seiner Zeit bereits in der folgenden (nächsten) Epoche nicht mehr zum Schüler der ersten Klasse taugt, wird von Gargantua begrüßt. Er ist nicht neidisch auf seine Nachkommen, die nur deshalb besser als er sein werden, weil sie nach ihm geboren wurden. In der Person seiner Nachkommen, in der anderer Menschen (desselben Menschengeschlechts, seiner Sippe) wird er an diesem Wachstum teilhaben. In der kollektiven und historischen Welt des menschlichen Lebens ist der Tod weder Beginn noch Abschluß von etwas Wesentlichem.

Die gleiche Problemkonstellation tritt, wie wir noch sehen werden, weiter zugespitzt im 18. Jahrhundert in Deutschland zutage. Das Problem der persönlichen, individuellen Vervollkommnung und Entwicklung des Menschen, das Problem der Vervollkommnung (und des Wachstums) des Menschengeschlechts, das Problem der irdischen Unsterblichkeit, das Problem der Erziehung des Menschengeschlechts, das Problem der Verjüngung der Kultur in der Jugend der neuen Generation – alle diese Probleme kommen in enger Beziehung zueinander auf. Sie führen unausweichlich dazu, daß das Problem der historischen Zeit gründlicher aufgeworfen wird. Zur Lösung dieser Probleme (in ihrem wechselseitigen Bezug) werden zu jener Zeit drei grundlegende Varianten vorgelegt; die Lessingsche (»Die Erziehung des Menschengeschlechtes«), die Herdersche (»Ideen zur Philosophie der Geschichte der Menschheit«) und die besondere Goethesche Variante (vornehmlich im »Wilhelm Meister«).

Mit allen hier untersuchten Reihen verfolgt Rabelais den Zweck, das alte, von einer sterbenden Epoche hervorgebrachte Weltbild zu zerstören und ein neues Weltbild zu schaffen, in dessen Mittelpunkt ein ganzheitlicher körperlich-geistiger Mensch steht. Indem Rabelais die traditionellen Nachbarschaften der Dinge, Erscheinungen, Ideen und Wörter destruiert, dringt er über die wunderlichsten grotesk-phantastischen Bilder und Bildverknüpfungen vor zu neuen, wahren, der »Natur« entsprechenden Nachbarschaften und Zusammenhängen aller Erscheinungen der Welt. In diesem komplizierten und widersprüchlichen (*produktiv*-widersprüchlichen) Strom der Rabelaisschen Bilder kommt es zur Wiederherstellung uralter Nachbarschaften von Dingen, und der Strom der Bilder mündet in einen der allerwichtigsten Flußläufe literarischer Thematik. Durch diesen Lauf strömt eine reiche Flut von Bildern, Motiven und Sujets, die sich aus den Quellen der Folklore der Vorklassengesellschaft speist. Die unmittelbare Nachbarschaft von Essen, Trinken, Tod, geschlechtlicher Paarung, Lachen (Narr) und Geburt im Bild, im Motiv und im Sujet ist das *äußere* Merkmal dieser Flut literarischer Thematik. Sowohl die Elemente selbst im Ganzen eines Bildes, Motivs oder Sujets als auch die künstlerisch-ideologischen Funktionen dieser gesamten Nachbarschaft in ihrer Ganzheit wandeln sich auf den verschiedenen Stufen der Entwicklung erheblich. Hinter dieser Nachbarschaft als dem äußeren Merkmal verbirgt sich vor allem eine bestimmte Form des Zeitempfindens und ein bestimmtes Verhältnis der Zeit zur räumlichen Welt, d. h. ein bestimmter Chronotopos.

Rabelais' Aufgabe bestand darin, die (mit der Auflösung der mittelalterlichen Weltsicht) auseinanderfallende Welt auf einer neuen materiellen Grundlage zusammenzufügen. Die mittelalterliche Ganzheitlichkeit und Geschlossenheit der Welt (wie sie sich noch in dem synthetischen Werk Dantes kundtut) war zerstört. Zerstört war auch die Geschichtskonzeption des Mittelalters – Erschaffung der Welt, Sündenfall, erste Parusie, Erlösung, zweite Parusie, Jüngstes Gericht –, eine Konzeption, in der die reale Zeit entwertet und in außerzeitlichen Kategorien aufgelöst war. In dieser Weltanschauung war die Zeit ein Element, das nur zerstörte und vernichtete, aber nichts aufbaute. Die neue Welt wußte mit einem solchen Zeitverständnis nichts anzufangen. Es galt, eine neue Form der Zeit und ein neues Verhältnis der Zeit zum Raum, zum neuen irdischen Raum, zu finden (»Die Schranken des alten Orbis terrarum wurden durchbrochen, die Erde wurde eigentlich jetzt erst entdeckt . . .«*). Gebraucht wurde ein neuer Chronotopos, der es gestattete, das reale Leben (die Geschichte) mit der realen Erde zu verbinden. Es galt, der Eschatologie eine produktive, schöpferische Zeit gegenüberzustellen, eine Zeit, die am Bauen und am Wachsen, nicht aber am Zerstören gemessen wird. Die Grundlagen dieser aufbauenden Zeit zeichneten sich in den Bildern und Motiven der Folklore ab.

8. Die folkloristischen Grundlagen des Rabelaisschen Chronotopos

Die Hauptformen der produktiven, schaffenden Zeit gehen auf das Stadium der ackerbaubetreibenden Vorklassengesellschaft zurück. Die vorangegangenen Entwicklungsstadien der menschlichen Gesellschaft waren der Ausbildung eines differenzierten Gefühls für die Zeit und deren Widerspiegelung in Riten und Bildern der Sprache wenig förderlich. Nur auf der Basis der kollektiven Landarbeit war es möglich, daß erstmals ein starkes und differenziertes Gefühl für

* Friedrich Engels, Dialektik der Natur. In: Marx/Engels, Werke. Band 20, Berlin 1962, S. 311f.

die Zeit entstehen konnte. Hier bildete sich auch das Zeitempfinden heraus, das die Grundlage für die Gliederung und Gestaltung der Zeit des sozialen Alltags, der Feste und der Riten bildete, die mit dem Zyklus der Landbearbeitung, mit den Jahreszeiten und den Perioden des Tages, mit den Wachstumsstadien der Pflanzen und des Viehs zusammenhängen. Und hier kam es dann auch zu einer Abbildung dieser Zeit in der Sprache, in uralten Motiven und Sujets, die die zeitlichen Relationen des Wachstums und des *zeitlichen Nebeneinander* verschiedenartiger Erscheinungen (der Nachbarschaft auf der Grundlage der Einheit der Zeit) widerspiegeln.

Wie sehen die grundlegenden Besonderheiten dieser Zeitform aus?

Diese Zeit ist eine kollektive Zeit; sie wird ausschließlich nach den Ereignissen des *kollektiven* Lebens differenziert und gemessen. Alles, was in dieser Zeit existiert, existiert nur für das Kollektiv. Eine individuelle Reihe des Lebens hebt sich noch nicht ab (die innere Zeit des individuellen Lebens gibt es noch nicht; das Individuum lebt ganz im Außen, im kollektiven Ganzen). Die Arbeit wie der Konsum sind kollektiv.

Diese Zeit ist eine Arbeitszeit. Das Alltagsleben und der Konsum sind vom Arbeits- und Produktionsprozeß nicht geschieden. Die Zeit wird nach den Arbeitsereignissen gemessen (die Phasen der Landarbeit und ihre Unterteilungen). Dieses Zeitempfinden bildet sich im Kampf der kollektiven Arbeit mit der Natur heraus. Die kollektive Arbeitspraxis bringt es hervor, und seine Differenzierung und Formung dient den Zielen dieser Praxis.

Diese Zeit ist eine Zeit des *produktiven Wachstums*, eine Zeit der Vegetation, des Blühens, des Früchtetragens, des Reifens, der Vermehrung der Früchte, des Zuwuchses. Die Anzahl der Werte wird durch den Lauf der Zeit nicht zerstört und nicht verringert, sondern vermehrt und erhöht; an Stelle des einen ausgesäten Korns wachsen viele Körner; der Verlust einzelner Exemplare wird immer vom Zuwuchs übertroffen. Zudem sind diese zugrundegehenden Einheiten nicht individualisiert und nicht hervorgehoben, sie verschwinden in der ständig wachsenden und ständig sich vermehrenden Masse neuer Leben. Untergang und Tod werden als *Aussaat* aufgefaßt, auf die eine um vieles höhere Zahl von jungen Keimen sowie die Ernte folgen. Der Lauf der Zeit bedeutet nicht nur ein quantitatives, sondern auch ein qualitatives Wachstum – das Blühen und das Reifen. Da sich Individualität nicht abhebt, können Alter, Verfall, Tod nur

Momente sein, die dem Wachstum und der weiteren Vermehrung untergeordnet sind: notwendige Ingredienzien des produktiven Wachstums. Nur auf der rein individuellen Ebene kann deren negative Seite, deren ausschließlich zerstörender und beendigender Charakter, hervortreten. Die produktive Zeit ist eine Zeit, die trächtig ist, Früchte trägt, gebiert und erneut trächtig ist.

Diese Zeit ist eine in höchstem Maße auf die Zukunft ausgerichtete Zeit. Es ist die Zeit kollektiver tätiger Sorge um die Zukunft: Für die Zukunft sät und erntet man, um der Zukunft willen paart und vereinigt man sich. Alle Arbeitsprozesse sind nach vorn gerichtet. Der Konsum (der am meisten zur Statik, zur Gegenwart tendiert) ist von der Produktionstätigkeit nicht abgetrennt und steht ihr nicht als selbstzweckhaftes individuelles Genießen des Produkts gegenüber. Eine deutliche Differenzierung der Zeiten in Gegenwart, Vergangenheit und Zukunft kann es überhaupt noch nicht geben (diese würde eine *essentielle Individualität* als Bezugspunkt voraussetzen). Die Zeit ist durch eine allgemeine Tendenz nach vorn (im Arbeitsakt, in der Bewegung, im Handeln) charakterisiert.

Diese Zeit ist eine *zutiefst räumliche* und *konkrete* Zeit. Sie ist nicht vom Boden und von der Natur losgelöst. Sie ist – wie auch das ganze Leben des Menschen – durch und durch äußerlich. Das agrarische Leben der Menschen und das Leben der Natur (der Erde) werden mit ein und denselben Maßstäben gemessen und nach ein und denselben Ereignissen dimensioniert, haben die gleichen Intervalle, sind voneinander nicht zu trennen und in einem einzigen (unteilbaren) Akt der Arbeit und des Bewußtseins gegeben. Das menschliche Leben und die Natur werden in ein und denselben Kategorien erfaßt. Jahreszeiten, Altersstufen, Nächte und Tage (und ihre Unterteilungen), Begattung (Ehe), Schwangerschaft, Reifen, Alter und Tod – alle diese Kategorien-Bilder dienen gleichermaßen zur sujethaften Darstellung des menschlichen Lebens wie auch zur Darstellung des Lebens der Natur (unter dem Aspekt der Landarbeit). Alle diese Bilder sind ausgesprochen chronotopisch. Die Zeit ist hier in die Erde hineinversenkt, in sie hineingesät und reift in ihr. In der Bewegung der Zeit sind die arbeitende Menschenhand und der Boden miteinander verschmolzen; den Lauf der Zeit erschafft, spürt, riecht (die sich verändernden Gerüche des Wachsens und Reifens) und sieht man. Diese Zeit ist dicht, unumkehrbar (innerhalb des Zyklus), realistisch.

Diese Zeit ist eine durch und durch *einheitliche* Zeit. Diese durchgängige Einheit erschließt sich vor dem Hintergrund der späteren Zeitauffassungen in der Literatur (und allgemein in der Ideologie), Auffassungen, in denen die Zeit der persönlichen, alltäglichen, familiären Ereignisse individualisiert wurde und sich von der Zeit des kollektiven historischen Lebens des gesellschaftlichen Ganzen abteilte, in denen unterschiedliche Maßstäbe auftauchten, um die Ereignisse des *privaten* Lebens und die Ereignisse der *Geschichte* (die sich nun auf verschiedenen Ebenen befanden) zu messen. Obwohl die Zeit, *abstrakt gesehen*, einheitlich blieb, unterlag sie doch *in bezug auf das Sujet* einer Zweiteilung. Die Sujets des privaten Lebens konnten auf das Leben des gesellschaftlichen Ganzen (des Staates, der Nation) nicht ausgedehnt, nicht übertragen werden; die historischen Sujets (Ereignisse) unterschieden sich nun in spezifischer Weise von den Sujets des privaten Lebens (Liebe, Ehe); sie kreuzten sich lediglich in einigen spezifischen Punkten (Krieg, Heirat des Königs, Verbrechen), von welchen aus sie dennoch in verschiedene Richtungen auseinanderliefen (das doppelte Sujet der historischen Romane: die historischen Ereignisse und das Leben, das eine historische Persönlichkeit als privater Mensch führt). Die Motive, die in der einheitlichen Zeit der Folklore der Vorklassengesellschaft entstanden, gingen in ihrer Mehrzahl in den Sujetfundus des privaten Lebens ein, wobei sie freilich eine grundlegend neue Sinngebung sowie Umgruppierungen und Umstellungen erfuhren. Und dennoch blieb hier ihre reale Erscheinungsform, wenn auch extrem abgeflacht, erhalten. In die historischen Sujets konnten diese Motive nur teilweise und zudem nur auf völlig sublimierte, symbolische Weise eingehen. In der Epoche des entwickelten Kapitalismus wird das gesellschaftlich-staatliche Leben abstrakt und nahezu sujetlos.

Vor dem Hintergrund dieser nachfolgenden Aufspaltung der Zeit und des Sujets wird die durchgängige Einheit der Folklorezeit sinnfällig. Individuelle Lebensreihen haben sich noch nicht herausgelöst, es gibt keine privaten Angelegenheiten, keine Ereignisse privaten Lebens. Das Leben ist eins, und es ist durch und durch »historisch« (um diese spätere Kategorie hier anzuwenden): Essen, Trinken, sexuelle Vereinigung, Geburt und Tod sind hier keine Momente des privaten Alltags, sondern eine gemeinsame Angelegenheit, sie sind »historisch«, sind untrennbar verbunden mit der gesellschaftlichen Arbeit, mit dem Kampf gegen die Naturgewalten und mit dem Krieg, und sie finden in ein und denselben Kategorien-Bildern Ausdruck und Darstellung.

Diese Zeit zieht alles in ihre Bewegung hinein, sie kennt keinen starren, gleichbleibenden Hintergrund. Alle Gegenstände – Sonne, Sterne, Erde, Meer usw. – sind dem Menschen nicht als Gegenstände individueller (»poetischer«) Betrachtung oder unbeteiligten Reflektierens gegeben, sondern ausschließlich im kollektiven Prozeß der Arbeit und des Kampfes mit der Natur. Nur dort begegnet ihnen der Mensch, und nur durch das Prisma dieses Prozesses begreift und erkennt er sie. (Diese Erkenntnis ist realistischer, objektiver und tiefer, als sie es bei müßiggängerischer poetischer Betrachtung wäre.) Deshalb sind alle Gegenstände in die Bewegung des Lebens, in die Ereignisse des Lebens als dessen lebendige Teilnehmer einbezogen. Sie haben teil am Sujet und sind den Handlungen nicht als deren Hintergrund gegenübergestellt. In den nachfolgenden, nun schon literarischen Entwicklungsepochen der Bilder und Sujets kommt es zum Zerfall des gesamten Materials in Sujetereignisse und deren Hintergrund (die Landschaft der Natur, die unwandelbaren Grundpfeiler der sozial-politischen Ordnung, der Moral u. dgl.) – unabhängig davon, ob dieser Hintergrund für alle Zeiten oder lediglich in bezug auf die gegebene Sujetbewegung als starr und unveränderlich gedacht wird. Die Macht der Zeit – und folglich auch das, was das Sujet ausmacht – ist in der nachfolgenden Literaturentwicklung immer begrenzt.

Alle bisher erläuterten Besonderheiten der Folklorezeit können wir als die wertmäßig positiven Spezifika dieser Zeit bezeichnen. Doch die letzte Besonderheit dieser Zeit, mit der wir uns befassen wollen, ihr *zyklischer Charakter*, ist ein negatives Spezifikum, das die Kraft und die ideologische Produktivität dieser Zeit einschränkt. Alle Ereignisse dieser Zeit tragen den Stempel des Zyklischen, und folglich den der zyklischen *Wiederholbarkeit*. Ihre Tendenz nach vorn wird durch den Zyklus eingeschränkt. Deshalb kann sich das Wachsen hier auch nicht zu einem echten Werden entfalten.

Soviel zu den grundlegenden Besonderheiten jenes Zeitempfindens, das sich im Stadium der ackerbaubetreibenden Vorklassengesellschaft herausgebildet hatte.

Natürlich haben wir die Folklorezeit vor dem Hintergrund unseres eigenen Zeitbewußtseins charakterisiert. Wir behandeln sie nicht als ein Faktum des *Bewußtseins* des urzeitlichen Menschen, sondern erschließen sie anhand objektiven Materials als die Zeit, die in entsprechenden Motiven der Vorzeit zutage tritt, als die Zeit, die den Ausschlag gibt, daß diese Motive sich zu Sujets zusammenschließen, und die über die Logik entscheidet, nach der sich die Bilder in der Folklore entfalten. Diese Zeit macht ferner jene Nachbarschaft von Dingen und Erscheinungen möglich und verständlich, von der wir ausgehen und auf die wir noch einmal zurückkommen werden. Und schließlich hat sie auch die spezifische Logik der Kultriten und Kultfeiern bestimmt. Mit dieser Zeit arbeiteten und lebten die Menschen, doch konnte man sich ihrer freilich nicht bewußt werden und sie nicht in einem abstrakten Erkenntnisvorgang herausstellen.

Es liegt auf der Hand, daß die Nachbarschaft von Dingen und Erscheinungen in der hier beschriebenen Folklorezeit einen ganz besonderen Charakter haben mußte, der sich deutlich von dem späterer Nachbarschaften, die in der Literatur und generell im ideologischen Denken der Klassengesellschaft zutage traten, unterscheidet. Unter Bedingungen, unter denen sich individuelle Lebensreihen nicht abhoben und die Einheit der Zeit durchgängig war, mußten – unter dem Aspekt des Wachstums und der Fruchtbarkeit – Erscheinungen wie die Begattung und der Tod (das Besäen des Bodens, die Empfängnis), das Grab und der zu befruchtende weibliche Schoß sich als unmittelbar miteinander benachbarte Phänomene erweisen, mußten einerseits Essen und Trinken (die Früchte der Erde) und andererseits Tod und Begattung sowie weitere Phänomene direkt nebeneinander zu stehen kommen. In dieselbe Reihe eingeflochten sind die Phasen im Leben der Sonne (der Wechsel von Tag und Nacht, die Jahreszeiten), die ebenso wie die Erde an dem Ereignis des Wachstums und der Fruchtbarkeit beteiligt ist. Alle diese Erscheinungen sind in ein einheitliches Ereignis eingesenkt, sie kennzeichnen lediglich verschiedene Seiten ein und desselben Ganzen: des Wachstums, der Fruchtbarkeit, des Lebens, das unter dem Zeichen von Wachstum und Fruchtbarkeit begriffen wird. Wie gesagt, sind in diesem Komplex das Leben der Natur und das menschliche Leben miteinander verschmolzen; die Sonne ist in der Erde, in dem Produkt, das konsumiert wird, sie wird gegessen und getrunken. Die Ereignisse des menschlichen Lebens sind nicht weniger großartig als die des Lebens der Natur (beide werden mit den gleichen Wörtern, in den gleichen Tönen, und durchaus nicht metaphorisch, beschrieben). Dabei sind alle Glieder der Nachbarschaft (alle Elemente des Komplexes) *gleichwertig*. Essen und Trinken sind in dieser Reihe ebenso bedeutungsvoll wie der Tod, die Zeugung von Kindern oder die Sonnenphasen. Das eine große Ereignis des Lebens (des menschlichen Lebens und des Naturlebens zugleich) tritt in seinen verschiedenen Aspekten und Momenten zutage, und sie alle sind in diesem Ereignis gleichermaßen notwendig und bedeutungsvoll.

Es sei noch einmal unterstrichen: Die hier untersuchte Nachbarschaft war dem urzeitlichen Menschen nicht in einem abstrakten Denken oder Betrachten gegeben, sondern im Leben selbst, in der kollektiven Auseinandersetzung mit der Natur, im kollektiven Konsum der Früchte der Arbeit und in der kollektiven Sorge um das Wachstum und die Erneuerung des gesellschaftlichen Ganzen.

Es wäre völlig falsch, anzunehmen, daß irgendein Glied der Nachbarschaft innerhalb des Ganzen eine Priorität genossen hätte, und besonders verfehlt wäre es, diese Priorität dem Moment des Geschlechtslebens zuzuschreiben. Das Moment des Geschlechtslebens hatte sich als solches noch gar nicht herausgesondert, und die ihm entsprechenden Momente (die sexuelle Vereinigung des Menschen) wurden auf genau dieselbe Weise wie alle übrigen Glieder der Nachbarschaft aufgefaßt. Das alles waren nur verschiedene Seiten ein und desselben einheitlichen Ereignisses, die einander gleichgesetzt wurden.

Wir haben die Nachbarschaft in ihrer maximalen Einfachheit, in ihren großen Hauptlinien behandelt, sie hat jedoch fortwährend eine ungeheure Anzahl immer neuer und neuer Glieder in sich aufgenommen, wodurch die Motive komplizierter wurden und eine beträchtliche Vielfalt von Sujetkombinationen zustande kam. Die ganze zugängliche Welt wurde in dem Maße, wie sie sich ausweitete, in diesen Komplex einbezogen und erfüllte sich in ihm und durch ihn (praktisch-aktiv) mit Sinn.

In dem Maße, wie das gesellschaftliche Ganze einer sozialen Differenzierung, einer Aufspaltung in Klassen unterliegt, erfährt der Komplex wesentliche Veränderungen, und die entsprechenden Motive und Sujets erhalten einen neuen Sinn. Es kommt zu einer allmählichen Differenzierung der ideologischen Sphären. Der Kult löst sich von der Produktion; die Sphäre des Konsums verselbständigt sich und wird bis zu einem gewissen Grade individualisiert. Die Glieder des Komplexes fallen innerlich auseinander und werden transformiert. Glieder der Nachbarschaft wie das Essen und Trinken, der

Geschlechtsakt und der Tod gehen in das *Alltagsleben* über, das sich bereits individualisiert. Andererseits finden sie Eingang in den Ritus, in welchem sie eine *magische* (und schlechthin eine spezifisch kultische, rituelle) Bedeutung erlangen. Ritus und Alltag sind eng miteinander verflochten, aber eine innere Grenze zwischen ihnen existiert bereits: das Brot im Ritual ist nicht mehr das reale alltägliche Brot der täglichen Nahrung. Diese Grenze wird immer schroffer und deutlicher. Die ideologische Widerspiegelung (das Wort, die Darstellung) gewinnt magische Kraft. Das einzelne Ding wird zum Stellvertreter des Ganzen: Hieraus leitet sich die Ersatzfunktion des Opfers her (die zum Opfer gebrachte Frucht figuriert als Stellvertreter der gesamten Ernte, das Tier als Stellvertreter der ganzen Herde oder Nachkommenschaft usw.).

In diesem Stadium der (sich schrittweise vollziehenden) Trennung von Produktion, Ritus und Alltag bilden sich Erscheinungen wie das *rituelle Fluchen* und später das *rituelle Lachen*, die *rituelle Parodie* und das *Possenreißen* heraus. Hier finden wir den gleichen Komplex des Wachstums und der Fruchtbarkeit auf neuen Stufen der gesellschaftlichen Entwicklung und demzufolge auch mit einer neuen Sinngebung vor. Die Glieder der (auf der vorzeitlichen Grundlage erweiterten) Nachbarschaft sind wie ehedem fest miteinander verbunden, erhalten jedoch einen magisch-rituellen Sinn und sind einerseits von der gesellschaftlichen Produktion und andererseits vom individuellen Alltag (obwohl sie sich mit diesen auch verflechten) abgetrennt. In diesem Stadium (genauer gesagt: an dessen Ende) wird die uralte Nachbarschaft bis ins Detail in den römischen Saturnalien sichtbar: Sklave und Narr werden zu Stellvertretern des Kaisers und Gottes im Tode, Formen der rituellen Parodie treten in Erscheinung, »Schrecken« vermengen sich mit Gelächter und Lustbarkeit. Analoge Erscheinungen sind: das Fluchen auf Hochzeiten und das Verlachen des Bräutigams; das rituelle Verlachen des im Triumph in Rom einziehenden Feldherrn durch die römischen Soldaten (die Logik des stellvertretenden Opfers: die wirkliche Schmach durch eine fiktive Schmach abzuwenden; später wird dies als Vorbeugung gegen den »Neid des Schicksals« aufgefaßt). In allen diesen Erscheinungen findet man das Lachen (in seinen verschiedenen Ausdrucksformen) in fester Verbindung mit dem Tod, mit der geschlechtlichen Sphäre und auch mit der Sphäre des Essens und Trinkens. Dieselbe Verknüpfung des Lachens mit dem kultischen Essen und Trinken, mit der

Unzüchtigkeit und mit dem Tod läßt sich bei Aristophanes, und zwar schon in der Komödienstruktur, nachweisen (vgl. den gleichen Komplex auf der thematischen Ebene in der »Alkestis« des Euripides). In diesen zuletzt angeführten Erscheinungen funktioniert die von uns behandelte uralte Nachbarschaft bereits auf rein literarischer Ebene.

Mit der weiteren Entwicklung der Klassengesellschaft und der ständig zunehmenden Differenzierung der ideologischen Sphären wird der innere Zerfall (die Zweiteilung) jedes einzelnen Gliedes der Nachbarschaft immer tiefgehender: Das Essen und das Trinken und der Geschlechtsakt wechseln, was ihren realen Aspekt anbetrifft, in den privaten Alltag über, sie werden zu einer in erster Linie *privaten* und *alltagsbezogenen* Angelegenheit, nehmen eine spezifische engalltägliche Färbung an, verwandeln sich in kleine, »derb«-alltägliche Realitäten. Andererseits werden dieselben Glieder im religiösen Kult (und zum Teil in den gehobenen Genres der Literatur und anderer Ideologien) bis zum äußersten sublimiert (der Geschlechtsakt wird häufig bis zur Unkenntlichkeit sublimiert und chiffriert), sie erhalten einen abstrakt symbolischen Charakter; abstrakt-symbolisch werden auch die Verbindungen zwischen den Elementen des Komplexes. Sie verleugnen hier gleichsam jeden Zusammenhang mit der groben Alltagsrealität.

Die einander gleichwertigen großen Realitäten des uralten, aus der Ära der Vorklassengesellschaft stammenden Komplexes werden auseinandergerissen, im Inneren gespalten und einer jähen hierarchischen Umdeutung unterzogen. In den Ideologien und in der Literatur verteilen sich die Glieder der Nachbarschaft auf verschiedene Ebenen – hohe oder niedrige –, auf verschiedene Genres, Stile und Tonarten. Sie treffen nicht mehr in ein und demselben Kontext aufeinander, stehen nicht mehr nebeneinander, weil das umgreifende Ganze nicht mehr vorhanden ist. Die Ideologie spiegelt das wider, was im Leben selbst bereits auseinandergerissen und dissoziiert ist. Ein solches Glied des Komplexes wie die Sexualsphäre (der Geschlechtsakt, die Geschlechtsorgane und die Ausscheidungen, da sie mit den Geschlechtsorganen in einem Zusammenhang stehen) ist, was seinen realen und direkten Aspekt anbelangt, aus den offiziellen Genres und aus der offiziellen Rede der herrschenden sozialen Gruppen fast vollständig verbannt. Unter ihrem sublimierten Aspekt findet die sexuelle Komponente des Komplexes als *Liebe* Eingang in die hohen Genres und tritt dort in neue Nachbarschaften ein, knüpft neue Verbindungen. Unter bürgerlich-alltäglichem Aspekt – als Ehe, Familie und Geburt von Kindern – wird die Sexualsphäre zum Bestandteil der mittleren Genres und tritt gleichfalls in neue, feste Nachbarschaften ein. Die Sphäre des Essens und Trinkens existiert auf halboffizielle Weise und lebt, was ihren realen, alltäglichen Aspekt anbetrifft, in nichtdetaillisierter Form in den mittleren und niederen Genres als ein zweitrangiges Alltagsdetail des privaten Lebens weiter. Der innerhalb der individuellen Lebensreihe begriffene Tod ist ebenfalls in verschiedene Aspekte zerfallen und führt in den hohen Genres (der Literatur und anderer Ideologien) ein besonderes Leben, ein anderes hingegen in den (halballtäglichen und alltäglichen) mittleren Genres. Er tritt in verschiedene neue Nachbarschaften ein; seine Verbindung zum Lachen, zum Geschlechtsakt, zur Parodie und anderem reißt ab. Alle Elemente des Komplexes büßen in ihren neuen Nachbarschaften den Zusammenhang mit der gesellschaftlichen Arbeit ein. Dementsprechend beginnen die verschiedenen Aspekte der einzelnen Elemente des Komplexes, sich in den Tonarten und stilistischen Ausformungen zu unterscheiden. Soweit zwischen den Elementen und zwischen den Naturerscheinungen gewisse Zusammenhänge bestehenbleiben, nehmen sie in den meisten Fällen metaphorischen Charakter an.

Natürlich haben wir das, was mit den verschiedenen Elementen des vorzeitlichen Komplexes in der Klassengesellschaft geschieht, hier nur in groben Zügen und sehr summarisch dargestellt. Uns interessiert lediglich die *Form der Zeit* als Basis für das weitere Leben der Sujets (und der Sujet-Nachbarschaften). Die weiter oben charakterisierte folkloristische Form der Zeit hat wesentliche Veränderungen durchgemacht, die wir jetzt näher betrachten möchten.

Wichtig ist, daß alle Glieder der uralten Nachbarschaft ihr reales Nebeneinander in der einheitlichen Zeit des kollektiven menschlichen Lebens einbüßen. Freilich, im abstrakten Denken und in den konkreten Systemen der Chronologie (welcher Art diese auch immer sein mögen) bewahrt die Zeit stets ihre abstrakte Einheit. Innerhalb dieser abstrakten kalendarischen Einheit spaltete sich jedoch die konkrete Zeit des menschlichen Lebens auf. Aus der gemeinsamen Zeit des kollektiven Lebens traten individuelle Lebensreihen, individuelle Schicksale hervor. Zunächst stachen sie noch nicht deutlich von dem Leben des gesellschaftlichen Ganzen ab und lösten sich von ihm nicht stärker als ein Basrelief von seiner Grundfläche. Die Gesellschaft selbst zerfiel in Klassen und in Gruppen innerhalb der Klassen, mit ihnen waren die individuellen Lebensreihen unmittelbar verknüpft, und im Verein mit ihnen stellten sie sich auch dem Ganzen entgegen. So sind in den frühen Stadien der Sklavenhaltergesellschaft und im Feudalismus die individuellen Lebensreihen noch recht eng mit dem gemeinsamen Leben der jeweiligen sozialen Gruppe verflochten. Doch auch hier heben sie sich bereits ab. Die individuellen Lebensläufe, der Lebensverlauf der Gruppen und der des gesellschaftlich-staatlichen Ganzen fließen nicht zusammen, sondern sie divergieren, stören einander in ihrem Gang, werden mit verschiedenen Wertmaßstäben gemessen. Alle diese Reihen haben ihre eigene Entwicklungslogik und ihre eigenen Sujets, verwenden die uralten Motive auf eigene Weise und verleihen diesen einen neuen Sinngehalt. Innerhalb der individuellen Lebensreihe wird ein *innerer Aspekt* der Zeit sichtbar. Der Prozeß der Absonderung und Trennung der individuellen Lebensreihen vom Ganzen erreicht seinen Höhepunkt in der Sklavenhaltergesellschaft, als sich in ihr Geldbeziehungen herausbilden, und in der kapitalistischen Gesellschaftsordnung. Hier nimmt die individuelle Reihe spezifisch privaten Charakter an; das Allgemeine dagegen wird hochgradig abstrakt.

Die Motive der Frühzeit, die in die Sujets der individuellen Lebensreihen übergegangen sind, degenerieren dort auf ganz spezifische Weise. Essen, Trinken, Beischlaf usw. büßen dort ihr uraltes »Pathos« (ihren Zusammenhang, ihre Einheit mit dem Arbeitsleben des gesellschaftlichen Ganzen) ein, werden zu kleinen Privatangelegenheiten, deren ganze Bedeutung sich innerhalb des individuellen Lebens zu erschöpfen scheint. Da sie vom Produktionsleben des Ganzen, vom kollektiven Kampf mit der Natur losgelöst sind, werden auch ihre *realen* Beziehungen zum Leben der Natur abgeschwächt oder gänzlich zerrissen. Diese Momente, die, was ihren realen Aspekt anbelangt, isoliert, verarmt und nichtig sind, müssen, um für das Sujet relevant zu bleiben, sich dieser oder jener Sublimation unterziehen, ihre Bedeutung (mittels einst realer Zusammenhänge) metaphorisch ausweiten, sich mit verschwommenen Reminiszenzen anreichern oder schließlich durch einen *inneren Aspekt des Lebens* Bedeutung erlangen. So verhält es sich beispielsweise mit dem Motiv des Weines in der anakreontischen Dichtung (im weitesten Sinne) und mit dem Motiv des Essens in den antiken gastronomischen Poemen (ungeachtet dessen, daß diese einen Hang zum Praktischen, zuweilen zum direkt Kulinarischen aufweisen, wird das Essen hier nicht nur unter ästhetisch-gastronomischem, sondern auch unter sublimiertem Aspekt dargeboten, wobei sich außerdem uralte Reminiszenzen und eine metaphorische Erweiterung beobachten lassen). Zum zentralen und grundlegenden Motiv im Sujet der individuellen Lebensreihe wird die *Liebe*, bei der es sich um den sublimierten Aspekt des Geschlechtsakts und der Befruchtung handelt. Dieses Motiv eröffnet für jede Art von Sublimation die größten Möglichkeiten: für die metaphorische Ausweitung in mannigfacher Richtung (für die die Sprache einen besonders günstigen Boden bietet), für die Anreicherung durch Reminiszenzen und schließlich für die Behandlung unter innerem, subjektiv-psychologischem Aspekt. In den Mittelpunkt rücken konnte dieses Motiv jedoch dank seinem tatsächlichen, realen Platz in der individuellen Lebensreihe, dank seiner Kopplung an Ehe, Familie, Zeugung sowie endlich dank jenen elementaren Verbindungsfäden, die über die Liebe (Ehe, Zeugung) die individuelle Reihe mit den Reihen anderer individueller – gleichzeitiger wie künftiger (Kinder, Enkel) – Leben verknüpfen und (über Familie und Ehe) den Zusammenhang mit der jeweiligen sozialen Gruppe herstellen. In der Literatur verschiedener Epochen und verschiedener sozialer Gruppen, in den verschiedenen Genres und Stilen werden natürlich verschiedene Momente des realen wie auch des sublimierten Aspekts der Liebe genutzt, und das auf verschiedene Weise.

Eine tiefgreifende Transformation erfährt das Motiv des Todes in der geschlossenen Zeitreihe des individuellen Lebens. Es erlangt hier die Bedeutung eines *grundsätzlichen* Endes. Und diese Bedeutung ist um so größer und wesentlicher, je geschlossener die individuelle Lebensreihe, je mehr sie vom Leben des gesellschaftlichen Ganzen losgerissen ist. Unterbrochen wird der Zusammenhang des Todes mit der Fruchtbarkeit (Aussaat, Mutterschoß, Sonne), mit der Geburt des neuen Lebens, mit dem rituellen Lachen, mit der Parodie und dem Narren. Einige Zusammenhänge dieser uralten Nachbarschaften des Todes bleiben erhalten und haften dem Todesmotiv an (Tod – Schnitter – Ernte – Sonnenuntergang – Nacht – Grab – Wiege usw.), doch tragen sie *metaphorischen* oder *mystisch-religiösen* Charakter. (Gleichfalls auf metaphorischer Ebene liegen Nachbarschaften wie: Tod – Hochzeit – Bräutigam – Hochzeitslager – Totenlager – Tod – Geburt.) Jedoch auf der metaphorischen wie auch auf der religiös-mystischen Ebene wird das Todesmotiv in der individuellen Lebensreihe und unter dem inneren Aspekt des morituri[21] selbst begriffen (wobei diese Ebenen hier die Funktion des »Tröstens«, der »Versöhnung« und der »Sinnerfüllung« erhalten), und nicht im Außen, im kollektiven Arbeitsleben des gesellschaftlichen Ganzen (in dem der Zusammenhang des Todes mit der Erde, der Sonne, der Geburt des neuen Lebens, der Wiege u. dgl. *echt* und *real* war). Innerhalb des individuellen, geschlossenen Bewußtseins – in bezug auf ebendieses Bewußtsein – ist der Tod nur das Ende, er entbehrt aller realen und produktiven Zusammenhänge. Die Geburt des neuen Lebens und der Tod sind zwischen verschiedenen geschlossenen individuellen Lebensreihen aufgeteilt: Der Tod beendet das eine Leben, und mit der Geburt beginnt ein ganz anderes. Der individualisierte Tod wird nicht durch die Geburt neuer Leben wettgemacht, er wird nicht durch das triumphierende Wachstum aufgesogen, denn er ist herausgenommen aus dem Ganzen, in dem sich dieses Wachstum vollzieht.

Parallel zu diesen individuellen Lebensreihen bildet sich über ihnen – jedoch *außerhalb* von ihnen – die Reihe der historischen Zeit heraus, in der das Leben der Nation, des Staates, der Menschheit abläuft. Wie auch immer die allgemeinideologischen und die literarischen Konzeptionen sowie die konkreten Formen beschaffen sein mögen, in denen diese Zeit und die sich in ihr vollziehenden Ereignisse wahrgenommen werden – nie verschmilzt sie mit den individuellen Lebensreihen; sie wird mit anderen Wertmaßstäben gemessen, andere Ereignisse nehmen in ihr ihren Lauf, sie entbehrt des inneren Aspekts, es gibt keinen Blickpunkt, von dem aus sie sich von innen her wahrnehmen ließe. Wie man sich auch immer ihren Einfluß auf das individuelle Leben denken und ihn darstellen mag, ihre Ereignisse und ebenso auch ihre Sujets sind in jedem Falle andere als die des individuellen Lebens. Für die Romanforschung stellt sich diese Frage im Zusammenhang mit dem Problem des historischen Romans. Zentrales und nahezu einziges Thema eines rein historischen Sujets war lange Zeit hindurch das Thema des Krieges. Dieses im eigentlichen Sinne historische Thema (hierher gehören die Motive der Eroberungen und der politischen Verbrechen – Beseitigung von Prätendenten, dynastische Umstürze, Untergang von Reichen, Gründung neuer Reiche, Gerichtsverfahren, Hinrichtungen u. dgl.) ist mit den Sujets des privaten Lebens der historischen Persönlichkeiten (mit dem zentralen Motiv der Liebe) verflochten, ohne mit ihnen zu verschmelzen. Hauptanliegen des historischen Romans der neueren Zeit war es, diese Dualität zu überwinden: Man war bestrebt, für das private Leben einen historischen Aspekt zu finden, die Geschichte dagegen »auf häusliche Art«[22] (Puschkin) zu zeigen.

Als die durchgängige Einheit der Zeit zerfiel, als sich individuelle Lebensreihen herauslösten, in denen die großen Realitäten des gemeinsamen Lebens zu kleinen Privatangelegenheiten wurden, als die kollektive Arbeit und der Kampf gegen die Naturgewalten für den Menschen nicht mehr die einzige Stätte der Begegnung mit Natur und Welt waren, da hörte auch die Natur auf, lebendiger Teilnehmer an den Ereignissen des Lebens zu sein; sie wurde im wesentlichen zum »Ort der Handlung« und zu deren Hintergrund, verwandelte sich in Landschaft, zerbröckelte in Metaphern und Vergleiche, die dazu dienen, individuelle und private Angelegenheiten und Erlebnisse, die mit der Natur auf reale und grundlegende Weise nicht zusammenhängen, zu sublimieren.

Doch in der Schatzkammer der Sprache und in den verschiedenen Formen der Folklore bleibt die durchgängige Einheit der Zeit in der kollektiv-tätigen Einstellung zur Welt und ihren Erscheinungen erhalten. Hier überdauert die reale Grundlage der uralten Nachbarschaften, die unverfälschte Logik der ursprünglichen Verkettung von Bildern und Motiven.

Aber auch in der Literatur – dort, wo sie tiefer und substantieller von der Folklore beeinflußt ist – begegnen uns ursprünglichere, ideologisch tiefergehende Spuren der uralten Nachbarschaften, treffen wir auf Versuche, diese auf der Grundlage der Einheit der Folklorezeit wiederherzustellen. Innerhalb dieser Versuche lassen sich einige Grundtypen unterscheiden.

Mit der komplizierten Frage des klassischen Epos werden wir uns nicht näher befassen. Es sei lediglich angemerkt, daß es dort auf der Grundlage der durchgehenden Einheit der Folklorezeit gelingt, so tief wie sonst nirgends in die historische Zeit einzudringen, allerdings nur in einem lokalen und begrenzten Rahmen. Die individuellen Lebensreihen werden dort wie Basreliefs vor dem umgreifenden und mächtigen Fundament des gemeinsamen Lebens dargeboten. Die Individuen sind Vertreter des gesellschaftlichen Ganzen, die Ereignisse ihres Lebens fallen mit den Ereignissen im Leben des gesellschaftlichen Ganzen zusammen, und diese Ereignisse haben auf der individuellen wie auch auf der gesellschaftlichen Ebene die gleiche Bedeutung. Der innere Aspekt verschmilzt mit dem äußeren; der Mensch ist ganz und gar außen. Es gibt keine kleinen Privatangelegenheiten, keinen Alltag: Alle Einzelheiten des Lebens – Essen, Trinken, die Dinge des Hausgebrauchs – sind den großen Ereignissen des Lebens gleichwertig, alles ist gleichermaßen wichtig und bedeutsam. Es gibt keine Landschaft, keinen unbeweglichen, toten Hintergrund; alles agiert, alles nimmt teil an dem einen Leben des Ganzen. Schließlich haben in Homers Stil die Metaphern, Vergleiche wie überhaupt alle Tropen ihre direkte Bedeutung noch nicht völlig eingebüßt, sie dienen noch nicht dem Zwecke der Sublimation. So ist ein Bild, das für einen Vergleich herangezogen wird, dem zweiten Glied des Vergleichs gleichwertig, es besitzt eine eigenständige Bedeutung und Realität; der Vergleich wird deshalb beinahe zu einer eingeschobenen Episode, zu einer Abschweifung (siehe die ausgedehnten Vergleiche bei Homer). Die Folklorezeit lebt hier noch unter gesellschaftlichen Bedingungen, die denen nahekommen, unter denen sie entstanden ist. Sie erfüllt hier noch direkte Funktionen; sie zeigt sich hier noch nicht vor dem Hintergrund einer anderen, zerfallenen Zeit.

Als *Ganzes* ist die epische Zeit jedoch ein »vollkommen Vergangenes«, eine Zeit der Urväter und der Heroen, die von der realen Zeit der *Gegenwart* (der Gegenwart derer, die die epischen Lieder schufen, vortrugen und anhörten) durch eine undurchdringliche Grenze getrennt ist.

Einen anderen Charakter haben die Elemente des vorzeitlichen Komplexes bei Aristophanes. Hier wird von ihnen die formale Grundlage, das unmittelbare Fundament der Komödie bestimmt. Das Ritual des Essens und Trinkens, die rituelle (kultische) Frivolität, die rituelle Parodie und das Lachen werden als Erscheinungsformen des Todes und des neuen Lebens ohne weiteres an der Grundlage der Komödie – als einer Kulthandlung, die auf literarischer Ebene einen neuen Sinn erhalten hat – spürbar.

Auf dieser Grundlage werden in der Aristophanischen Komödie alle Phänomene des Alltags und des privaten Lebens völlig umgebildet: Sie werden ihres privaten und alltäglichen Charakters entkleidet und gewinnen ungeachtet ihres ausgeprägt komischen Habitus menschliche Bedeutsamkeit; sie erhalten phantastische Ausmaße; es entsteht eine eigenartige Heroik des Komischen oder, genauer gesagt, ein *komischer Mythos.* Die hochgradige sozial-politische Allgemeingültigkeit symbolischen Charakters verbindet sich in Aristophanes' Gestalten organisch mit komischen alltäglich-privaten Zügen; diese Züge verlieren jedoch dadurch, daß sie mit ihrer symbolischen Grundlage eng verwachsen sind und von kultischem Gelächter erhellt werden, ihren beschränkten, privat-alltäglichen Charakter. In Aristophanes' Gestalten zeigt sich auf der Ebene des individuellen Schaffens in gedrängter und präziser Form (wie die Phylogenese in der Ontogenese) die Evolution der uralten sakralen Maske von der ursprünglichen rein kultischen Bedeutung bis hin zu dem privat-alltäglichen Typus (eines Pantalone oder Dottore) in der Commedia dell'arte: Bei Aristophanes ist die kultische Grundlage der komischen Gestalt noch klar erkennbar; man sieht, wie auf diese Grundlage Alltagsfarben aufgeschichtet werden, die noch so durchsichtig sind, daß der Grund durch diese Farben hindurchscheint und sie verändert. Eine solche Gestalt verbindet sich leicht mit einer ausgeprägten politischen und philosophischen (weltanschaulichen) Aktualität, ohne dabei an flüchtige Tagesereignisse gebunden zu sein. Ein so verwandelter Alltag kann der Phantastik keine Fesseln anlegen, kann der tiefen Problematik der Gestalten keinen Abbruch tun, ihren Ideengehalt nicht schmälern.

Man kann sagen, daß bei Aristophanes das Bild des Todes (die Grundbedeutung der komischen Kultmaske) mit einer Schicht individueller und typisch alltagsgebundener Züge belegt, aber nicht völlig bedeckt ist, Züge, denen durch das Lachen der Todesstoß versetzt wird. Dieser fröhliche Tod ist jedoch von Essen und Trinken, von Unzüchtigkeiten und von den Symbolen der Empfängnis und der Fruchtbarkeit umgeben.

Deshalb war Aristophanes' Einfluß auf die weitere Entwicklung der Komödie, die im wesentlichen in einer rein alltagsbezogenen Richtung vor sich ging, unbedeutend und nicht tiefgehend. Eine bedeutende *Verwandtschaft* mit ihm (auf der Linie der Folklore der Vorklassengesellschaft) zeigt sich jedoch in der mittelalterlichen parodistischen Farce. Tiefgehende Verwandtschaft (auf derselben Linie) offenbart sich auch in den komischen und närrischen Szenen der elisabethanischen Tragödie, und vor allem bei Shakespeare (die Art des Lachens, seine Nachbarschaft zum Tod und zur tragischen Atmosphäre, der Kultcharakter der Frivolitäten und des Essens und Trinkens).

In Rabelais' Werk geht der direkte Einfluß des Aristophanes mit einer tiefen inneren Verwandtschaft (auf der Linie der Folklore der Vorklassengesellschaft) einher. Hier finden wir – auf einer anderen Entwicklungsstufe – die gleiche Art des Lachens, die gleiche groteske Phantastik, die gleiche Umwandlung alles Privaten und Alltäglichen, die gleiche Heroik des Komischen und Lächerlichen, die gleiche Art sexueller Frivolitäten, die gleichen Nachbarschaften zum Essen und Trinken.

Einen ganz anderen Typ des Verhältnisses zum Folklorekomplex finden wir bei Lukian, der gleichfalls auf Rabelais nachhaltig eingewirkt hat. Die private und alltägliche Sphäre, in die das Essen und das Trinken sowie die Geschlechterbeziehungen abgewandert sind, wird von Lukian gerade in ihrer Spezifik – als niederer privater Alltag – aufgegriffen. Lukian benötigt diese Sphäre als Kehrseite, die die hohen Ebenen (Sphären) der Ideologie, die unaufrichtig und dem Leben fremd geworden sind, entlarvt. In den Mythen gibt es »erotische« wie auch »alltägliche« Momente, doch zu solchen wurden sie erst in den späteren Epochen des Lebens und des Bewußtseins, als sich der private Alltag abhob, als sich die erotische Sphäre herauslöste, als diese Sphären den spezifischen Beigeschmack von Niederem und Inoffiziellem erhielten. In den Mythen selbst hatten diese Momente einen hohen Rang und waren allem anderen gleichwertig. Doch die Mythen starben, weil die Bedingungen, die sie hervorgebracht hatten (das Leben, das sie hatte entstehen lassen), schwanden. In abgestorbener Form existieren sie allerdings noch in den lebensfernen und schwülstigen Genres der hohen Ideologie weiter. Den Mythen und den Göttern muß ein Schlag versetzt werden, der sie zwingt, »komisch zu sterben«. In Lukians Werken läßt sich gerade dieses endgültige komische Hinscheiden der Götter verfolgen. Lukian greift aus dem Mythos jene Momente heraus, die der späteren privat-alltäglichen und erotischen Sphäre entsprechen, entfaltet sie bis ins einzelne und handelt sie in allen Details in einem gewollt pietätlosen und »physiologischen« Geist ab, er zerrt die Götter in die Sphäre des lächerlichen Alltagslebens und der Erotik herab. Auf diese Weise werden die Elemente des vorzeitlichen Komplexes von Lukian absichtlich unter einem für ihn zeitgemäßen Aspekt behandelt, den die Auflösung der antiken Gesellschaft und die entwickelten Geldbeziehungen für diese Elemente mit sich gebracht haben, und in einer Atmosphäre, die derjenigen, in der sich die Mythen bildeten, fast diametral entgegengesetzt ist. Vorgeführt wird ihre Gelächter erzeugende Diskrepanz zur realen, zeitgenössischen Wirklichkeit. Diese reale Wirklichkeit aber – von Lukian zwar als unvermeidlich aufgefaßt – wird jedoch keineswegs gerechtfertigt (Cervantessche Auflösung der Antithese).

Lukians Einfluß auf Rabelais äußert sich nicht nur in der Gestaltung einzelner Episoden (z. B. Epistemons Aufenthalt im Reich der Toten), sondern auch in den Methoden, mit denen er die hohen Sphären der Ideologie parodistisch zerstört, indem er sie in die materiellen Reihen des Lebens einführt, wobei jedoch diese materiellen Reihen nicht unter dem Aspekt des privaten und alltäglichen Lebens (d. h. nicht auf lukianische Art), sondern in ihrer menschlichen Bedeutsamkeit unter den Bedingungen der Folklorezeit (d. h. eher auf aristophanische Art) gefaßt werden.

Mit einem besonderen und komplizierten Typ haben wir es im »Satiricon« des Petronius zu tun. Im Roman sind das Essen und das Trinken, die sexuellen Frivolitäten, der Tod und das Lachen im wesentlichen dem Alltag zugeordnet, doch dieser Alltag selbst – vornehmlich ist es der Alltag deklassierter Unterschichten des Imperiums – ist gesättigt mit folkloristischen Reminiszenzen und Rudimenten, besonders in seinem abenteuerlichen Teil, und trotz all seiner extremen Lasterhaftigkeit und Roheit, trotz all seinem beißenden Spott spürt man darin doch noch den Hauch der in Zersetzung begriffenen Fruchtbarkeitsriten, des sakralen Zynismus der Hochzeiten, der parodistischen Narrenmasken der Dahingeschiedenen und der sakralen Ausschweifungen bei Beerdigung und Leichenschmaus. In der berühmten eingeschobenen Novelle »von der tugendhaften Frau aus Ephesus« erscheinen alle Grundelemente des vorzeitlichen Komplexes, zusammengehalten von einem prächtigen, verdichteten realen Sujet. Der Sarg des Ehemanns in der Gruft; die untröstliche junge Witwe, die sich anschickt, vor Gram und Hunger an seinem Grabe zu sterben; der junge, fröhliche Legionär, der in der Nähe auf einige ans Kreuz geschlagene Verbrecher aufzupassen hat; der düstere asketische Starrsinn und das Todesverlangen der jungen Witwe, die von dem verliebten Legionär besiegt werden; das Essen und Trinken (Fleisch, Brot und Wein) am Grab des Mannes; die sexuelle Vereinigung der Liebenden am gleichen Ort, neben dem Sarg in der Gruft (Empfängnis des neuen Lebens in unmittelbarer Nachbarschaft zum Tod, »an der Grabespforte«); die während der Liebesfreuden entwendete Leiche eines der Gekreuzigten; die dem Legionär drohende Todesstrafe als Vergeltung für die Liebe; die (auf Wunsch der Witwe) vollzogene Kreuzigung der Leiche ihres Gatten im Austausch für die Leiche des Verbrechers; der Schlußakkord vor dem Finale: »Lieber will ich den Toten ans Kreuz hängen als den Lebenden töten!«[23] (Worte der Witwe); zum Schluß das komische Erstaunen der Vorübergehenden darüber, daß der Leichnam des Verstorbenen von selbst das Kreuz erklommen habe (am Finale also Gelächter) – das sind die *Motive* dieser Novelle, vereinigt durch ein ganz und gar *reales* und in all seinen Momenten *notwendiges* (d.h. in keiner Weise an den Haaren herbeigezogenes) Sujet.

Hier haben wir ausnahmslos alle Hauptglieder der klassischen Reihe vor uns: Sarg – Jugend – Essen und Trinken – Tod – Beischlaf – Empfängnis des neuen Lebens – Lachen. Dieses ganze, recht kurze Sujet ist eine ununterbrochene Reihe von Siegen des Lebens über den Tod. Das Leben triumphiert hier vierfach über den Tod: Die Freuden des Lebens (Essen, Trinken, Jugend, Liebe) siegen über die düstere Verzweiflung und das Todesverlangen der Witwe; Essen und Trinken als Erneuerung des Lebens neben der Leiche des Verstorbenen; Empfängnis des neuen Lebens am Sarge (Begattung); Rettung des Legionärs vor dem Tode durch das Kreuzigen der Leiche des Mannes. Außerdem ist dieser Reihe das supplementäre und gleichfalls klassische Motiv des Diebstahls, des Verschwindens des Leichnams eingefügt (keine Leiche – kein Tod, das irdische Anzeichen der Auferstehung), darüber hinaus auch das Auferstehungsmotiv – einmal in seiner direkten Ausdrucksform: die Wiedererweckung der Witwe aus hoffnungslosem Leid und aus der Grabesfinsternis des Todes zu neuem Leben und neuer Liebe, und zum anderen unter dem komischen Aspekt des Lachens: die scheinbare Auferstehung des Verstorbenen.

Man beachte die ungewöhnliche Komprimiertheit und darum *Enge* dieser ganzen Motivreihe. Die Elemente des vorzeitlichen Komplexes werden in unmittelbarer und enger Nachbarschaft dargeboten; dicht aneinander gerückt, überlappen sie sich beinahe, sind sie durch keinerlei Neben- und Umwege des Sujets, Erörterungen, lyrische Abschweifungen und metaphorische Sublimationen, welche die Einheit der nüchtern-realen Ebene der Novelle zerstören würden, voneinander getrennt.

Das Besondere an der künstlerischen Behandlung des vorzeitlichen

Komplexes bei Petronius wird uns dann völlig klar, wenn wir bedenken, daß zur Zeit des Petronius die gleichen Elemente dieses Komplexes mit allen Details, doch unter sublimiertem und mystischem Aspekt, in den hellenistisch-orientalischen Mysterien sowie insbesondere im christlichen Gottesdienst in Erscheinung traten (Brot und Wein auf dem Altar-Grab als mystischer Leib des Gekreuzigten, Gestorbenen und Auferstandenen; Teilhaftigwerden am neuen Leben und an der Auferstehung durch Essen und Trinken). Hier sind alle Elemente des Komplexes nicht unter realem, sondern sublimiertem Aspekt gegeben; sie sind nicht durch ein reales Sujet, sondern durch mystisch-symbolische Zusammenhänge und Wechselbeziehungen miteinander verknüpft, auch der Triumph des Lebens über den Tod (die Auferstehung) vollzieht sich auf mystischer, und nicht auf realer und irdischer Ebene. Außerdem fehlt das Lachen, und die sexuelle Vereinigung ist fast bis zur Unkenntlichkeit sublimiert.

Bei Petronius werden genau dieselben Elemente des Komplexes durch ein ganz und gar reales Ereignis aus dem Leben und Alltag einer der Provinzen des Römischen Reiches zusammengehalten. Hier gibt es nicht das geringste Anzeichen von Mystik oder auch nur von Symbolik, ja, man findet nicht einmal ein Element, das auf metaphorische Weise verwendet würde. Alles wird auf einer völlig realen Ebene vermittelt: Völlig real läßt das Essen, Trinken und die Körpernähe des jungen und starken Legionärs die Witwe zu neuem Leben erwachen, real triumphiert das neue Leben über den Tod im Akt der Empfängnis, völlig real vollzieht sich die scheinbare Auferstehung des Toten, der auf das Kreuz stieg usw. Es gibt hier keinerlei Sublimierung.

Das Sujet selbst aber gewinnt außergewöhnlich tiefen und wesentlichen Charakter dank jener großen Realitäten des menschlichen Lebens, die von diesem Sujet erfaßt und in Bewegung gesetzt werden. Hier wird im kleinen Maßstab ein gewaltiges Ereignis widergespiegelt – gewaltig durch die Bedeutung seiner Elemente und deren Verknüpfungen, die weit über jenen winzigen Fetzen realen Lebens hinausgehen, in dem sie widergespiegelt sind. Wir haben hier einen besonderen Typ des Aufbaus eines realistischen Bildes vor uns, wie er nur durch die Verarbeitung von Folklore entsteht. Es dürfte schwerfallen, dafür einen adäquaten Terminus zu finden. Vielleicht könnte man hier von *realistischer Emblematik* sprechen. Die ganze Zusammensetzung des Bildes bleibt real, doch in ihm sind so wesentliche und große Momente des Lebens konzentriert und verdichtet, daß das Bild in seiner Bedeutung über alle räumlichen, zeitlichen, sozialhistorischen Begrenzungen weit hinauswächst, ohne sich dabei jedoch von diesem konkreten sozial-historischen Boden zu lösen.

Der von Petronius entwickelte Typ, sich den folkloristischen Komplex nutzbar zu machen, und insbesondere die hier behandelte Novelle haben auf die entsprechenden Erscheinungen der Renaissance-Epoche einen gewaltigen Einfluß ausgeübt. Allerdings muß dazu angemerkt werden, daß diese analogen Erscheinungen in der Literatur der Renaissance nicht nur und auch nicht in erster Linie auf den direkten Einfluß von Petronius zurückgehen, sondern mehr einer Verwandtschaft auf der Linie der gemeinsamen Folklorequellen entspringen. Doch auch der direkte Einfluß war groß. Bekanntlich ist Petronius' Novelle von Boccaccio in einer der Novellen des »Dekameron« nacherzählt worden. Jedoch auch die Rahmenerzählung und das »Dekameron« als Ganzes stellen in ihrer Aufarbeitung des folkloristischen Komplexes einen Typ dar, der dem des Petronius sehr nahe kommt. Hier gibt es keinen Symbolismus und keine Sublimierung, aber auch keinerlei Naturalismus. Der Triumph des Lebens über den Tod, alle Freuden des Lebens (Essen, Trinken, Beischlaf) in unmittelbarer Nachbarschaft zum Tode, an der Grabespforte, die Art des Lachens, das gleichermaßen der alten Epoche den Abschied gibt wie es die neue willkommen heißt, die Auferstehung aus dem Dunkel der mittelalterlichen Askese zu neuem Leben über das Teilhaftigwerden am Essen und Trinken und am Geschlechtsleben, am *Leib* des Lebens – das alles verbindet das »Dekameron« mit dem von Petronius entwickelten Typ. Auch hier werden die sozial-historischen Begrenzungen überschritten, ohne daß es zu einer Loslösung kommt, und man findet hier die gleiche realistische Emblematik (auf folkloristischer Basis).

Am Schluß unserer Untersuchung zu den folkloristischen Grundlagen des Rabelaisschen Chronotopos sei angemerkt, daß als unmittelbare und nächstgelegene Quelle für Rabelais die Lachkultur des Volkes im Mittelalter und in der Renaissance gedient hat, mit deren Analyse wir uns in einer anderen Arbeit[24] befassen.

9. Der idyllische Chronotopos im Roman

Nun zu einem anderen Typ, der für die Geschichte des Romans von größter Bedeutung ist. Wir meinen den idyllischen Typ der Wiederherstellung des vorzeitlichen Komplexes und der Folklorezeit.

In der Literatur sind – von der Antike bis in die jüngste Zeit – verschiedene Typen der Idylle entstanden. Wir unterscheiden folgende reine Typen: die Liebesidylle (in erster Linie repräsentiert durch das Pastorale), die Idylle der ländlichen und die der handwerklichen Arbeit sowie die Familienidylle. Daneben sind gemischte Typen sehr weit verbreitet, wobei jeweils ein Moment (Liebe, Arbeit oder Familie) dominiert.

Außer diesen typbezogenen Unterschieden gibt es auch noch Unterschiede anderer Art, die zwischen den einzelnen Typen wie auch zwischen den Spielarten ein und desselben Typs auftreten. So gibt es Unterschiede, was den Charakter und den Grad der metaphorischen Einbeziehung bestimmter Elemente (z. B. Naturerscheinungen) in das Ganze einer Idylle anbelangt, d.h. bis zu welchem Grad gänzlich reale oder metaphorische Verknüpfungen vorherrschen; es gibt Unterschiede in der Intensität des subjektiv-lyrischen Moments, in der Stärke der Sujethaftigkeit, Unterschiede auch nach Grad und Charakter der Sublimierung u. dgl.

Wie verschieden die Typen und Spielarten der Idylle auch sein mögen, sie alle haben (hinsichtlich der uns interessierenden Frage) einige gemeinsame Züge, die sich aus dem ihnen gemeinsamen Verhältnis zur durchgängigen Einheit der Folklorezeit ergeben. Das findet in der Idylle vor allem in einem besonderen Verhältnis der Zeit zum Raum Ausdruck: Das Leben und seine Ereignisse sind organisch an einen Ort – das Heimatland mit all seinen Fleckchen und Winkeln, die vertrauten Berge, Täler und Felder, Flüsse und Wälder, das Vaterhaus – gebunden, mit ihm verwachsen. Das idyllische Leben mit seinen Ereignissen ist nicht zu trennen von diesem konkreten räumlichen Fleckchen, wo die Väter und Vorväter lebten, wo die Kinder und Enkel leben werden. Diese räumliche Mikrowelt ist begrenzt und genügt sich selbst; sie ist mit anderen Orten, mit der übrigen Welt nicht auf wesentliche Weise verbunden. Doch die in dieser begrenzten räumlichen Mikrowelt lokalisierte Lebensreihe der Generationen kann unbegrenzt lang sein. Die Einheit des Lebens der Generationen (wie die des Lebens der Menschen überhaupt) wird in der Idylle zumeist wesentlich durch die *Einheit des Ortes* bestimmt, durch die jahrhundertelange Bindung des Lebens der Generationen an einen einzigen Ort, von dem dieses Leben mit all seinen Ereignissen nicht zu trennen ist. Die Einheit des Ortes im Leben der Generationen schwächt und mildert alle zeitlichen Grenzen, die es zwischen den individuellen Leben wie auch zwischen den verschiedenen Phasen ein und desselben Lebens gibt. Die Einheit des Ortes führt zu einer Annäherung und Verschmelzung von Wiege und Grab (die sich ja auf dem gleichen Fleckchen Erde befinden), von Kindheit und Alter (dasselbe Wäldchen, dasselbe Flüßchen, dieselben Linden, dasselbe Haus), sie vereinigt das Leben verschiedener Generationen, die ebendort, unter den gleichen Bedingungen gelebt und dasselbe gesehen haben. Diese aus der Einheit des Ortes resultierende Abschwächung aller Zeitgrenzen trägt auch wesentlich zur Entstehung des für die Idylle charakteristischen zyklischen Zeitrhythmus bei.

Eine andere Besonderheit der Idylle besteht darin, daß sie sich strikt auf einige wenige grundlegende Realitäten des Lebens beschränkt. Liebe, Geburt, Tod, Ehe, Arbeit, Essen und Trinken, Altersstufen – das sind diese grundlegenden Realitäten des Lebens in der Idylle. Sie liegen in der gedrängten Mikrowelt der Idylle nahe beieinander, es gibt zwischen ihnen keine scharfen Kontraste, und sie sind einander gleichwertig (sie weisen zumindest die Tendenz dazu auf). Strenggenommen kennt die Idylle keinen Alltag. Alles, was sich gegenüber den grundlegenden und unwiederholbaren biographischen und historischen Ereignissen als Alltag darstellt, ist hier ja gerade das Allerwesentlichste des Lebens. Doch alle diese grundlegenden Realitäten des Lebens werden in der Idylle nicht auf nackt realistische Weise dargeboten (wie das bei Petronius der Fall ist), sondern in gemilderter und bis zu einem gewissen Grade sublimierter Form. So findet die Sexualsphäre in die Idylle fast immer in sublimierter Form Eingang.

Schließlich ist noch eine dritte Besonderheit der Idylle zu nennen, die mit der ersten in einem engen Zusammenhang steht: die Verquickung des menschlichen Lebens mit dem Leben der Natur, der einheitliche Rhythmus beider sowie die gemeinsame Sprache für die Naturerscheinungen und die Ereignisse des menschlichen Lebens. Freilich ist diese gemeinsame Sprache in der Idylle zum überwiegenden Teil rein metaphorisch geworden und nur zum geringeren Teil (vor allem in der Idylle der ländlichen Arbeit) real geblieben.

Alle hier angeführten Momente sind in der Liebesidylle am schwächsten ausgeprägt. Dort wird der sozialen Konventionalität, Kompliziertheit und Isoliertheit des privaten Alltags die nun ganz und gar fiktive Einfachheit des Lebens im Schoße der Natur gegenübergestellt; dieses Leben ist indes auf eine vollständig sublimierte Liebe reduziert. Hinter seinen fiktiven, metaphorischen und stilisierten Momenten spürt man allerdings dennoch andeutungsweise die durchgängige folkloristische Einheit der Zeit und die uralten Nachbarschaften. Das ist der Grund, weswegen die Liebesidylle zur Basis einer Spielart des Romans werden und als Komponente auch in andere Spielarten des Romans eingehen konnte (z. B. bei Rousseau). Besonders produktiv ist sie in der Geschichte des Romans jedoch nicht in ihrer reinen Form geworden, sondern in Verbindung mit der Familienidylle (»Werther«) und der Idylle der Landarbeit (Heimatromane).

Die Familienidylle kommt in reiner Form fast gar nicht vor, hat aber in Verbindung mit der Idylle der Landarbeit enorme Bedeutung. In diesem Falle ist die Annäherung an die Folklorezeit am stärksten, die uralten Nachbarschaften treten hier am vollständigsten hervor, und es ist ein Maximum an Realistik möglich. Orientiert sich doch diese Idylle nicht an einem fiktiven, so nirgends existierenden Hirtenleben, sondern an dem realen Leben des Landmannes unter den Bedingungen der feudalen oder nachfeudalen Gesellschaft, wenngleich freilich dieses Leben mehr oder minder (der Grad ist sehr unterschiedlich) idealisiert und sublimiert wird. Von besonders großer Bedeutung ist der *Arbeits*charakter dieser Idylle (das zeigt sich bereits in Vergils »Georgica«); das Moment der Landarbeit stellt eine *reale* Verbindung und Gemeinschaft zwischen den Naturerscheinungen und den Ereignissen des menschlichen Lebens her (im Unterschied zu deren *metaphorischer* Verbindung in der Liebesidylle); darüber hinaus – und das ist besonders wichtig – transformiert die Landarbeit alle Momente des Alltags, entkleidet sie ihres privaten, rein konsumbezogenen, kleinlichen Charakters und macht sie zu wesentlichen *Ereignissen* des Lebens. So verzehrt man das Produkt, das durch die eigene Arbeit geschaffen wurde; es ist mit den Gestalten des Produktionsprozesses verbunden, in ihm – in diesem Produkt – existieren Sonne, Erde und Regen real (und nicht in Form metaphorischer Verknüpfungen). Ebenso ist auch der Wein in den Prozeß seines Anbaus und seiner Herstellung eingebettet; das Weintrinken ist nicht zu trennen von den Feiertagen, die an die Zyklen der Landarbeit gekoppelt sind. Essen und Trinken tragen in der Idylle entweder gesellschaftlichen oder aber (in den meisten Fällen) familiären Charakter; am Eßtisch kommen die verschiedenen *Generationen* und *Altersstufen* zusammen. Typisch für die Idylle ist die Nachbarschaft von *Essen* und *Kindern* (sogar im »Werther« findet sich eine idyllische Szene, in der Lotte den Kindern zu essen gibt); diese Nachbarschaft ist vom Prinzip des Wachstums und der Erneuerung des Lebens durchdrungen. In der Idylle sind die Kinder oft eine Sublimierung des Geschlechtsaktes und der Empfängnis, gepaart mit Wachstum, Lebenserneuerung und Tod (Kind und Greis, das Spiel der Kinder auf dem Grab u. dgl.). Das Bild der Kinder ist in den Idyllen dieses Typs von enormer Bedeutung und spielt in ihnen eine sehr große Rolle. Eben dieses ist der Ort, von dem aus die Kinder – noch vom Flair der Idylle umgeben – erstmals Eingang in den Roman gefunden haben.

Als eine Illustration dessen, was wir über das Essen in den Idyllen gesagt haben, kann die (von Shukowski übersetzte) Idylle »Das Habermus« von Johann Peter Hebel dienen, obwohl die Kraft der uralten Nachbarschaften (insbesondere der von Kindern und Essen) hier durch das Lehrhafte ein wenig abgeschwächt ist.

Wie gesagt, die Glieder der uralten Nachbarschaften werden in den Idyllen zum Teil in sublimierter Form sichtbar, bisweilen entfällt aber auch ein Glied ganz; nicht immer wird der Alltag restlos transformiert, vor allem in den realistischen Idyllen der späteren Zeit (19. Jahrhundert). Es genügt, an eine Idylle wie Gogols »Gutsbesitzer alter Zeiten« zu erinnern, in der die Arbeit überhaupt nicht auftaucht, während die übrigen Nachbarschaftsglieder ziemlich vollständig (einige extrem sublimiert) vertreten sind – das Alter, die Liebe, das Essen, der Tod; das Essen, das hier sehr viel Platz einnimmt, wird ausschließlich auf der Ebene des Alltags dargeboten (weil das Moment der Arbeit fehlt).

Im 18. Jahrhundert, als das Problem der Zeit in der Literatur mit besonderer Schärfe und Deutlichkeit aufgeworfen wurde, als ein neues Zeitgefühl erwachte, erlangte die Form der Idylle allergrößte Bedeutung. Erstaunlich ist, welchen Reichtum und welche Vielfalt an Formen (besonders in der deutschsprachigen Schweiz und in Deutschland) die Idylle im 18. Jahrhundert aufweist. Hier entsteht auch die besondere Form einer Elegie meditativen Typs, die ein stark idyllisches Moment (auf der Grundlage der antiken Tradition) einschließt: nämlich die verschiedenen Friedhofsbetrachtungen mit den Nachbarschaften von Grab, Liebe, neuem Leben, Frühling, Kindern, Alter u. dgl. Ein Beispiel dafür, das einen kräftigen idyllischen Einschlag aufweist, ist »Dorffriedhof« von Thomas Gray bzw. dessen russische Fassung von Shukowski. Bei den Romantikern, die diese Tradition fortsetzen, erfahren die genannten elegischen Nachbarschaften (vor allem die von Liebe und Tod) eine einschneidende Umdeutung (Novalis).

In einigen Idyllen des 18. Jahrhunderts erlangt das Problem der Zeit philosophische Durchdringung; die wahrhaft organische Zeit des idyllischen Lebens wird hier der hastigen und zerstückelten Zeit des Stadtlebens oder gar der historischen Zeit gegenübergestellt (»Unerwartetes Wiedersehen« von Hebel, ins Russische übertragen von Shukowski).

Wir sagten bereits, daß die Idylle für die Entwicklung des Romans von enormer Bedeutung war. Diese Bedeutung ist bis heute nicht hinreichend erkannt und gewürdigt worden, was zur Folge hatte, daß sich in der Geschichte des Romans alle Perspektiven verschoben. Wir können auf diese weitreichende Frage hier nur sehr kursorisch eingehen.

Der Einfluß der Idylle auf die Entwicklung des Romans der Neuzeit äußert sich in fünf Grundrichtungen: 1. im Einfluß der Idylle, der idyllischen Zeit und der idyllischen Nachbarschaften auf den Heimatroman, 2. im Thema der Zerstörung der Idylle in Goethes Erziehungsroman und in den Romanen des Sterneschen Typs (Hippel, Jean Paul), 3. im Einfluß der Idylle auf den sentimentalen Roman des Rousseauschen Typs, 4. im Einfluß der Idylle auf den Familien- und den Generationenroman, 5. schließlich im Einfluß der Idylle auf verschiedene Spielarten des Romans (in denen der »Mensch aus dem Volke« eine Rolle spielt).

Am Heimatroman läßt sich direkt verfolgen, wie die Idylle der Familie und der Arbeit, der Landbebauung oder des Handwerks in die große Form des Romans hineinwächst. Schon das Grundprinzip des literarischen Regionalismus – die ununterbrochene, jahrhundertealte Bindung des Lebensprozesses der Generationen an eine begrenzte Lokalität – läßt das rein idyllische Verhältnis der Zeit zum Raum, die idyllische Einheit des Ortes, an dem der gesamte Lebensprozeß abläuft, immer wieder neu erstehen. Im Heimatroman wird gerade der Lebensprozeß erweitert und detaillisiert (was für den Roman unabdingbar ist); an ihm tritt die ideologische Seite (Sprache, Glaubensüberzeugungen, Moral, Sitten) hervor, wobei auch sie in ihrer unlösbaren Bindung an die begrenzte Lokalität gezeigt wird. Wie in der Idylle, so sind auch im Heimatroman alle Zeitgrenzen abgeschwächt, und der Rhythmus des menschlichen Lebens ist auf den Rhythmus der Natur abgestimmt. Diese idyllische Art, das Problem der Zeit im Roman zu lösen (die letzten Endes auf die Folklore zurückgeht), bildet die Grundlage für die Transformation des Alltags im Heimatroman: Die Momente des Alltags werden zu wesentlichen Ereignissen und erlangen Bedeutung für das Sujet. Gerade diese Grundlage ist es, auf der wir im Heimatroman auch alle folkloristischen Nachbarschaften antreffen, die für die Idylle charakteristisch sind. Entscheidende Bedeutung haben hier wie in der Idylle die Altersstufen und die zyklische Wiederholbarkeit des Lebensprozesses. Die Helden des Heimatromans sind die gleichen wie die der Idylle: Bauern, Handwerker, Dorfgeistliche und Dorflehrer.

Obwohl der Heimatroman sich als fähig erweist, einzelne Motive sehr tiefschürfend herauszuarbeiten (man denke besonders an Autoren wie Jeremias Gotthelf, Immermann oder Gottfried Keller), stellt er doch gleichzeitig eine Form dar, die der Ausnutzung der Folklorezeit im Roman sehr enge Grenzen setzt. Hier kann von keiner weitreichenden und tiefgehenden realistischen Emblematik gesprochen werden, die Bedeutung wächst hier nicht über die sozial-historische Begrenztheit der Bilder hinaus. Das Zyklische tritt hier überaus schroff zutage, so daß das Prinzip des Wachstums und der ewigen Erneuerung des Lebens abgeschwächt und von der historischen Progressivität losgelöst, ja, ihr sogar gegenübergestellt ist; statt zu wachsen, tritt das Leben hier deshalb sinnlos auf der Stelle und verharrt an ein und demselben geschichtlichen Punkt, auf ein und derselben Stufe der historischen Entwicklung.

Auf sehr viel wesentlichere Weise sind die idyllische Zeit und die idyllischen Nachbarschaften in Rousseaus Werken und in analogen Erscheinungen der Folgezeit verarbeitet. Diese Verarbeitung geschah in zwei Richtungen: Zum einen wurden die Grundelemente des vorzeitlichen Komplexes (Natur, Liebe, Familie und Zeugung, Tod) herausgelöst und auf einer hohen philosophischen Ebene als ewige, große und weise Kräfte des Erdenlebens sublimiert; zum anderen wurden diese Elemente für das individuelle Bewußtsein, das sich vom Ganzen getrennt hatte – und gleichzeitig aus der Sicht dieses Bewußtseins –, als heilende, reinigende und beruhigende Kräfte dargeboten, denen es sich hingeben und unterwerfen, mit denen es verschmelzen sollte.

Auf diese Weise werden hier die Folklorezeit und die uralten Nachbarschaften aus der Sicht der zeitgenössischen Entwicklungsstufe (zeitgenössischen in bezug auf Rousseau und andere Vertreter dieses Romantyps) der Gesellschaft und des Bewußtseins vermittelt, einer Stufe, der sie als der verlorene Idealzustand des menschlichen Lebens gelten. Dieses Idealzustands muß man wieder teilhaftig werden, nun jedoch auf der neuen Entwicklungsstufe. Was von dieser neuen Entwicklungsstufe erhalten bleiben soll, das wird von den einzelnen Autoren auf verschiedene Weise definiert (und auch bei Rousseau selbst gibt es hier keinen einheitlichen Standpunkt), aber in jedem Falle bleibt der innere Aspekt des Lebens und zumeist auch die Individualität (die dann allerdings eine Wandlung durchmacht) gewahrt.

Die philosophische Sublimierung der Elemente des Komplexes führt dazu, daß sich deren Charakter stark verändert. Die Liebe wird zu einer elementaren, geheimnisvollen und für die Liebenden zumeist schicksalhaften Kraft, und sie wird von ihrem inneren Aspekt her ausgeleuchtet. Sie tritt in der Nachbarschaft mit der Natur und dem Tod in Erscheinung. Neben diesem neuen Aspekt der Liebe behauptet sich gewöhnlich auch weiterhin ihr rein idyllischer Aspekt, der der Familie, den Kindern und dem Essen benachbart ist (so haben wir bei Rousseau einerseits die Liebe zwischen Saint-Preux und Julie, andererseits die Liebe und das Familienleben Julies und Wolmars). Ebenso ändert sich auch der Aspekt der Natur – je nachdem, ob sie mit stürmischer Liebe oder mit Arbeit benachbart ist.

Dementsprechend wandelt sich auch das Sujet. In der Idylle traten gewöhnlich nur Helden auf, die selbst der idyllischen Welt angehörten. Im Heimatroman dagegen ist hin und wieder ein Held anzutreffen, der sich von der lokalen Ganzheitlichkeit losreißt, in die Stadt geht, dort entweder umkommt oder als verlorener Sohn in die heimatliche Ganzheitlichkeit zurückkehrt. Die Haupthelden in den Romanen der Rousseauschen Linie sind Menschen, die der Entwicklungsstufe der Gesellschaft und des Bewußtseins dieser Zeit entstammen, Menschen der vom Ganzen losgetrennten individuellen Lebensreihen, Menschen des inneren Aspekts. Sie finden für sich Heilung, indem sie den Kontakt mit der Natur und dem Leben einfacher Menschen suchen, lernen von ihnen, dem Leben und dem Tod gegenüber eine weise Haltung einzunehmen, oder sie kehren der Kultur ganz und gar den Rücken, um total in der Ganzheitlichkeit eines ursprünglichen Kollektivs aufzugehen (wie René bei Chateaubriand oder Olenin[25] bei Tolstoi).

Die Rousseausche Linie hatte eine zutiefst progressive Bedeutung. Ihr fehlt die Begrenztheit des Regionalismus. Sie kennt nicht das hoffnungslose Streben, an den sterbenden Überresten patriarchalischer (provinzieller) Mikrowelten (die zudem noch stark idealisiert sind) festzuhalten – im Gegenteil, indem die Rousseausche Linie die Ganzheitlichkeit der Vorzeit philosophisch sublimiert, schafft sie aus ihr ein Ideal für die Zukunft, sieht sie in ihr vor allem die Grundlage und die Norm für eine Kritik an den bestehenden Gesellschaftszuständen. In der Mehrzahl der Fälle ist diese Kritik zweiseitig: Sie richtet sich gegen die feudale Hierarchie, die Ungleichheit, die uneingeschränkte Willkür und die verlogene soziale Konventionalität, aber auch gegen den Anarchismus der Gewinnsucht und gegen das egoistische bürgerliche Individuum, das vom Ganzen losgetrennt ist.

Im Familien- und Generationenroman wird das idyllische Moment radikal umgestaltet, wobei es stark an Substanz verliert. Von der Folklorezeit und den uralten Nachbarschaften bleibt hier nur noch das, was auf der Grundlage der bürgerlichen Familie und der Familienabstammung einen neuen Sinn erhalten und bewahrt werden kann. Nichtsdestoweniger kommt die Verbindung zwischen dem Familienroman und der Idylle in einer ganzen Reihe wesentlicher Momente zum Vorschein; diese Verbindung prägt vor allem den wichtigsten – den familiären – Kern dieses Romans.

Gewiß ist die Familie des Familienromans schon keine idyllische Familie mehr. Sie ist losgerissen von der eng begrenzten feudalen Lokalität, von dem, was in der Idylle ihr Nährboden war: von der unveränderlichen natürlichen Umgebung, von den heimatlichen Bergen, Feldern, Flüssen, Wäldern. Die idyllische Einheit des Ortes beschränkt sich bestenfalls auf das *städtische* Haus eines Familienverbands, den *unbeweglichen* Teil des kapitalistischen Eigentums. Doch auch diese Einheit des Ortes ist im Familienroman durchaus nicht obligatorisch. Mehr noch: Eine wichtige Besonderheit der klassischen

Spielart des Familienromans besteht darin, daß eine Zeit des Lebens von der bestimmten und begrenzten räumlichen Lokalität losgelöst ist, daß die Hauptheiden umherirren, bevor sie eine Familie gründen und einen angemessenen materiellen Status erlangen. Es geht gerade um die dauerhafte familiäre und materielle Etablierung dieser Helden, es geht darum, daß sie jene Elementargewalt von Zufälligkeiten (von zufälligen Begegnungen mit zufälligen Menschen, von zufälligen Situationen und Ereignissen) überwinden, von der sie zunächst beherrscht werden, daß sie wesentliche, nämlich *familiäre* Bindungen mit Menschen knüpfen, daß die Welt auf einen bestimmten Ort und einen bestimmten engen Kreis von vertrauten Menschen, d.h. auf den Kreis der Familie eingegrenzt wird. Häufig ist der Hauptheld anfangs ein Mensch ohne Haus, ohne Herkunft und ohne Besitz, der in einer fremden Welt unter fremden Menschen umherirrt, dem immer nur zufällige Mißgeschicke oder zufällige Erfolge zuteil werden, der auf zufällige Menschen trifft, die sich aus zunächst unverständlichen Gründen als seine Feinde oder seine Wohltäter erweisen (im nachhinein klärt sich das alles auf der Basis der Familienabstammung auf). Die Bewegung des Romans führt den Haupthelden (oder die Helden) aus der großen, doch fremden Welt der Zufälligkeiten in die zwar kleine, aber gesicherte und stabile heimische Mikrowelt der Familie, in der es nichts Fremdes, Zufälliges und Unbegreifliches gibt, wo sich wieder wahrhaft menschliche Beziehungen herstellen, wo sich auf der Grundlage der Familie die uralten Nachbarschaften (Liebe, Ehe, Zeugung, der geruhsame Lebensabend der wiedergefundenen Eltern, die gemeinsamen Mahlzeiten am Tisch der Familie) erneuern. Diese verengte und verarmte idyllische Mikrowelt bildet den Leitfaden und den Schlußakkord des Romans. Das ist das Schema der klassischen Variante des Familienromans, der mit Fieldings »Tom Jones« eröffnet wird (mit entsprechenden Modifizierungen liegt dieses Schema auch Smolletts »Peregrine Pickle« zugrunde). Nach einem anderen Schema (dessen Grundlage Richardson legte) bricht in die Mikrowelt der Familie eine fremde Kraft ein, die sie zu vernichten droht. Verschiedene Abwandlungen des ersten klassischen Schemas finden sich bei Dickens, mit dem der europäische Familienroman den Gipfel erreicht.

Die idyllischen Momente treten im Familienroman verstreut auf. Es wird hier ständig ein Kampf ausgetragen, in dem sich die in den Beziehungen der Menschen herrschende unmenschliche Fremdheit und die von Menschlichkeit getragenen Beziehungen gegenüberstehen, wobei die letzteren entweder auf einer patriarchalischen oder einer abstrakt-humanistischen Grundlage beruhen. In der großen, kalten und fremden Welt gibt es hin und wieder kleine warme Eckchen der Menschlichkeit und Herzensgüte.

Eine bestimmende Rolle spielt das idyllische Moment auch im Genrationenroman (Thackeray, Freytag, Galsworthy, Thomas Mann). Das Hauptthema ist hier jedoch zumeist die Zerstörung der Idylle und der idyllisch-familiären und patriarchalischen Beziehungen.

Das Thema der Zerstörung der Idylle (im weiten Sinne) wird am Ende des 18. und in der ersten Hälfte des 19. Jahrhunderts zu einem der wichtigsten Themen der Literatur. Das Thema der Zerstörung der Handwerksidylle zieht sich sogar bis in die zweite Hälfte des 19. Jahrhunderts (»Meister Timpe« von Max Kretzer). In der russischen Literatur sind die chronologischen Grenzen dieser Erscheinung freilich zur zweiten Hälfte des 19. Jahrhunderts hin verschoben.

Natürlich kann das Thema der Zerstörung der Idylle auf sehr verschiedene Weise behandelt werden. Das hängt einmal davon ab, wie die zerstörte idyllische Welt begriffen und bewertet wird, zum anderen davon, wie die Kraft, die den Untergang bewirkt, nämlich die neue, kapitalistische Welt, beurteilt wird.

Die klassische Hauptlinie in der Behandlung dieses Themas – die Linie Goethes, Goldsmith', Jean Pauls – faßt die zerstörte idyllische Welt nicht als bloßes Faktum der zu Ende gehenden feudalen Vergangenheit, das historisch ganz und gar begrenzt ist, sondern sie faßt sie mit einer gewissen philosophischen (rousseauistischen) Sublimation: In den Vordergrund rückt die tiefe *Menschlichkeit* des idyllischen Menschen und die Menschlichkeit in den Beziehungen zwischen den Menschen, ferner die *Ganzheit* des idyllischen Lebens, seine organische Verbindung mit der Natur, speziell herausgestellt werden die nichtmechanisierte idyllische Arbeit und schließlich die *idyllischen Gegenstände*, die von der eigenen Arbeit nicht getrennt, sondern mit ihr und dem idyllischen Alltag unlöslich verbunden sind. Gleichzeitig wird die Enge und die Abgeschlossenheit der idyllischen Mikrowelt hervorgehoben.

Dieser zum Untergang verurteilten Mikrowelt wird die große, aber abstrakte Welt gegenübergestellt, in der die Menschen isoliert leben, sich egoistisch zurückziehen und auf praktischen Nutzen bedacht sind, in der die Arbeit differenziert und mechanisiert ist und die Gegenstände von der eigenen Arbeit abgesondert sind. Diese große Welt muß auf einer neuen Grundlage zusammengeführt, muß zu einer heimatlichen gemacht, muß vermenschlicht werden. Es gilt, ein neues Verhältnis zur Natur zu finden – nicht zu der kleinen Natur des vertrauten Fleckchens, sondern zur großen Natur der großen Welt, zu allen Erscheinungen des Sonnensystems, zu den fossilen Reichtümern im Schoße der Erde, zur Vielfalt der geographischen Länder und Kontinente. Statt des begrenzten idyllischen Kollektivs muß ein neues Kollektiv gefunden werden, das die ganze Menschheit zu umfassen vermag. So stellt sich in groben Zügen das Problem im Schaffen Goethes (besonders deutlich im zweiten Teil des »Faust« und in den »Wanderjahren«) und bei anderen Vertretern dieser Linie. Der Mensch soll sich für das Leben in dieser großen und ihm fremden Welt erziehen oder umerziehen, er soll sie sich aneignen, zu einer heimatlichen machen. Nach Hegel hat der Roman die erzieherische Aufgabe, den Menschen auf das Leben in der bürgerlichen Gesellschaft vorzubereiten. Dieser Erziehungsprozeß ist verknüpft mit dem Auseinanderbrechen aller alten idyllischen Bindungen, mit der *Expatriierung* des Menschen. Der Prozeß der persönlichen Umerziehung des Menschen ist hier eingebunden in den Prozeß des Umbruchs und Umbaus der ganzen Gesellschaft, d.h. in den Geschichtsprozeß.

Etwas anders stellt sich das gleiche Problem in den Entwicklungsromanen einer zweiten Linie, die von Stendhal, Balzac und Flaubert (in Rußland von Gontscharow) verkörpert wird. Hier geht es vor allem um den Zusammenbruch und die Überwindung der idyllischen Weltanschauung und Mentalität, die der neuen, kapitalistischen Welt nicht mehr entspricht. Auf eine philosophische Sublimierung der Idylle wird hier in den meisten Fällen verzichtet. Dargestellt wird, wie unter den Bedingungen des kapitalistischen Zentrums der provinzielle Idealismus oder die provinzielle Romantik der Helden, die keineswegs idealisiert sind, zerbricht. Auch die kapitalistische Welt wird nicht idealisiert: Enthüllt wird ihre Unmenschlichkeit, es wird gezeigt, wie in ihr alle moralischen Grundsätze (die sich auf den vorausgegangenen Entwicklungsstufen herausgebildet haben) zunichte gemacht werden, wie alle früheren menschlichen Beziehungen – Liebe, Familie, Freundschaft – (unter dem Einfluß des Geldes) zerfallen, wie die schöpferische Arbeit des Gelehrten, des Künstlers entartet u. dgl. Der positive Mensch der idyllischen Welt wird lächerlich, beklagenswert und unnütz; er geht entweder unter oder verwandelt sich in ein egoistisches Raubtier.

Einen Platz besonderer Art nehmen die Romane Gontscharows ein, die im wesentlichen der zweiten Linie zuzurechnen sind (vor allem »Eine gewöhnliche Geschichte«). Im »Oblomow« ist das genannte Thema äußerst klar und exakt abgehandelt. Die Darstellung der Idylle in Oblomowka und später der Idylle auf der Wyborger Seite (mit dem idyllischen Tod Oblomows) ist zutiefst realistisch. Gleichzeitig wird die außerordentliche Menschlichkeit des idyllischen Menschen Oblomow und seine »taubenhafte« Reinheit gezeigt. In der Idylle selbst (besonders in der der Wyborger Seite) begegnen uns alle wesentlichen idyllischen Nachbarschaften: der Kult des Essens und Trinkens, die Kinder, der Geschlechtsakt, der Tod usw. (realistische Emblematik). Hervorgehoben wird Oblomows Streben nach Beständigkeit, nach unwandelbaren Verhältnissen, seine Angst vor Veränderungen, sein Verhältnis zur Zeit.

Gesondert muß die Rabelaissche Idyllenlinie herausgestellt werden, die durch Sterne, Hippel und Jean Paul repräsentiert wird. Daß sich bei Sterne und den Sterneanern das idyllische Moment (bei dem es sich zudem um ein sentimental-idyllisches handelt) mit der Rabelais-Tradition verbindet, darin liegt nach allem bisher Gesagten durchaus nichts Erstaunliches. Ihre auf der Folklore beruhende Verwandtschaft ist offenkundig, auch wenn es sich hier um verschiedene Zweige der literarischen Entwicklung des Folklorekomplexes handelt.

Die letzte Richtung, in der der Einfluß der Idylle auf den Roman zum Tragen kommt, drückt sich darin aus, daß in den Roman lediglich einzelne Momente des idyllischen Komplexes eindringen. Der im Roman auftretende Mensch aus dem Volke ist sehr oft idyllischer Abkunft. Das gilt für die Dienergestalten bei Walter Scott (Saweljitsch[26] bei Puschkin), bei Dickens und im französischen Roman (von Maupassants »Ein Leben« bis zu Prousts Françoise), für alle diese Auvergnatinnen und Bretoninnen, welche Repräsentantinnen der Volksweisheit und der idyllischen Lokalität sind. Der Mensch aus dem Volke tritt im Roman in Erscheinung als Träger einer weisen Einstellung zum Leben und Tod, die den herrschenden Klassen verlorengegangen ist (Platon Karatajew bei Tolstoi). Besonders häufig geht man bei diesem Menschen in die Lehre, um vor allem dem Tod mit Gefaßtheit begegnen zu können (Tolstois »Drei Tode«). Oft verknüpft sich mit seiner Gestalt auch eine spezielle Behandlung des Essens und Trinkens, der Liebe und der Zeugung. Ist er doch Träger der ewigen produktiven Arbeit. In den Vordergrund rückt vielfach das gesunde (entlarvende) Nichtverstehen, mit dem der Mensch aus dem Volke auf die allgemein akzeptierte Lüge und Konventionalität reagiert.

So viel zu den Hauptrichtungen, in denen der Einfluß des idyllischen Komplexes auf den Roman der Neuzeit zum Tragen kommt. Damit beenden wir unseren kurzen Überblick über die Grundformen der Verwendung der Folklorezeit und der uralten Nachbarschaften in der künstlerischen Literatur. Dieser Überblick vermittelt den notwendigen Hintergrund, vor dem dann die Spezifika der Rabelaisschen Welt (aber auch anderer Erscheinungen, die wir hier nicht untersuchen wollen) richtig erfaßt werden können.

Von allen oben besprochenen Typen des Rückgriffs auf den vorzeitlichen Komplex (mit Ausnahme des Aristophanischen und des Lukianischen Typs) unterscheidet sich die Rabelaissche Welt dadurch, daß in ihr dem *Lachen* die entscheidende Bedeutung zukommt.

Das Lachen ist das einzige Moment des vorzeitlichen Komplexes, das niemals einer Sublimierung – religiöser, mystischer oder philosophischer Art – unterworfen war. Das Lachen trug niemals offiziellen Charakter und sogar in der Literatur waren die komischen Genres immer die freiesten, am wenigsten reglementierten.

Nach dem Niedergang der Antike gab es in Europa nicht einen Kult, nicht einen Ritus, nicht eine staatliche oder offizielle gesellschaftliche Zeremonie, nicht eine Feierlichkeit, nicht ein offizielles Genre und nicht einen Stil im Dienst der Kirche oder des Staates (Hymne, Gebete, sakrale Formeln, Deklarationen, Manifeste u. dgl.), wo das Lachen – und sei es in seinen abgeschwächtesten Formen, dem Humor und der Ironie – im Ton, im Stil oder in der Sprache sanktioniert gewesen wäre.

Europa kannte weder eine Mystik des Lachens noch eine Magie des Lachens; nicht einmal der ganz gewöhnliche »Schematismus«, die erstarrte Förmlichkeit hat jemals das Lachen infiziert. Deshalb konnte das Lachen auch nicht entarten und der Lüge anheimfallen, wie es jedweder Ernsthaftigkeit, besonders der pathetischen, beschieden war. Das Lachen blieb außerhalb der offiziellen Lüge, die sich in die Formen der pathetischen Ernsthaftigkeit gekleidet hatte. Alle erhabenen und ernsten Genres, alle hohen Sprach- und Stilformen, alle direkten Wortverknüpfungen, alle Sprachschablonen waren deshalb von Lüge, von häßlicher Konventionalität, Falschheit und Heuchelei durchtränkt. Nur das Lachen war von der Lüge nicht angesteckt worden.

Es geht uns hier nicht um das Lachen als biologischen und psychophysiologischen Akt, sondern um das Lachen in seinem objektivierten sozial-historischen und kulturellen Sein, vor allem in seinem sprachlichen Ausdruck. Im Wort offenbart sich das Lachen in verschiedenartigsten Erscheinungen, zu denen eine hinreichend gründliche und prinzipielle historisch-systematische Untersuchung bis jetzt noch aussteht. Neben dem poetischen Gebrauch des Wortes »in uneigentlicher Bedeutung«, d. h. neben den Tropen, existieren noch die vielfältigsten Formen eines indirekten Sprachgebrauchs anderer Art: die Ironie, die Parodie, der Humor, der Scherz, die Komik u. dgl. in ihren verschiedenen Ausprägungen (eine systematische Einteilung fehlt). Die gesamte Sprache läßt sich ohne Ausnahme in uneigentlicher Bedeutung verwenden. In all diesen Erscheinungen wird der im Wort eingeschlossene *Standpunkt*, die Modalität der Sprache sowie das *Verhältnis der Sprache zum Gegenstand* und das *Verhältnis der Sprache zum Sprechenden* mit einem neuen Sinn versehen. Es kommt hier zu einer Verschiebung der Sprachebenen, zur Annäherung dessen, was nicht miteinander vereinbar ist, und zur Trennung dessen, was bisher miteinander vereint war, zur Zerstörung gewohnter und zur Herstellung neuer Nachbarschaften, zur Destruktion von Sprach- und Denkschablonen. Der Rahmen der innersprachlichen Relationen wird hier ständig überschritten. Überdies wird hier fortwährend vorausgesetzt, daß man über die Grenzen des jeweiligen geschlossenen sprachlichen Ganzen hinausgeht (eine Parodie läßt sich nur dann begreifen, wenn man sie zu dem parodierten Material in Beziehung setzt, d. h., wenn man nicht innerhalb der Grenzen des betreffenden Kontextes verbleibt). Alle diese genannten Besonderheiten verleihen den hier angeführten Ausdrucksformen des Lachens im Wort ihre besondere Kraft, die sie in die Lage versetzt, den Gegenstand aus den verlogenen sprachlich-ideologischen Umhüllungen, von denen er umgeben ist, gleichsam herauszuschälen. Diese Fähigkeit des Lachens hat Rabelais zur vollsten Entfaltung gebracht.

Daß das Lachen bei Rabelais von so außerordentlicher Kraft und von solcher Radikalität ist, erklärt sich vor allem aus seiner tiefen Verwurzelung in der Folklore, aus seiner Verbindung mit den Elementen des vorzeitlichen Komplexes – mit dem Tod, der Geburt des neuen Lebens, der Fruchtbarkeit, dem Wachstum. Das ist ein wahrhaft weltumspannendes Lachen, das mit sämtlichen Dingen der Welt sein Spiel treibt, mit den ganz und gar nichtigen und den großen, den fernen und den nahen. Diese Verquickung mit den grundlegenden Realitäten des Lebens einerseits und die rigorose Vernichtung aller verlogenen sprachlich-ideologischen Umhüllungen, die diese Realitäten entstellt und voneinander getrennt haben, andererseits – das ist es, was das Rabelaissche Lachen so sehr von dem Lachen anderer Vertreter der Groteske, des Humors, der Satire und der Ironie unterscheidet. Bei Swift, Sterne, Voltaire, Dickens können wir verfolgen, wie das Rabelaissche Lachen zunehmend verflacht, wie seine Verbindungen mit der Folklore immer schwächer werden (stark sind sie noch bei Sterne und insbesondere bei Gogol) und wie es von den großen Realitäten des Lebens losgetrennt wird.

Wir kommen nun noch einmal auf die besonderen Quellen Rabelais' und auf die enorme Bedeutung zu sprechen, die bei ihm die außerliterarischen Quellen haben. Hier wäre in erster Linie die nichtoffizielle Redesphäre zu nennen, die mit Schimpfwörtern (einfachen und komplizierten) angefüllt ist, mit Unflätigkeiten verschiedenster Art, mit einem ungewöhnlich hohen Anteil an Wörtern und Ausdrükken, die sich auf das Trinken beziehen. Diese Sphäre der nichtoffiziellen Rede (der Männer) spiegelt bis heute – allerdings in schablonisierter und unschöpferischer Form – die für Rabelais spezifischen Beimengungen an Frivolem, an Wörtern, die die Trunkenheit, die Ausscheidungen u. ä. m. bezeichnen, wider. In dieser nichtoffiziellen Redesphäre der städtischen und ländlichen Unterschichten (vornehmlich der städtischen) spürte Rabelais spezifische Arten, die Welt zu sehen, eine spezifische Auswahl der Realitäten, ein spezifisches System der Sprache auf, das sich von dem offiziellen deutlich unterschied. An ihr beobachtete er das völlige Fehlen von Sublimation und fand in ihr ein besonderes System von Nachbarschaften, das den offiziellen Redesphären und der Literatur fremd war. Diese »derbe Unverblümtheit der Volksleidenschaften«, dieses »unabhängige Urteil des Marktplatzes«[27] (Puschkin) nutzte Rabelais ausgiebig in seinem Roman.

Schon unmittelbar in der nichtoffiziellen Redesphäre begegnen uns – vollständig oder aufgespalten und verstreut – geläufige Anekdoten, kurze Erzählungen, Sprichwörter, Wortspiele, Redensarten, witzige Redewendungen, erotische Rätsel, Liedchen und dgl., d.h. lexikalische und andere folkloristische Genres geringen Umfangs. Ihnen sind analoge Standpunkte, eine analoge Auswahl und Anordnung der Realitäten (Themen) und schließlich ein analoges Verhältnis zur Sprache inhärent.

Sodann folgen Werke der halboffiziellen Literatur in Buchform: Erzählungen über Narren und Tölpel, Farcen, Fabliaux, Fazetien, Novellen (als die Produkte einer sekundären Bearbeitung), Volksbücher, Märchen u.a. Und schließlich die eigentlich literarischen Quellen Rabelais', darunter in erster Linie die antiken.*

Wie diese vielfältigen Quellen Rabelais' auch immer beschaffen sein mögen, sie alle wurden unter einem einheitlichen Blickwinkel verarbeitet, der Einheit einer völlig neuen künstlerisch-ideologischen Aufgabenstellung untergeordnet. Daher erhielten alle traditionellen Momente in Rabelais' Roman einen neuen Sinn und erfüllten neue Funktionen.

Das betrifft vor allem den kompositionellen und genremäßigen Aufbau des Romans. Die ersten beiden Bücher folgen in ihrem Aufbau dem traditionellen Schema: die Geburt des Helden und die wunderbaren Umstände dieser Geburt; die Kindheit des Helden; seine Lehrjahre; die kriegerischen Taten und Eroberungen des Helden. Das Vierte Buch hält sich in seinem Aufbau an das traditionelle Schema des Reiseromans. Das Dritte Buch ist nach dem besonderen (antiken) Schema des Weges aufgebaut, auf den man sich begibt, um Rat und Belehrung einzuholen: Besucht werden Orakel, weise Männer, philosophische Schulen und dgl. Später hat dieses Schema der »Besuche« (bei Notabeln, verschiedenen Vertretern sozialer Gruppen usw.) in der Literatur der Neuzeit eine weite Verbreitung gefunden (»Tote Seelen«, »Auferstehung«).

Doch diese traditionellen Schemata erhalten hier einen neuen Sinn, weil das Material hier unter den Bedingungen der Folklorezeit erschlossen wird. In den ersten beiden Büchern des Romans wird die biographische Zeit in der unpersönlichen Zeit des Wachstums aufgelöst: in der Zeit des Wachstums und der Entwicklung des mensch-

* Wir erwähnten bereits, daß Rabelais' Quellen von uns in einer speziellen Monographie über Rabelais eingehend analysiert werden.

lichen Körpers, der Wissenschaften und Künste, der neuen Weltanschauung, in der Zeit des Wachstums einer neuen Welt neben der sterbenden und sich zersetzenden alten Welt. Das Wachstum ist hier nicht an ein bestimmtes Individuum gebunden, als dessen Wachstum es aufzufassen wäre; es überschreitet hier die Grenzen jeglicher Individualität: Alles in der Welt wächst, alle Dinge und Erscheinungen, die ganze Welt ist im Wachsen begriffen.

Deshalb ist hier die Entwicklung und die Vervollkommnung des individuellen Menschen nicht vom geschichtlichen Wachstum und vom kulturellen Fortschritt losgelöst. Die entscheidenden Momente, Etappen und Phasen des Wachstums und der Entwicklung werden hier – wie in der Folklore – nicht innerhalb einer geschlossenen individuellen Reihe gefaßt, sondern innerhalb des umgreifenden Ganzen des gemeinsamen Lebens des Menschengeschlechts. Es verdient besonders hervorgehoben zu werden, daß bei Rabelais das Leben nirgends unter einem inneren individuellen Aspekt betrachtet wird. Der Mensch ist bei ihm ganz im Außen. Die Extrovertiertheit des Menschen erreicht hier ein gewisses Maximum. Gibt es doch in Rabelais' gesamtem, sehr umfangreichem Roman keinen einzigen Fall, wo das dargestellt wäre, was der Held denkt oder empfindet, es gibt keinen einzigen inneren Monolog. Eine innere Welt in diesem Sinne taucht in Rabelais' Roman nicht auf. Alles, was im Menschen vorhanden ist, drückt sich im Handeln und im Dialog aus. Im Menschen ist nichts, was prinzipiell nur für ihn selbst existierte, nichts, was nicht in adäquater Weise veröffentlicht (nach außen hin ausgedrückt) werden könnte. Im Gegenteil, alles, was im Menschen vorhanden ist, erhält seinen vollen Sinn nur im äußeren Ausdruck: Nur hier – im äußeren Ausdruck – gewinnt es Anschluß an das echte Sein und die wahrhaft reale Zeit. Deshalb ist auch die Zeit hier einheitlich und nicht in innere Aspekte aufgespalten, deshalb läßt es die Zeit hier nicht zu, daß sich innere individuelle Seitentriebe und blinde Gassen von ihr abzweigen, deshalb reihen sich hier ihre Momente in einer allen gemeinsamen Welt und auf eine für alle gleiche Weise in progressiver Folge aneinander. Deshalb überwindet das Wachstum hier jede individuelle Begrenztheit und wird zu einem geschichtlichen Wachstum. Und deshalb läuft das Problem der Vervollkommnung hier auf die Frage hinaus, wie mit der neuen Geschichtsepoche, in einer neuen historischen Welt, auch der neue Mensch wächst, während daneben der alte Mensch und die alte Welt dahinschwinden.

Aus demselben Grunde werden hier auf einer neuen und gewichtigeren Basis die uralten Nachbarschaften wiederhergestellt. Sie sind nun befreit von allem, was sie in der alten Welt trennte und entstellte. Sie sind befreit von allen jenseitigen Sinngebungen, von Sublimierung und von Unterdrückung. Diese Realitäten sind gereinigt durch das Lachen, herausgelöst aus allen erhabenen Kontexten, die sie voneinander trennen und ihr Wesen verfälschen, und sie sind in dem realen Kontext (auf der realen Ebene) des freien menschlichen Lebens miteinander vereint. Sie werden in einer Welt der sich frei realisierenden menschlichen Möglichkeiten gezeigt. Diese Möglichkeiten sind durch nichts begrenzt. Darin liegt die grundlegende Besonderheit Rabelais'. Alle historischen Beschränkungen sind bei ihm wie weggefegt, sind durch das Lachen restlos aufgehoben. Das Feld ist frei für die menschliche Natur, für die ungehinderte Entfaltung aller in ihr angelegten Möglichkeiten. In dieser Hinsicht steht die Welt Rabelais' im diametralen Gegensatz zur begrenzten Lokalität der idyllischen Mikrowelt. Rabelais läßt auf einer neuen Grundlage die tatsächlichen Dimensionen der Folklorewelt erstehen. Innerhalb der räumlich-zeitlichen Welt und der echten Möglichkeiten der menschlichen Natur wird seine Vorstellungskraft durch nichts gehemmt oder eingeschränkt. Alle Beschränkungen bleiben der sterbenden und verlachten Welt vorbehalten. Sämtliche Vertreter dieser Welt – Mönche, Theologen, feudale Krieger und Höflinge, Könige (Pikrocholos, Anarches), Richter, Magister u. a. – sind lächerlich und zum Untergang verurteilt. Sie sind gänzlich beschränkt, ihre Möglichkeiten erschöpfen sich völlig in ihrer kläglichen Wirklichkeit. Ihnen stehen Gargantua, Pantagruel, Ponokrates, Epistemon und – teilweise – Bruder Jan und Panurge (die ihre Begrenztheit überwinden) gegenüber: Gestalten, die unbegrenzte menschliche Möglichkeiten in sich tragen.

Die Haupthelden Gargantua und Pantagruel sind keineswegs Könige in einem so einschränkenden Wortsinn, wie er für die feudalen Könige Pikrocholos und Anarches zutrifft; sie verkörpern aber auch nicht nur das Ideal eines humanistischen Königs, der diesen feudalen Königen entgegengehalten wird (obwohl dieses Moment zweifellos vorhanden ist); sie gründen sich vielmehr auf die Gestalten der Folklorekönige. Auf sie treffen, ebenso wie auf die Herrscher des Homerischen Epos, die Worte Hegels zu, daß sie »nicht etwa aus Aristokratie und Liebe für das Vornehme«[28] zu Helden des Werkes gewählt wurden, »sondern der vollkommenen Freiheit des Willens und Hervorbringens wegen, welche sich in der Vorstellung der Fürstlichkeit realisiert findet«. Solche Helden macht man zu Königen, um ihnen die größten Möglichkeiten und die Freiheit zur vollständigen Verwirklichung ihrer selbst, ihrer menschlichen Natur zu geben. Könige wie Pikrocholos dagegen sind als die wirklichen Könige einer sozial-historischen Welt, die im Sterben liegt, beschränkt und jämmerlich, und zwar ebenso beschränkt und jämmerlich wie ihre sozial-historische Wirklichkeit. Sie verfügen über keinerlei Freiheit und keinerlei Möglichkeiten.

In ihrem Kern wurzeln Gargantua und Pantagruel also in den Königen und in den Recken und Riesen der Folklore. Es handelt sich bei ihnen deshalb in erster Linie um *Menschen*, die ungehindert alle in der menschlichen Natur angelegten Möglichkeiten und Ansprüche – ohne jede moralische oder religiöse Kompensation der irdischen Begrenztheit, Schwäche und Bedürftigkeit – realisieren können. Daraus resultiert auch das spezifische *Bild des großen Menschen* bei Rabelais. Der große Mensch bei Rabelais ist zutiefst demokratisch. Er steht niemals der Masse als etwas Exklusives, als ein Mensch anderer Art gegenüber. Im Gegenteil, er ist aus demselben allgemeinmenschlichen Material gemacht wie alle übrigen Menschen. Er ißt und trinkt, scheidet aus, läßt Winde ab – nur alles in grandiosen Maßstäben. In ihm ist nichts, was der allgemeinmenschlichen Natur, der Masse fremd und unbegreiflich wäre. Auf ihn lassen sich voll und ganz Goethes Worte über große Menschen anwenden: »Größere Menschen haben nur ein größeres Volumen; Tugenden und Fehler haben sie mit den mindesten gemein, nur in größerer Quantität.«[29] Rabelais' großer Mensch ist in höchstem Grade Mensch. Solche Größe ist für niemanden erniedrigend, denn jeder sieht in ihr nur eine Erhöhung seiner eigenen Natur.

Dadurch unterscheidet sich Rabelais' großer Mensch prinzipiell von jeglichem Heroismus, der sich der Masse der anderen Menschen als etwas gegenüberstellt, das durch sein Geblüt, seine Natur, seine Ansprüche und seine Werturteile über Leben und Welt etwas Exklusives darstellt (man denke an den Heroismus des Ritter- und des Barockromans, an den Heroismus romantischen und Byronschen Typs, an Nietzsches Übermenschen). Ebenso entschieden hebt sich dieser große Mensch jedoch auch von der Erhöhung des »kleinen Menschen« ab, eine Erhöhung, die über die Kompensation seiner realen Begrenztheit und Schwäche durch moralische Größe und Herzensreinheit erfolgt (die Helden und Heldinnen des Sentimentalismus). Rabelais' großer Mensch, der auf dem Boden der Folklore entstand, ist nicht durch das groß, was ihn von anderen Menschen unterscheidet, sondern durch seine Menschlichkeit; er ist dadurch groß, daß er alle menschlichen Möglichkeiten voll und ganz erschließt und realisiert, und er ist groß in der realen räumlich-zeitlichen Welt; das Innere wird hier in keiner Weise dem Äußeren entgegengestellt (dieser Mensch ist, wie wir wissen, im positiven Sinne durch und durch veräußerlicht).

Auch die Gestalt des Panurge ist auf folkloristischer Basis aufgebaut. Diese Basis ist hier jedoch die des Narren. Der volkstümliche Narr ist in dieser Gestalt viel lebendiger und grundlegender präsent als in den parallelen Erscheinungen des Schelmenromans und der Schelmennovelle, d.h. in der Gestalt des »Picaro«.

Diese folkloristische Basis der Gestalten seiner Haupthelden versieht Rabelais nachträglich mit einigen Zügen, die seinem Ideal eines Monarchen und Humanisten entsprechen, und sodann auch mit einigen real-historischen Zügen. Die folkloristische Basis leuchtet jedoch deutlich durch all diese Züge hindurch und bewirkt die zutiefst realistische Emblematik dieser Gestalten.

Das ungehinderte Wachstum der menschlichen Möglichkeiten versteht Rabelais natürlich keinesfalls unter eng biologischem Aspekt. Seine räumlich-zeitliche Welt ist der neu entdeckte Kosmos der Renaissance-Epoche. Das ist vor allem die geographisch klar umrissene Welt der Kultur und der Geschichte. Das ist ferner das Universum aus astronomischer Sicht. Der Mensch kann und soll sich diese ganze räumlich-zeitliche Welt untertan machen. Die Bilder dieser technischen Eroberung des Universums gründen sich ebenfalls auf die Folklore. Die Wunderpflanze »Pantagruelion« ist die in der Folklore der ganzen Welt vorkommende »Springwurzel«.

In seinem Roman erschließt uns Rabelais gleichsam den durch nichts begrenzten universalen Chronotopos des menschlichen Lebens. Er tat dies im vollen Einklang mit der anbrechenden Epoche der großen geographischen und kosmologischen Entdeckungen.

10. Schlußbemerkungen

Der Chronotopos bestimmt die künstlerische Einheit des literarischen Werkes in dessen Verhältnis zur realen Wirklichkeit. Daher schließt der Chronotopos im Werk immer ein Wertmoment in sich ein, das aus dem Ganzen des künstlerischen Chronotopos nur in einer abstrakten Analyse herausgelöst werden kann. In der Kunst und Literatur sind alle Zeit- und Raumbestimmungen untrennbar miteinander verbunden und stets emotional-wertmäßig gefärbt. Das abstrakte Denken kann sich freilich Zeit und Raum jeweils separat vergegenwärtigen und von ihrem emotional-wertmäßigen Moment abstrahieren. Aber die lebendige künstlerische Betrachtung (die selbstverständlich auch voller Gedanken ist, nur sind dies keine abstrakten Gedanken) trennt nichts und abstrahiert von nichts. Sie erfaßt den Chronotopos total, in seiner Ganzheitlichkeit und Fülle. Kunst und Literatur sind durchdrungen von *chronotopischen Werten* unterschiedlichen Grades und Umfanges. Jedes Motiv, jedes gesonderte Moment eines Kunstwerks ist ein solcher Wert.

Wir haben bisher nur die großen, typologisch beständigen Chronotopoi untersucht, die die wichtigsten Genrevarianten des Romans auf dessen frühen Entwicklungsstufen bestimmt haben. Jetzt, am Ende der Arbeit, wollen wir einige dieser chronotopischen Werte unterschiedlichen Grades und Umfangs lediglich erwähnen und kurz auf sie eingehen.

Im ersten Abschnitt war von dem Chronotopos der Begegnung die Rede. In diesem Chronotopos überwiegt die zeitliche Nuance, und er zeichnet sich durch einen hohen Grad an emotional-wertmäßiger Intensität aus. Der mit ihm verbundene Chronotopos des *Weges* ist von größerem Umfang, seine emotional-wertmäßige Intensität jedoch ist etwas geringer. Begegnungen finden im Roman gewöhnlich »unterwegs« statt. Der »Weg« ist zumeist der Ort der zufälligen Begegnungen. Auf dem Wege (der »Landstraße«) überschneiden sich in einem einzigen zeitlichen und räumlichen Punkt die zeitlichen und räumlichen Wege der verschiedenartigsten Menschen, der Vertreter aller Schichten und Stände, aller Glaubensbekenntnisse, Nationalitäten und Altersstufen. Hier kann es zufällig zu Begegnungen zwischen denjenigen kommen, die normalerweise durch die soziale Hierarchie und durch räumliche Entfernungen voneinander getrennt sind, hier können alle möglichen Kontraste entstehen, können verschiedene Schicksale zusammenstoßen und sich miteinander verflechten. Hier verknüpfen sich auf eigentümliche Weise die räumlichen und zeitlichen Reihen menschlicher Schicksale und Leben, wobei sie durch *soziale Distanzen*, die hier überwunden werden, komplizierter und konkreter werden. Das ist der Punkt, von dem aus die Ereignisse ihren Anfang nehmen, und der Ort, an dem sie vonstatten gehen. Die Zeit ergießt sich hier gleichsam in den Raum und fließt durch ihn hindurch (wobei sie Wege entstehen läßt), was sich in den so zahlreichen Metaphern des Weges und der Straße niedergeschlagen hat: »der Lebensweg«, »einen neuen Weg beschreiten«, »der geschichtliche Weg« usw.; die Metaphorisierung des Weges ist vielfältig und vielschichtig, doch ihr eigentliches Kernstück ist der Strom der Zeit.

Die Straße eignet sich besonders gut zur Darstellung von Ereignissen, die vom Zufall regiert werden (freilich eignet sie sich nicht nur dazu). Von daher wird die große Bedeutung einsichtig, die die Straße in der Geschichte des Romans für das Sujet hat. Die Straße durchzieht den mit Wanderungen verbundenen antiken Alltagsroman: Petronius' »Satiricon« und Apuleius' »Goldenen Esel«. Auf die Straße hinaus reiten die Helden der mittelalterlichen Ritterromane, und oftmals spielen sich alle Ereignisse des Romans entweder auf der Straße ab oder sind um sie herum konzentriert (sind an beiden Seiten des Weges angesiedelt). Und in einem Roman wie Wolfram von Eschenbachs »Parzival« geht der reale Weg des Helden zur Gralsburg unmerklich in eine Metapher des Weges über: Er wird zum Lebensweg, zum Weg der Seele, die sich bald Gott nähert, bald von ihm entfernt (je nach den Fehlern und Verstrickungen des Helden, je nach den Ereignissen, die auf seinem realen Weg vorfallen). Die Straße prägt die Sujets des spanischen Schelmenromans des 16. Jahrhunderts (»Lazarillo«, »Guzmán«). An der Wende vom 16. zum 17. Jahrhundert ist es Don Quijote, der auf die Straße hinauszieht, um dort ganz Spanien zu begegnen, vom Galeerensträfling bis zum Herzog. Das ist eine Straße, die bereits durch den Strom der historischen Zeit, durch Spuren und Zeichen ihres Verlaufs, durch Merkmale der Epoche stark an Intensität gewonnen hat. Im 17. Jahrhundert begibt sich Simplizissimus auf einen Weg, der durch die Ereignisse des Dreißigjährigen Krieges Intensität erlangt. Ohne die Bedeutung einer Magistrale zu verlieren, zieht sich die Straße dann weiter auch durch solche Hauptwerke der Romangeschichte wie den »Francion« von Sorel und den »Gil Blas« von Lesage. Die

Straße behält ihre Bedeutung (wenn auch abgeschwächt) in den (Schelmen-)Romanen Defoes und bei Fielding. Auch für »Wilhelm Meisters Lehr- und Wanderjahre« bleiben die Straße und die auf ihr stattfindenden Begegnungen sujetrelevant (obwohl sich ihr ideologischer Sinn wesentlich verändert, da die Kategorien »Zufall« und »Schicksal« einen von Grund auf neuen Sinn erhalten). Halb real, halb metaphorisch ist die Straße, auf der sich Novalis' Heinrich von Ofterdingen und andere Helden des romantischen Romans bewegen. Erhalten bleibt schließlich die Bedeutung der Straße und der sich auf ihr abspielenden Begegnungen im historischen Roman – bei Walter Scott, vor allem aber im russischen historischen Roman; z. B. bilden der Weg und die Begegnungen unterwegs die Grundlage für Sagoskins[30] »Juri Miloslawski«. Grinjows Begegnung mit Pugatschow *auf dem Wege* und *im Schneesturm* bestimmen das Sujet der »Hauptmannstochter«. Oder denken wir daran, welche Bedeutung die Straße in Gogols »Toten Seelen« und in Nekrassows Poem »Wer lebt glücklich in Rußland?« hat.

Wie sich die Funktionen der »Straße« und der »Begegnung« im Verlaufe der Geschichte des Romans gewandelt haben, soll hier nicht weiter untersucht werden. Wir möchten lediglich auf eine sehr wesentliche Eigenheit der »Straße« aufmerksam machen, die allen angeführten Spielarten des Romans gemeinsam ist: Die Straße führt immer durch das eigene *Heimatland* und nicht durch eine exotische *fremde Welt* (das Spanien im »Gil Blas« ist fiktiv, und der vorübergehende Aufenthalt des Simplizissimus in Frankreich hat kein Gewicht, da die Fremdheit des fremden Landes hier eine scheinbare ist und es überhaupt keine Exotik gibt); was erschlossen und vorgeführt wird, ist die *sozial-historische Vielfalt* dieses Heimatlandes (wenn hier also von Exotik die Rede sein kann, dann nur von »sozialer Exotik«, von »Elendsvierteln«, vom »Abschaum«, von den Schlupfwinkeln der Diebe). In dieser Funktion wurde die »Straße« auch außerhalb des Romans verwendet, in sujetlosen Genres wie den publizistischen Reisebeschreibungen des 18. Jahrhunderts (klassisches Beispiel – Radischtschews »Reise von Petersburg nach Moskau«) oder den publizistischen Reiseskizzen der ersten Hälfte des 19. Jahrhunderts (z. B. bei Heine). Durch diese Besonderheit der »Straße« unterscheiden sich die hier genannten Spielarten des Romans von einer anderen Linie des auf Reise und Wanderung aufbauenden Romans, die von Spielarten wie dem antiken Reiseroman, dem griechischen sophistischen Roman (dessen Analyse der erste Abschnitt dieser Arbeit galt) oder dem Barockroman des 17. Jahrhunderts repräsentiert wird. Eine ähnliche Funktion wie die Straße erfüllt in diesen Romanen die »fremde Welt«, die vom eigenen Land durch Meer und Ferne getrennt ist.

Gegen Ende des 18. Jahrhunderts bildet und konsolidiert sich in England in dem »gotischen« oder »schwarzen« Roman ein neuer Schauplatz, an dem sich die Romanereignisse vollziehen: das »*Schloß*« (in dieser Bedeutung finden wir es erstmals bei Horace Walpole – »Das Schloß von Otranto«, danach bei Radcliffe, Lewis u.a.). Das Schloß ist angefüllt mit Zeit, und zwar mit historischer Zeit im engen Sinne des Wortes, d.h. mit der Zeit der historischen Vergangenheit. Das Schloß ist der Ort, an dem die Herren der Feudalepoche und somit auch die historischen Figuren der Vergangenheit lebten, an dem sich in sichtbarer Form die Spuren der Jahrhunderte und der Geschlechter abgelagert haben – in den verschiedenen Teilen seines Baues, im Mobiliar, in den Waffen, in der Ahnengalerie, in den Familienarchiven, in den spezifischen menschlichen Beziehungen der dynastischen Erbfolge, der Weitergabe von Erbrechten. Schließlich sind es die Legenden und Überlieferungen, die mit den Erinnerungen an ferne Ereignisse alle Ecken und Winkel des Schlosses und seiner Umgebung mit Leben erfüllen. Das verleiht dem Schloß jene spezifische Sujethaftigkeit, die in den gotischen Romanen zur Entfaltung kommt.

Dank ihrer Geschichtlichkeit konnte die Schloß-Zeit in der Entwicklung des historischen Romans eine recht wichtige Rolle spielen. Das Schloß entstammt früheren Jahrhunderten und ist der Vergangenheit zugewandt. Den Spuren der Zeit, auf die man im Schloß trifft, haftet freilich etwas Antiquiert-Museales an. Walter Scott ist der Gefahr der Antiquiertheit dadurch entgangen, daß er sich vornehmlich auf die Schloßlegende, auf den Zusammenhang des Schlosses mit einer geschichtlich begriffenen und von geschichtlichem Sinn durchdrungenen Landschaft orientierte. Es ist die organische Verschmelzung von räumlichen und zeitlichen Momenten und Merkmalen im Schloß (und dessen Umgebung), die historische Intensität dieses Chronotopos, die dessen gestalterische Produktivität in den verschiedenen Entwicklungsetappen des historischen Romans bestimmt hat.

In den Romanen Stendhals und Balzacs taucht mit dem »*Emp-*

fangssalon« (im weiten Sinne) eine für den Ablauf der Romanereignisse grundsätzlich neue Lokalität auf. Natürlich gab es einen »Empfangssalon« auch schon in der vorausgegangenen Literatur, aber erst bei Stendhal und Balzac erlangt er seine volle Bedeutung als der Ort, an dem sich die räumlichen und zeitlichen Reihen des Romans überschneiden. Was Sujet und Komposition anbelangt, so finden hier die Begegnungen (die nicht mehr – wie früher die Begegnungen auf der »Straße« oder in einer »fremden Welt« – einen spezifisch zufälligen Charakter haben) statt, werden hier die Intrigen eingefädelt und häufig auch entwirrt, und schließlich werden hier – was besonders wichtig ist – *Dialoge* geführt, die im Roman eine außerordentliche Bedeutung erlangen, werden hier die Charaktere, »Ideen« und »Leidenschaften« der Helden bloßgelegt.

Diese Relevanz für Sujet und Komposition ist durchaus verständlich, wenn man bedenkt, daß die Salons der Restauration und der Julimonarchie ein Barometer der Politik und des Geschäftslebens sind, daß dort politische, geschäftliche, gesellschaftliche und literarische Reputationen aufgebaut werden und sich in Nichts auflösen, Karrieren beginnen und scheitern, die Geschicke der hohen Politik und der Finanzen gelenkt werden, Entscheidungen über den Erfolg oder Mißerfolg einer Gesetzesvorlage, eines Buches, eines Theaterstücks, eines Ministers, einer Kurtisane oder Sängerin fallen. Hier ist die neue soziale Hierarchie in ihren Abstufungen hinreichend vollständig repräsentiert (zur gleichen Zeit an einem Ort vereinigt); schließlich offenbart sich hier in konkreten und sichtbaren Formen die allgegenwärtige Macht dessen, der nun Herr über das Leben ist – die Macht des Geldes.

Das Wichtigste aber an alledem ist die Verflechtung des Historischen und Gesellschaftlich-Öffentlichen mit dem Privaten und sogar höchst Privaten, Intimen; die Verflechtung der privaten Alltagsintrige mit der politischen und finanziellen, des Staatsgeheimnisses mit dem Bettgeheimnis, der historischen Reihe mit der alltäglichen und biographischen. Hier sind die anschaulich sichtbaren Merkmale der historischen wie auch der biographischen und alltäglichen Zeit verdichtet, kondensiert und gleichzeitig aufs engste miteinander verflochten, zu einheitlichen Kennzeichen der Epoche zusammengeflossen. Die Epoche wird anschaulich sichtbar und sujethaft sichtbar.

Freilich ist der Empfangssalon bei den großen Realisten – bei Stendhal und Balzac – nicht der einzige Ort, an dem sich die zeitliche und die räumliche Reihe überschneiden, an dem sich die Spuren des Zeitablaufs im Raum verdichten. Er ist nur einer dieser Orte. Balzacs Fähigkeit, die Zeit im Raum zu »*sehen*«, war außerordentlich. Es sei nur daran erinnert, in welch bemerkenswerter Weise er Häuser als materialisierte Geschichte darstellt oder wie er Straßen, eine Stadt, eine Dorflandschaft unter dem Aspekt ihres Geprägtseins von Zeit und Geschichte zeigt.

Wir greifen noch ein weiteres Beispiel für die Überschneidung von räumlicher und zeitlicher Reihe heraus. In Flauberts »Madame Bovary« ist ein »*Provinzstädtchen*« Ort der Handlung. Das spießige Provinzstädtchen mit seinem stumpfsinnigen Alltag ist im 19. Jahrhundert (vor Flaubert wie nach ihm) sehr häufig der Ort, an dem sich die Romanereignisse abspielen. Dieses Städtchen kommt in mehreren Variationen vor, von denen eine besonders wichtig ist: die idyllische (bei den Regionalisten). Ich möchte nur auf die Flaubertsche Variante eingehen (deren Urheber freilich nicht Flaubert ist). Städtchen dieser Art sind Stätten der zyklischen Alltagszeit. Hier gibt es keine Ereignisse, sondern nur sich wiederholende »Begebenheiten«. Die Zeit kennt hier keinen fortschreitenden historischen Verlauf, sie bewegt sich in kleinen Kreisen: in einem Tageskreis, einem Wochen-, einem Monatskreis, einem Kreis des ganzen Lebens. Der Tag ist nie ein Tag, das Jahr nie ein Jahr, das Leben nie ein Leben. Von Tag zu Tag wiederholen sich die gleichen alltäglichen Handlungen, die gleichen Gesprächsthemen, die gleichen Worte usw. Die Menschen in dieser Zeit essen und trinken, schlafen, haben Ehefrauen, haben Geliebte (keine romanhaften), spinnen kleine Intrigen, sitzen in ihren Läden oder Büros, spielen Karten und ergehen sich in Klatscherei. Das ist die normale, gewöhnliche zyklische Alltagszeit, wie sie uns in verschiedenen Variationen bei Gogol und Turgenjew, bei Gleb Uspenski, Schtschedrin und Tschechow begegnet. Die Kennzeichen dieser Zeit sind einfacher und grob-materieller Art, sind mit den diesem Alltag entsprechenden Örtlichkeiten fest verwachsen: mit den Häuschen und Stübchen des Städtchens, mit den verschlafenen Straßen, dem Staub und den Fliegen, den Klubs, den Billardspielen usw. usf. Die Zeit ist hier ereignislos, so daß es scheint, sie sei fast gänzlich stehengeblieben. Hier gibt es weder »Begegnungen« noch »Abschiede«. Dies ist eine zähe, klebrige Zeit, die im Raum langsam dahinkriecht. Deshalb kann sie nicht die hauptsächliche Zeit des Romans sein. Die Romanautoren benützen sie als eine Nebenzeit, die mit anderen, nichtzyklischen Zeitreihen verwoben oder von diesen unterbrochen wird, als eine Zeit, die häufig als kontrastierender Hintergrund der ereignisreichen und energiegeladenen Zeitreihen dient.

Ein weiterer, von hoher emotional-wertmäßiger Intensität durchdrungener Chronotopos ist die *Schwelle*. Dieser Chronotopos kann sich auch mit dem Motiv der Begegnung verbinden, seine wesentlichste Ergänzung aber ist der Chronotopos der *Krise* und des *Wendepunkts* im Leben. Allein das Wort »Schwelle« hat ja schon im Redeleben (neben seiner realen Bedeutung) eine metaphorische Bedeutung erlangt und sich mit dem Moment des Wendepunkts im Leben, der Krise, der das Leben verändernden Entscheidung verknüpft (oder auch mit dem Moment des Zauderns, der Furcht vor dem Überschreiten der Schwelle). In der Literatur ist dieser Chronotopos immer metaphorisch und symbolisch, manchmal in offener, häufiger jedoch in impliziter Form. Bei Dostojewski z. B. bilden die Schwelle und die ihr benachbarten Chronotopoi der Treppe, des Vorzimmers und des Korridors wie auch deren Fortsetzungen, die Chronotopoi der Straße und des Platzes, die wichtigsten Schauplätze der Handlung in seinen Werken – die Orte, an denen es zu Krisen kommt, zum Fiasko und zur Auferstehung, zur Erneuerung, an denen Menschen sehend werden und Entschlüsse fassen, die ihr ganzes Leben bestimmen. Die Zeit in diesem Chronotopos ist im Grunde genommen ein Augenblick, dem gleichsam keine Dauer eignet und der aus dem normalen Fluß der biographischen Zeit herausfällt. Diese entscheidenden Augenblicke gehen bei Dostojewski ein in die großen, umfassenden Chronotopoi der *Mysterien-* und Karnevalszeit. Diese Zeiten sind einander im Schaffen Dostojewskis auf eigentümliche Weise benachbart, überschneiden und verflechten sich, ähnlich wie sie sich viele Jahrhunderte lang auf den Volksplätzen des Mittelalters und der Renaissance (im Grunde genommen – in etwas anderen Formen – auch schon auf den Plätzen des antiken Griechenland und Rom) nebeneinander befanden. Es ist der uralte Karnevals- und Mysterienplatz, der bei Dostojewski auf den Straßen und in den Massenszenen innerhalb der Häuser (vornehmlich in den Gastzimmern) gleichsam zu neuem Leben erwacht und dort durchschimmert.* Damit sind natürlich die Dostojewskischen Chronotopoi

* Die kulturellen und literarischen Traditionen (darunter auch die allerältesten) werden nicht im individuellen subjektiven Gedächtnis des einzelnen Menschen und nicht

noch nicht erschöpft; sie sind so kompliziert und vielfältig wie die sich in ihnen erneuernden Traditionen.

Im Unterschied zu Dostojewski ist der hauptsächliche Chronotopos im Schaffen Lew Tolstois die biographische Zeit, die in den Innenräumen der Adelshäuser und Gutshöfe abläuft. Natürlich gibt es auch in Tolstois Werken Krisen und Zusammenbrüche, Erneuerungen und Auferstehungen, doch währen diese nicht nur einen Augenblick, und sie fallen nicht aus dem biographischen Zeitstrom heraus, sondern sind in ihn fest eingebunden. So ziehen sich z. B. die Krise und das allmähliche Begreifen des Iwan Iljitsch durch die ganze letzte Periode seiner Krankheit und finden erst unmittelbar vor seinem Lebensende ihren Abschluß. Um einen langwierigen und stufenweisen, ganz und gar biographischen Prozeß handelt es sich auch bei der Erneuerung Pierre Besuchows. Nicht so lange, doch keineswegs nur einen Augenblick, dauert die Erneuerung und Buße Nikitas (»Macht der Finsternis«). Wir finden bei Tolstoi nur eine Ausnahme: die durch nichts vorbereitete, völlig überraschende, radikale Erneuerung Brechunows kurz vor seinem Tode (»Herr und Knecht«). Tolstoi hielt nichts von Augenblicken, er war nicht daran interessiert, sie mit Wesentlichem und Entscheidendem auszufüllen; das Wort »plötzlich« kommt bei ihm nur selten vor und leitet niemals ein bedeutendes Ereignis ein. Im Unterschied zu Dostojewski liebte Tolstoi die Dauer, die Ausdehnung der Zeit. Größte Bedeutung nach der biographischen Zeit und dem biographischen Raum haben bei Tolstoi der Chronotopos der Natur, der Chronotopos der Familienidylle und sogar der Chronotopos der Arbeitsidylle (bei der Darstellung der bäuerlichen Arbeit).

Fragen wir nach der Bedeutung der hier behandelten Chronotopoi, so fällt vor allem ihre Relevanz für das *Sujet* ins Auge. Sie sind die Organisationszentren der grundlegenden Sujetereignisse des Romans. Im Chronotopos werden die Knoten des Sujets geschürzt und gelöst. Man kann ohne weiteres sagen, daß ihnen eine erstrangige sujetbildende Bedeutung zukommt.

in irgendeiner kollektiven »Psyche« aufbewahrt, und sie bleiben nicht dort am Leben, sondern in den objektiven Formen der Kultur selbst (darunter auch in den Sprach- und Redeformen), und in diesem Sinne sind sie intersubjektiv und interindividuell (folglich auch sozial); von dort aus gelangen sie in die Werke der Literatur, wobei sie das subjektive individuelle Gedächtnis der Schöpfer mitunter fast völlig umgehen.

Was gleichzeitig in die Augen springt, ist die *gestalterische* Bedeutung der Chronotopoi. Die Zeit nimmt in ihnen sinnlich-anschaulichen Charakter an; die Sujetereignisse werden im Chronotopos konkretisiert, mit Fleisch umhüllt und mit Blut gefüllt. Von einem Ereignis kann man Mitteilung machen, über ein Ereignis kann man informieren, man kann dabei Ort und Zeit seines Verlaufs exakt angeben. Doch wird das Ereignis nicht zum Bild. Der Chronotopos nun liefert die entscheidende Grundlage, auf der sich die Ereignisse zeigen und darstellen lassen. Und das eben dank der besonderen Verdichtung und Konkretisierung der Kennzeichen der Zeit – der Zeit des menschlichen Lebens, der historischen Zeit – auf bestimmten Abschnitten des Raumes. Dadurch wird es auch möglich, die Darstellung der Ereignisse im Chronotopos (um den Chronotopos herum) aufzubauen. Der Chronotopos dient als Angelpunkt für die Entfaltung der »Szenen« im Roman, während andere, vom Chronotopos weit entfernte, »verbindende« Ereignisse in Form einer trockenen Nachricht und Mitteilung dargeboten werden (bei Stendhal z. B. haben Information und Mitteilung ein sehr großes Gewicht; die Darstellung konzentriert und verdichtet sich in einigen wenigen Szenen; diese Szenen werfen auch auf die informatorischen Teile des Romans ein konkretisierendes Licht – vgl. z. B. den Aufbau von »Armance«). Somit bildet der Chronotopos als die hauptsächliche Materialisierung der Zeit im Raum das Zentrum der gestalterischen Konkretisierung, der Verkörperung für den ganzen Roman. Alle abstrakten Romanelemente – philosophische und soziale Verallgemeinerungen, Ideen, Analysen von Ursachen und Folgen und dgl. – werden vom Chronotopos angezogen, durch ihn mit Fleisch umhüllt und mit Blut erfüllt und werden durch ihn der künstlerischen Bildhaftigkeit teilhaftig. Soviel zur gestalterischen Bedeutung des Chronotopos.

Alle hier untersuchten Chronotopoi haben genretypischen Charakter, liegen bestimmten Spielarten des Romangenres zugrunde, das sich über Jahrhunderte hinweg herausgebildet und entwickelt hat (wobei sich allerdings die Funktionen, beispielsweise des Chronotopos der Straße, in diesem Entwicklungsprozeß verändern). Chronotopisch ist jedoch jedes künstlerisch-literarische Bild. Grundlegend chronotopisch ist die Sprache als Schatzkammer der Bilder. Chronotopisch ist die innere Form des Wortes, d. h. jenes vermittelnde Merkmal, mit dessen Hilfe die ursprünglich räumlichen Bedeutungen auf zeitliche Beziehungen (im weitesten Sinne) übertragen werden. Hier ist nicht der Ort, auf diese speziellere Frage einzugehen. Wir verweisen auf das entsprechende Kapitel in der Arbeit von Cassirer (»Philosophie der symbolischen Formen«), in welchem die Widerspiegelung der Zeit in der Sprache (die Aneignung der Zeit durch die Sprache) unter Hinzuziehung reichen Faktenmaterials untersucht wird.

Das Prinzip der Chronotopie des künstlerisch-literarischen Bildes hat Lessing in seinem »Laokoon« zum erstenmal mit aller Deutlichkeit erschlossen. Er stellte den zeitlichen Charakter des künstlerisch-literarischen Bildes fest. Alles Räumlich-Statische darf nicht statisch beschrieben, sondern muß in die zeitliche Reihe der dargestellten Ereignisse und der Erzählung und Darstellung selbst einbezogen werden. So wird in Lessings berühmtem Beispiel die Schönheit der Helena von Homer nicht beschrieben, sondern es wird gezeigt, welche Wirkung sie auf die trojanischen Ältesten ausübt, wobei diese Wirkung in einer Anzahl von Bewegungen, in Handlungen der Ältesten enthüllt wird. Die Schönheit ist in die Kette der dargestellten Ereignisse einbezogen und ist gleichzeitig Gegenstand nicht einer statischen Beschreibung, sondern einer dynamischen Erzählung.

Doch obwohl Lessing das Problem der Zeit in der Literatur auf sehr grundsätzliche und produktive Weise aufwirft, ist sein Gesichtspunkt dabei im Grunde ein technisch-formaler (natürlich nicht im formalistischen Sinne). Das Problem der Aneignung der realen Zeit, d.h. das Problem der Aneignung der historischen Wirklichkeit im poetischen Bild, wirft er nicht direkt und unmittelbar auf, obwohl er es in seiner Arbeit berührt.

Vor dem Hintergrund dieser allgemeinen (formal-materiellen) Chronotopie des poetischen Bildes als eines Bildes der zeitlichen Kunst, welche die räumlich-sinnlichen Erscheinungen in ihrer Bewegung und ihrem Werden darstellt, wird die Besonderheit der genretypischen sujetbildenden Chronotopoi verständlich, von denen bis jetzt die Rede war. Es sind dies spezifische romanhaft-epische Chronotopoi, die zur Aneignung der realen zeitlichen (im Extrem – der historischen) Wirklichkeit dienen und es ermöglichen, wesentliche Momente dieser Wirklichkeit widerzuspiegeln und in die künstlerische Ebene des Romans einzuführen.

Wir sprechen hier nur von den großen, umfassenden und wesentlichen Chronotopoi. Jeder von ihnen kann jedoch eine unbegrenzte Zahl von kleinen Chronotopoi in sich einschließen: Kann doch jedes

Motiv, wie wir schon sagten, seinen eigenen besonderen Chronotopos haben.

Innerhalb eines Werkes und innerhalb des Schaffens eines Autors lassen sich eine Vielzahl von Chronotopoi sowie komplizierte, für das jeweilige Werk oder den jeweiligen Autor spezifische Wechselbeziehungen zwischen diesen Chronotopoi beobachten, wobei gewöhnlich einer von ihnen der umgreifende oder dominierende ist (gerade diese waren hier vor allem Gegenstand unserer Analysen). Die Chronotopoi können sich aneinander anschließen, miteinander koexistieren, sich miteinander verflechten, einander ablösen, vergleichend oder kontrastiv einander gegenübergestellt sein oder in komplizierteren Wechselbeziehungen zueinander stehen. Diese Wechselbeziehungen zwischen den Chronotopoi können selbst nicht mehr in einen der aufeinander bezogenen Chronotopoi eingehen. Der allgemeine Charakter dieser Wechselbeziehungen ist ein *dialogischer* (in der weitgefaßten Bedeutung dieses Terminus). Dieser Dialog kann jedoch nicht in die im Werk dargestellte Welt, kann nicht in einen einzigen ihrer (dargestellten) Chronotopoi eingehen: Er steht außerhalb der dargestellten Welt, wenn auch nicht außerhalb des Werkganzen. Eingang findet er (dieser Dialog) in die Welt des Autors, des interpretierenden Künstlers und in die Welt der Zuhörer und Leser. Und diese Welten sind ebenfalls chronotopisch.

Wie treten uns nun die Chronotopoi des Autors und des Hörers und Lesers entgegen? Vor allem in der äußeren materiellen Existenz des Werkes und in dessen rein äußerlicher Komposition. Doch das Material des Werkes ist nicht tot, sondern ist sprechendes, bedeutungtragendes (oder zeichenhaftes) Material; wir sehen und fühlen es nicht nur, sondern wir hören darin auch immer eine Stimme (selbst dann, wenn wir es stumm für uns selbst lesen). Uns ist ein Text gegeben, der im Raum einen bestimmten Platz einnimmt, d.h. der lokalisiert ist; seine Entstehung dagegen und das Bekanntwerden mit ihm vollziehen sich in der Zeit. Der Text als solcher ist nicht tot: Von jedem beliebigen Text aus, mitunter durch eine lange Reihe vermittelnder Glieder, gelangen wir letztendlich immer zu einer menschlichen Stimme, stoßen wir gleichsam auf einen Menschen; der Text ist jedoch immer an irgendein totes Material gebunden: in den frühen Entwicklungsstadien der Literaturentwicklung an den physikalischen Schall, im Schriftstadium an Aufzeichnungen (auf Stein, Tontafeln, Leder, Papyrus oder Papier); später kann die Aufzeichnung die Form eines Buches annehmen (Rolle oder Kodex). Aber die Aufzeichnungen und Bücher, in welcher Form sie auch abgefaßt sein mögen, liegen bereits an der Grenze zwischen toter Natur und Kultur; verstehen wir sie als Träger des Textes, dann gehören sie in den Bereich der Kultur, in unserem Falle – in den der Literatur. In jener ganz realen Raumzeit, in der das Werk erklingt, in der die Aufzeichnung oder das Buch sich befinden – daselbst befindet sich auch der reale Mensch, der die erklingende Rede, die Aufzeichnung oder das Buch erschaffen hat, und da befinden sich auch die realen Menschen, die den Text hören und lesen. Natürlich können sich diese realen Menschen – die Autoren und die Hörer und Leser – in verschiedenen Raumzeiten befinden (und gewöhnlich tun sie das auch), die manchmal durch Jahrhunderte und durch räumliche Ferne voneinander getrennt sind, aber dennoch befinden sie sich alle in der einheitlichen realen und unabgeschlossenen historischen Welt, die durch eine scharfe und prinzipielle Grenze von der im Text *dargestellten* Welt geschieden ist. Deshalb können wir diese Welt als die den Text *erschaffende* Welt bezeichnen: Sind doch alle ihre Momente – die im Text widergespiegelte Wirklichkeit, die den Text erschaffenden Autoren, die (falls vorhanden) den Text interpretierenden Künstler und schließlich die Zuhörer und Leser, die den Text wiedererschaffen und ihn in dieser Wiedererschaffung erneuern – an der Erschaffung der im Text dargestellten Welt gleichermaßen beteiligt. Aus den realen Chronotopoi dieser darstellenden Welt gehen dann die widergespiegelten und *erschaffenen* Chronotopoi der im Werk (im Text) dargestellten Welt hervor.

Wie gesagt, zwischen der darstellenden realen Welt und der im Werk dargestellten Welt verläuft eine scharfe und prinzipielle Grenze. Das darf man niemals vergessen. Es geht nicht an, daß man (wie das geschehen ist und zuweilen heute noch geschieht) die dargestellte Welt mit der darstellenden Welt verwechselt (naiver Realismus), daß man nicht zwischen dem Autor als Schöpfer des Werkes und dem Autor als Mensch differenziert (naiver Biographismus), daß man den wiedererschaffenden und erneuernden Hörer und Leser verschiedener (und zahlreicher) Epochen mit dem passiven Hörer und Leser der eigenen Gegenwart durcheinanderbringt (Dogmatismus des Verstehens und Bewertens). Alle derartigen Vermengungen sind methodologisch gänzlich unzulässig. Völlig unzulässig ist es jedoch, diese prinzipielle Grenze als eine absolute und undurchlässige Grenze aufzufassen (simplifizierende dogmatische Spezifiziererei). Wenn die dargestellte und die darstellende Welt auch niemals miteinander verschmelzen können und wenn die prinzipielle Grenze zwischen ihnen auch niemals aufgehoben werden kann, so sind doch beide unlöslich miteinander verbunden und stehen in ständiger Wechselwirkung. Zwischen ihnen findet ein ununterbrochener Austausch statt, ähnlich dem ununterbrochenen Stoffwechsel, der sich zwischen einem lebendigen Organismus und seiner Umwelt abspielt: Solange der Organismus lebt, verschmilzt er nicht mit dieser Umwelt, reißt man ihn jedoch von ihr los, so stirbt er. Das Werk und die in ihm dargestellte Welt gehen in die reale Welt ein und bereichern sie, und die reale Welt geht in das Werk und in die in ihm dargestellte Welt ein, und zwar im Schaffensprozeß wie auch im Prozeß seines späteren Lebens, in dem sich das Werk in der schöpferischen Wahrnehmung durch die Hörer und Leser ständig erneuert. Dieser Austauschprozeß ist natürlich selbst chronotopisch: Er vollzieht sich vor allem in der sich historisch entwickelnden sozialen Welt, wobei er sich jedoch gleichfalls nicht von dem sich wandelnden historischen Raum löst. Man kann sogar auch von einem besonderen *schöpferischen* Chronotopos sprechen, in dem dieser Austausch zwischen Werk und Leben vor sich geht und in dem sich das besondere Leben des Werkes abspielt.

Wir müssen noch kurz auf den Autor als den Schöpfer des Werkes und auf seine Aktivität zu sprechen kommen.

Den Autor finden wir *außerhalb* des Werkes als einen Menschen, der sein biographisches Leben lebt, aber er begegnet uns als Schöpfer auch im Werk selbst, jedoch *außerhalb* der dargestellten Chronotopoi, gleichsam auf einer Tangente zu ihnen. Wir treffen auf ihn (d. h. auf seine Aktivität) vor allem in der Komposition des Werkes: Er gliedert das Werk in Teile (Lieder, Kapitel usw.), die zwar einen äußeren Ausdruck erlangen, dieser Ausdruck jedoch spiegelt sich nicht unmittelbar in den dargestellten Chronotopoi wider. Diese Gliederungen sind in den einzelnen Genres verschieden, wobei sich in einigen Genres traditionsgemäß jene Gliederungen erhalten haben, die von den realen Bedingungen diktiert waren, unter denen die Werke dieser Genres in den frühen Epochen ihrer noch nicht schriftlichen (mündlichen) Existenz dargeboten und angehört wurden. So läßt sich in der Gliederung der uralten epischen Lieder recht deutlich der Chronotopos des Sängers und der Zuhörer und in den Märchen der Chronotopos des Erzählens wahrnehmen. Jedoch auch in der Gliederung der Werke der Neuzeit sind die Chronotopoi der dargestellten Welt ebenso wie die Chronotopoi der Leser und der Schöpfer des Werkes berücksichtigt, d.h. es kommt zu einer Wechselwirkung zwischen der dargestellten und der darstellenden Welt. Diese Wechselwirkung tritt auch in einigen elementaren Kompositionsmomenten sehr deutlich zutage: Jedes Werk hat einen *Anfang* und ein *Ende*, und dasselbe gilt auch für das in ihm dargestellte Ereignis, doch liegen diese Anfänge und Endpunkte in verschiedenen Welten, in verschiedenen Chronotopoi, die niemals miteinander verschmelzen oder einander gleichgesetzt werden können, zugleich aber in Korrelation zueinander stehen und untrennbar miteinander verbunden sind. Wir können auch so sagen: Wir haben es mit zwei Ereignissen zu tun – dem Ereignis, von dem im Werk erzählt wird, und dem Ereignis des Erzählens selbst (an dem wir auch selbst als Zuhörer und Leser mitwirken); diese Ereignisse vollziehen sich in verschiedenen Zeiten (verschieden auch in ihrer Dauer) und an verschiedenen Orten und sind gleichzeitig fest zusammengeschlossen in einem einheitlichen, aber komplexen Ereignis, das wir als das Werk in seiner Ereignisfülle bezeichnen können – zu diesem zählt die äußere materielle Gegebenheit des Werkes ebenso wie dessen Text, die im Werk dargestellte Welt ebenso wie der Autor und Schöpfer und der Zuhörer und Leser. Dabei nehmen wir diese Fülle in ihrer Ganzheitlichkeit und Unteilbarkeit wahr, erfassen aber zugleich die ganze Verschiedenartigkeit der sie konstituierenden Momente.

Der Autor als Schöpfer bewegt sich frei in seiner Zeit: Er kann seine Erzählung am Ende, in der Mitte, an jedem beliebigen Punkt der darzustellenden Ereignisse beginnen lassen, ohne dabei den objektiven Zeitablauf in dem dargestellten Ereignis zu zerstören. Hier tritt der Unterschied zwischen der darzustellenden und der dargestellten Zeit deutlich zutage.

Das wirft jedoch zugleich eine allgemeinere Frage auf: Von welchem zeitlich-räumlichen Punkt aus blickt der Autor auf die von ihm darzustellenden Ereignisse?

Er blickt erstens von seiner unabgeschlossenen Gegenwart (in deren ganzer Komplexität und Fülle) aus auf diese Ereignisse, wobei er sich selbst gleichsam auf einer Tangente zu der von ihm darzustellenden Wirklichkeit befindet. Diese Gegenwart, von der aus der

Autor schaut, schließt vor allem den Bereich der Literatur ein, und zwar nicht nur der im engen Sinne zeitgenössischen, sondern auch der vergangenen Literatur, die in der Gegenwart weiterlebt und wieder erneuert wird. Der Bereich der Literatur und – weitergefaßt – der Kultur (von der die Literatur nicht zu trennen ist) liefert den notwendigen Kontext für das literarische Werk und die Position, die der Autor im Werk einnimmt; außerhalb dieses Kontextes kann man weder das Werk noch die im Werk widergespiegelten Autorintentionen verstehen.* Das Verhältnis des Autors zu den verschiedenen Erscheinungen der Literatur und Kultur hat dialogischen Charakter, analog den Wechselbeziehungen zwischen den Chronotopoi innerhalb des Werkes (von denen die Rede war). Diese dialogischen Beziehungen gehören jedoch einer besonderen *Sinn*sphäre an, die den Rahmen unserer rein chronotopischen Betrachtung überschreitet.

Es wurde bereits festgestellt, daß sich der Autor als Schöpfer nicht schlechthin außerhalb der Chronotopoi der von ihm darzustellenden Welt, sondern gewissermaßen auf einer Tangente zu diesen Chronotopoi befindet. Er stellt die Welt entweder vom Standpunkt eines an dem dargestellten Ereignis beteiligten Helden oder vom Standpunkt eines Erzählers oder eines fingierten Autors dar, oder er erzählt schließlich – ohne jegliche Vermittlung – direkt von sich aus, als reiner Autor (in direkter Autorrede), doch auch in diesem Falle kann er die zeitlich-räumliche Welt mit ihren Ereignissen so darstellen, *als ob* er sie sähe und beobachtete, *als ob* er ihr allgegenwärtiger Augenzeuge sei. Selbst wenn er eine Autobiographie oder eine zutiefst aufrichtige Beichte verfaßt hat, verbleibt er als der, der sie geschaffen hat, dennoch außerhalb der in ihr dargestellten Welt. Wenn ich von einem Ereignis erzähle (oder schreibe), das mir selbst soeben erst widerfahren ist, befinde ich mich *als der* von diesem Ereignis *Erzählende* (oder Schreibende) bereits außerhalb jener Raumzeit, in der das betreffende Ereignis stattgefunden hat. Sich selbst, sein eigenes »Ich« mit dem »Ich«, von dem ich erzähle, absolut gleichzusetzen, ist ebenso unmöglich wie sich selbst an den Haaren hochzuziehen. Die dargestellte Welt, wie realistisch und wahrheitsgetreu sie auch sein mag, kann niemals chronotopisch mit der darstellenden realen Welt zusammenfallen, in der sich der Autor und Schöpfer die-

* Von anderen Bereichen der sozialen und persönlichen Erfahrung des Autors und Schöpfers soll hier abgesehen werden.

ser Darstellung befindet. Deshalb scheint mir der Terminus »Bild des Autors«[31] nicht glücklich gewählt zu sein: Alles, was zu einem Bild im Werk geworden ist und demzufolge in die Chronotopoi des Werkes Eingang findet, ist etwas Erschaffenes und nichts Erschaffendes. Das »Bild des Autors« ist, wenn darunter der Autor als Schöpfer verstanden wird, eine Contradictio in adjecto; jedes Bild ist immer etwas Erschaffenes und nichts Erschaffendes. Natürlich kann sich der Hörer und Leser ein Bild des Autors erschaffen (und gewöhnlich tut er das auch, d. h., er hat eine bestimmte Vorstellung vom Autor). Dabei kann er auf autobiographisches und biographisches Material zurückgreifen, er kann die Epoche studieren, in der der Autor gelebt und geschaffen hat, und er kann noch anderes Material über ihn heranziehen, jedoch erschafft er (der Hörer und Leser) immer nur ein künstlerisch-historisches Bild des Autors, das mehr oder weniger wahrheitsgetreu und tiefgründig sein kann, d. h. denjenigen Kriterien unterworfen ist, die gewöhnlich auf diese Art Bilder angewandt werden; doch in das Bildgewebe des Werkes vermag dieses Bild freilich nicht einzugehen. Wenn dieses Bild jedoch wahrheitsgetreu und tiefgründig ist, hilft es dem Hörer und Leser, das Werk des betreffenden Autors richtiger und tiefer zu verstehen.

Auf das schwierige Problem des Hörers und Lesers – seine chronotopische Position und seine das Werk *erneuernde* Rolle (im Lebensprozeß des Werkes) – werden wir in dieser Arbeit nicht eingehen; wir weisen lediglich darauf hin, daß jedes literarische Werk *nach außen*, an den Hörer und Leser *gerichtet* ist und dessen mögliche Reaktionen in gewissem Maße vorwegnimmt.

Zum Schluß soll noch eine wichtige Frage berührt werden: die Frage nach den Grenzen der chronotopischen Analyse. Wissenschaft, Kunst und Literatur haben es auch mit *Sinn*momenten zu tun, die als solche keinen räumlichen und zeitlichen Bestimmungen unterliegen. Das gilt z. B. für alle mathematischen Begriffe: Wir benutzen sie zum Messen räumlicher und zeitlicher Erscheinungen, doch sie selbst als solche weisen keine zeitlich-räumlichen Bestimmungen auf; sie sind ein Gegenstand unseres abstrakten Denkens. Das ist ein abstrakt-begriffliches Gebilde, das zur Formalisierung und streng wissenschaftlichen Untersuchung vieler konkreter Phänomene benötigt wird. Sinnbildungen[32] gibt es jedoch nicht nur im abstrakten Denken, sie spielen auch im künstlerischen Denken eine Rolle. Diese künstlerischen Sinnbildungen unterliegen ebenfalls keinen zeitlich-räumlichen Bestimmungen. Mehr noch, wir *verleihen* jeder Erscheinung auf bestimmte Art *Sinn*, d.h. wir beziehen die Erscheinung nicht nur in eine Sphäre räumlich-zeitlicher Existenz, sondern auch in eine Sinnsphäre ein. Diese Sinngebung schließt auch ein Moment der Bewertung mit ein. Doch die Fragen nach der Seinsform dieser Sphäre sowie nach dem Charakter und der Form der sinngebenden Bewertungen sind rein philosophische Fragen (freilich keine metaphysischen), die wir hier nicht erörtern können. Für uns ist hier folgendes wichtig: Welcher Art diese Sinnbildungen auch sein mögen, um in unsere Erfahrung (und zwar die soziale Erfahrung) einzugehen, müssen sie eine zeitlich-räumliche Ausdrucksform annehmen, d.h. eine *Zeichen*form, die wir hören und sehen können (eine Hieroglyphe, eine mathematische Formel, einen Ausdruck durch Sprache, durch das Wort, eine Zeichnung u.a.). Ohne eine solche zeitlich-räumliche Ausdrucksform ist nicht einmal ein im höchsten Grade abstraktes Denken möglich. Mithin kann die Sphäre der Sinnbildungen nur durch die Pforte der Chronotopoi betreten werden.

Wie wir eingangs schon bemerkten, hat die Erforschung der zeitlichen und räumlichen Beziehungen in den Werken der Literatur gerade erst begonnen, wobei zumeist die zeitlichen Beziehungen losgelöst von den notwendigerweise mit ihnen verbundenen räumlichen Beziehungen untersucht wurden, so daß von einem konsequent chronotopischen Herangehen bisher noch keine Rede sein konnte. Inwieweit der von mir vorgeschlagene Zugang als fundiert und nützlich anzusehen ist, muß die weitere Entwicklung der Literaturwissenschaft erweisen.

1937-1938*

* Die »Schlußbemerkungen« stammen aus dem Jahre 1973.

Anmerkungen des Übersetzers

1 *Uchtomski* – Alexej A. Uchtomski (1875-1942) war ein bedeutender sowjetischer Physiologe, Professor in Leningrad.

2 *»Leukippe und Kleitophon«* – Bachtin meint die russische Ausgabe: Achill Tatij Aleksandrijskij, Levkippa i Klitofont. Hrsg. von B. L. Bogaevskij. Moskva 1925 (Biblioteka mirovoj literatury). Die Zitate in unserem Band übersetzte Kurt Treu nach der kritischen Ausgabe des griechischen Originaltextes: Achilles Tatius, Leucippe and Clitophon. Hrsg. von Ebbe Vilborg. Stockholm 1955 (Studia Graeca et Latina Gothoburgensia 1).

3 *Und* – In der russischen Fassung heißt es an dieser Stelle: »Vdrug vižu ...« (»Plötzlich sehe ich ...«). Das »und« bei Achilleus Tatios hat hier jedoch die Bedeutung von »plötzlich« oder »auf einmal«.

4 *»erstaunliche Dinge«* – Bachtin bezieht sich hier frei auf den griechischen Text. Die genaue Übersetzung lautet: »Ich habe von denen, die darüber gut Bescheid wissen, gehört, daß die Art seiner Entstehung ungewöhnlich ist.« (IV. Buch, Kapitel 4)

5 *Prüfungsroman* – Bachtin führt hier neben dem russischen Terminus (»roman ispytanija«) auch die deutsche Entsprechung (»Prüfungsroman«) an.

6 *»Palmerine«* – Palmerin war der Hauptheld einer Serie von Ritterromanen, die ihren Anfang mit dem 1511 anonym in Salamanca erschienenen »Buch vom berühmten und sehr tapferen Ritter Palmerin de Olivia« nahm.

»Die Helden der Liebesgeschichte« – Der Originaltitel des Werkes lautet: »Le dialogue des héros de roman«.

7 *»Viele und mannigfache Leiden ...«* – Bachtin gibt bei Apuleius keine spezielle Textausgabe an. Wir zitieren hier und im folgenden nach: Apuleius, Metamorphosen oder Der goldene Esel. Lateinisch und Deutsch. Übersetzt von Rudolf Helm. 4. Aufl., Berlin 1959 (Schriften und Quellen der Alten Welt. Band 1).

8 *Vergeltung* – In der russischen Übertragung des Apuleius-Zitates ist die von Rudolf Helm mit »trauriger Lohn« übersetzte Wendung (Apuleius, Metamorphosen oder Der goldene Esel, S. 357) mit »verhängnisvolle Vergeltung« (rokovoe vozmezdie) wiedergegeben. »Vergeltung« (vozmezdie) impliziert hier also die Bedeutung von »trauriger Lohn«.

9 *Veröffentlichung* – (opublikovanie) Bachtin verwendet dieses Wort (das auch im Russischen »etwas in schriftlicher, gedruckter Form publizieren« bedeutet) in seinem ursprünglichen Sinn: »etwas an die Öffentlichkeit bringen«.

10 *»auf dem Marktplatz geboren«* – Vgl. Puschkin, Über das volkstümliche

Drama und über »Marfa Possadniza«. In: Puschkin, Gesammelte Werke, Band 5, Berlin und Weimar 1971, S. 146.

11 *Extrovertiertheit* – Mit diesem Wort geben wir das russische »ovnešnenost'« wieder, das genaugenommen »Veräußerlichtheit« bedeutet. Bachtin gebraucht im folgenden auch »ovnešnit'« (»veräußerlichen«) und »ovnešnenie« (»Veräußerlichung«).

12 *(»Recken, nicht solche wie ihr«)* – Vgl. Lermontows Gedicht »Borodino« (1837) – hier erscheint die Zeile in wörtlicher Übersetzung. Der Nachdichter A. Ascharin gibt die Passage deutsch folgendermaßen wieder: »Ja, dazumal gab es noch Recken, / Der Heimat Schirm, der Feinde Schrecken, / Nicht Schwächlinge wie ihr!« (Michail J. Lermontow, Ausgewählte Werke. Hrsg. von W. Neustadt. Moskau 1948, S. 80.) Den Text des Originals vgl. in: M. Ju. Lermontov, Sočinenija v šesti tomach. Band 2, Moskva-Leningrad 1954, S. 80-83.

13 *(wie Cú Chulainn während des Winterschlafs der Ulter)* – Episode aus dem Cú-Chulainn-Zyklus, einem der beiden großen irischen Heldensagenzyklen (vgl. »Ulsterzyklus« oder »Ulstersagen«).

14 *»Petruschka«* – Hauptfigur im russischen Puppenspiel, seit dem 17. Jahrhundert bekannt.

15 *»Gargantua und Pantagruel«* – Bachtin meint folgende Ausgabe: Fransua Rablė, Gargantjua i Pantagrjuėl'. Übersetzt aus dem Altfranzösischen von Wladimir Pjast. Hrsg. von I. I. Glivenko. Moskva-Leningrad 1929. Übersetzung zitiert nach: François Rabelais, Gargantua und Pantagruel. Übersetzt von Walter Widmer und Karl August Horst. Band 1-2, Berlin 1970. (Die dem Zitat folgende, in Klammern gesetzte Ziffer bezieht sich auf das Buch und das Kapitel des Werkes.)

16 *»Im Garten ist der Holunder und in Kiew das Onkelchen«* – (»v ogorode buzina, a v Kieve djad'ka«) Russische Redewendung, die ungefähr die Bedeutung von »völliger Unsinn, Ungereimtheit« (in bezug auf Unlogik und Widersinnigkeit in jemandes Rede, Erörterungen u. dgl.) hat. Vgl. Slovar' russkich poslovic i pogovorok. Moskva 1966, S. 66.

17 *»Hic bibitur.«* – (lat.) Hier wird getrunken.

18 *Beati immaculati in via* – (lat.) Selig, die sich unterwegs nicht beflecken.

19 *Cum exurgerent homines in nos, forte vivos deglutissent nos* – (lat.) Wenn die Menschen sich wider uns setzten, so verschlängen sie uns lebendig.
cum irasceretur furor eorum in nos, forsitan aqua absorbuisset nos – (lat.) Wenn ihr Zorn über uns ergrimmte, so ersäufte uns Wasser.
torrentem pertransivit anima nostra – (lat.) Ströme gingen über unsre Seele.
forsitan pertransisset anima nostra aquam intolerabilem – (lat.) Es gingen Wasser allzu hoch über unsre Seele.

20 *carra navalis* – (mittellat.) großes Schiff.

21 *morituri* – (lat.) des Todgeweihten.

22 *»auf häusliche Art«* – (domašnim obrazom) Vgl. Puschkins Entwurf »Über die Romane von Walter Scott« (1830). In der deutschen Ausgabe (vgl. Puschkin, Gesammelte Werke, Band 5, S. 103) ist diese Wendung mißverständlich mit »milieugetreu« wiedergegeben.

23 *»Lieber will ich den Toten ...«* – Petronius, Satiricon. Übersetzt von Fritz Tech. Berlin 1973, S. 217.

24 *in einer anderen Arbeit* – Vgl. Bachtin, Tvorčestvo Fransua Rablė i narodnaja kul'tura srednevekov'ja i Renessansa. Moskva 1965.

25 *Olenin* – Gestalt aus Tolstois »Kosaken«.

26 *Saweljitsch* – Gestalt aus Puschkins »Hauptmannstochter«.
Platon Karatajew – Gestalt aus »Krieg und Frieden«.

27 *»derbe Unverblümtheit der Volksleidenschaften«, dieses »unabhängige Urteil des Marktplatzes«* – Vgl. Puschkin, Über das volkstümliche Drama und über »Marfa Possadniza«. In: Puschkin, Gesammelte Werke, Band 5, S. 151.

28 *»nicht etwa aus Aristokratie ...«* – Hegel, Ästhetik. Band 1, Berlin und Weimar 1965, S. 191.

29 *»Größere Menschen haben ...«* – Goethe, Gedenkausgabe der Werke, Briefe und Gespräche. Hrsg. von Ernst Beutler. Band 22: Goethes Gespräche. Erster Teil. Zürich 1949, S. 651.

30 *Sagoskin* – Michail N. Sagoskin (1789-1852) schuf mit seinem von Walter Scott beeinflußten Werk »Juri Miloslawski oder Die Russen im Jahre 1612« (1829) den ersten russischen historischen Roman.

31 *»Bild des Autors«* – Der Begriff stammt von Winogradow. (Vgl. die Anmerkung zu S. 9 und V. V. Vinogradov, O jazyke chudožestvennoj literatury. Moskva 1959.)

32 *Sinnbildungen* – (smysly) Mit diesem Wort geben wir den Plural von »smysl« (Sinn) wieder. Bachtin definiert »Sinnbildungen« folgendermaßen: »Als Sinnbildungen bezeichne ich *Antworten* auf Fragen. Das, was nicht auf irgendeine Frage antwortet, entbehrt für uns des Sinns.« (Bachtin, Aufzeichnungen aus den Jahren 1970-1971. In: Bachtin, Ėstetika slovesnogo tvorčestva. Moskva 1979, S. 350.) Den Unterschied zwischen »Sinn« und »Bedeutung« formuliert Bachtin so: »Die Bedeutung ist aus dem Dialog herausgenommen, jedoch vorsätzlich; sie ist durch eine Übereinkunft (uslovno) aus ihm abstrahiert worden. Sie enthält Sinnpotenz.« (Ebd.)

Michael C. Frank, Kirsten Mahlke

Nachwort

I

»[D]ie Erforschung der zeitlichen und räumlichen Beziehungen in den Werken der Literatur [hat] gerade erst begonnen, wobei zumeist die zeitlichen Beziehungen losgelöst von den notwendigerweise mit ihnen verbundenen räumlichen Beziehungen untersucht wurden, so daß von einem konsequent chronotopischen Herangehen bisher noch keine Rede sein konnte. Inwieweit der von mir vorgeschlagene Zugang als fundiert und nützlich anzusehen ist, muß die weitere Entwicklung der Literaturwissenschaft erweisen.«[1]

Als Michail Bachtin mit diesen Worten seine Schlußbemerkungen zu dem bereits 1937-38 entstandenen Aufsatz »Formen der Zeit und des Chronotopos im Roman« beendet, kann er nicht ahnen, welch intensive Rezeption seinen Arbeiten sowohl innerhalb Rußlands als auch – und vor allem – in Westeuropa und den USA bevorsteht.[2] Erst zehn Jahre zuvor, 1963, hat mit der Neuauflage von *Probleme der Poetik Dostoevskijs*[3] seine über drei Jahrzehnte währende Vergessenheit als Literaturwissenschaftler geendet. Nach einem vielversprechenden Beginn war seine akademische Karriere bis dahin auf die denkbar größten Hindernisse gestoßen: die Repression durch das stalinistische Regime, das Bachtin wegen mutmaßlicher Untergrundaktivitäten in der russisch-orthodoxen Kirche 1929 aus Leningrad nach Kasachstan verbannte; die Unruhen des 2. Weltkrieges, während deren sich die Verteidigung seiner kontroversen Dissertationsschrift um Jahre verzögerte und ein Manuskript zum deutschen Erziehungsroman vor der Drucklegung verlorenging; sowie seine chronische Osteomyelitis, eine Knochenkrankheit, die ihn früh zum Invaliden machte und 1938 die Amputation eines Beines erforderte.[4] Nach der Mitgliedschaft in Diskussionszirkeln und dem steten Dialog mit Freunden und Kollegen zwischen 1918 und 1929 war Bachtin als Forscher fortan eine weitgehend isolierte Figur, bis eine neue Generation von Literaturwissenschaftlern auf die einzige unter seinem eigenen Namen veröffentlichte Monographie – *Probleme des Schaffens Dostoevskijs* von 1929[5] – aufmerksam wurde und den Autor zu einer Neuauflage des Buches drängte. 1965 folgte eine zweite Monographie, *Das*

Schaffen von François Rabelais und die Volkskultur des Mittelalters und der Renaissance,[6] eine überarbeitete Fassung der bereits 1940 beendeten Dissertationsschrift.

Zwei Jahre später präsentierte die bulgarisch-französische Semiotikerin Julia Kristeva die beiden noch nicht übersetzten Studien[7] einer westlichen Leserschaft – und gab der weiteren Bachtin-Rezeption zugleich eine bestimmte Stoßrichtung vor. Bachtins Arbeiten, so schrieb sie in der Zeitschrift *Critique*, führten das Projekt des russischen Formalismus[8] fort, überwänden jedoch dessen strenge und statische Modelle zugunsten einer »Dynamisierung des Strukturalismus«.[9] Obgleich Bachtins Monographien zum größten Teil in den 1920er und 30er Jahren entstanden sind, markieren sie demnach einen Ausweg aus dem Strukturalismus, der weiterhin dessen Fokussierung auf die Sprache verpflichtet bleibt – und mithin eine theoretische Orientierung, wie sie Kristeva und ihre Mitstreiter in der Pariser Tel-Quel-Gruppe in dieser Phase selbst zu etablieren suchten. So überrascht es nicht, wenn Kristevas Bachtin-Lektüre vor allem diejenigen Ideen und Stichworte hervorhebt (und stellenweise überakzentuiert und zuspitzt), die im Zuge des Poststrukturalismus zentralen Stellenwert bekamen und positiv besetzt wurden: von der Subversivität des karnevalesken Romans über seinen antiideologischen, antirationalistischen Charakter und seine Ambivalenz bis hin zur Idee der Auflösung des Subjekts im Spiel der Intertextualität.[10] Mit letzterem Begriff, ihrer eigenen Prägung, faßt Kristeva dasjenige Konzept Bachtins zusammen, das für sie – wie für die meisten anderen prominenten westlichen Bachtin-Forscherinnen und -Forscher – im Mittelpunkt seines gesamten Theoriegebäudes steht: die Dialogizität.[11] Der Sprachtheoretiker und Historiker des Romans Michail Bachtin wird zum poststrukturalistischen Intertextualitätsforscher *avant la lettre*,[12] worin Kristeva zu Beginn der 1980er Jahre unter anderem Tzvetan Todorov[13] und die Konstanzer Slavistin Renate Lachmann[14] folgen.

1990 konstatiert der englische Literaturwissenschaftler und populäre Romanautor David Lodge, nach der »Dekade des Strukturalismus« in den 1960er Jahren und der »Dekade der Dekonstruktion sowie anderer Spielarten des Poststrukturalismus« in den 1970er Jahren seien die 1980er Jahre von der »Entdeckung und Verbreitung des Werks Michail Bachtins« dominiert gewesen,[15] Bachtin habe posthum also gewissermaßen im Alleingang die Literaturwissenschaft umgekrempelt.[16] Bachtins Status als eine herausragende intellektuelle

Persönlichkeit des 20. Jahrhunderts ist mittlerweile auch innerhalb anderer Disziplinen längst unangefochten. Nichtsdestoweniger bleibt die eingangs zitierte Beobachtung aus den Schlußbemerkungen des Chronotopos-Essays grundsätzlich gültig: Von einem »konsequent chronotopischen Herangehen« kann auch weiterhin nur bedingt die Rede sein, was nicht zuletzt damit zusammenhängt, daß Bachtins diesbezüglicher Vorstoß im Schatten seiner anderen Arbeiten steht, die ihn als den allbekannten Theoretiker der Polyphonie, Redevielfalt, Dialogizität sowie des Karnevalismus ausweisen, als der er inzwischen fest kanonisiert ist.

Der Chronotopos-Essay erscheint erstmals 1975 in *Fragen der Literatur und Ästhetik. Studien aus verschiedenen Jahren,*[17] dem letzten Buch, an dessen Konzeption Bachtin selbst noch mitgewirkt hat. In ihm sticht neben »Formen der Zeit und des Chronotopos im Roman«[18] besonders der wenige Jahre zuvor entstandene Essay »Das Wort im Roman«[19] hervor, der den zentralen Konzepten der Redevielfalt und der Dialogizität gewidmet ist. Vom Umfang her entsprechen beide Texte kleinen Monographien, und dementsprechend stehen sie in ihrer Bedeutung innerhalb des Bachtinschen Werks den beiden zuvor erschienenen Büchern in nichts nach. Während sie aber etwa in der englischsprachigen Forschung sogleich neben- und miteinander rezipiert werden – sie erscheinen gemeinsam in der 1981 veröffentlichten Sammlung *The Dialogic Imagination*[20] –, taucht in der von Rainer Grübel herausgegebenen deutschsprachigen Anthologie *Die Ästhetik des Wortes* von 1979 nur »Das Wort im Roman« auf.[21] Eine Übersetzung von »Formen der Zeit und des Chronotopos im Roman« folgt 1986 zwar zunächst in der DDR[22] und 1989 schließlich auch in der BRD.[23] Anders als *Die Ästhetik des Wortes* sind letztere Titel nach dem Erstdruck jedoch bald vergriffen.

Die vorliegende Neuauflage des Essays in der Übertragung von Michael Dewey möchte ihn nicht nur wieder für eine deutschsprachige Leserschaft verfügbar machen, sondern zugleich die Aufmerksamkeit auf das in ihm entwickelte, zentrale Konzept des Chronotopos lenken, dessen Potentiale in unseren Augen noch längst nicht erschöpft sind. Wahrscheinlich sind die Vorzeichen für einen solchen Neuversuch, der Rezeption des Textes auf die Sprünge zu helfen, gegenwärtig besser als noch in den 1980er Jahren, da der seinerzeit vorherrschende, etwas einseitige Fokus auf die Ebene der Sprache, der die Rezeption des Dialogizitätskonzepts begünstigte, mittlerweile von einer breiteren thematischen Auffächerung der kulturwissenschaftlichen Forschung abgelöst worden ist. Eines der gegenwärtig prominenten Themen ist der Raum in seiner historischen und sozialen Bedingtheit, aber auch in seiner künstlerischen Gestaltung – ein Gegenstandsbereich, den Bachtin als Pionier erschloß, lange bevor dies in ganz anderem Kontext zu einem Forschungstrend wurde. Ehe die Möglichkeiten der chronotopischen Analyse in diesem Kontext beleuchtet werden, gilt es jedoch, Bachtins in mancher Hinsicht schwierigen Essay und vor allem das schillernde Konzept des Chronotopos selbst genauer unter die Lupe zu nehmen. Denn gerade in dieser Hinsicht war die Rezeption bislang eher zurückhaltend.

II

Der Essay »Formen der Zeit und des Chronotopos im Roman« vereint drei verschiedene Analysen – eine kulturphilosophische, eine literarhistorische und eine gattungstheoretische –, indem er drei eng miteinander verbundene Fragestellungen verfolgt. Die erste widmet sich, in vergleichender Perspektive, der wandelnden raumzeitlichen Struktur von Welt- und Menschenbildern verschiedener Epochen der abendländischen Kulturgeschichte. Vor diesem Hintergrund gilt die zweite Fragestellung den literarischen Reflexionen dieses Wandels, die ihrerseits zu einem Wandel innerhalb der Gattung des Romans führen, welche sich immer wieder produktiv an die neuen Gegebenheiten zu assimilieren vermag. Hieran knüpft wiederum die dritte Argumentationslinie an, indem sie den Roman in verschiedene Untergattungen aufteilt, die sowohl in ihrer historischen Genese als auch in ihrer gattungsspezifischen (transepochalen) raumzeitlichen Struktur die besagten Assimilationen der Romangattung dokumentieren. Bachtins Ansatz verbindet eine diachrone mit einer synchronen Perspektive, indem er zwar den Roman als eine konstant in Entwicklung begriffene Form versteht und kulturhistorisch einbettet, zugleich aber seine verschiedenen Untergattungen als strukturell stabil beschreibt. Demzufolge verdankt sich die Entstehung einer jeden neuen Untergattung einer spezifischen kulturhistorischen Konstellation, die betreffende Gattung überdauert dann jedoch ihren Entstehungskontext. Das Nacheinander der Gattungsgenesen wird zum Nebeneinander der Gattungen – und das Nacheinander der realen Chronotopoi zum Nebeneinander ihrer literarischen Entsprechungen.

Im Verlauf seiner manchmal etwas mäandernden Argumentation verwendet Bachtin das Konzept des Chronotopos in unterschiedlichen Bedeutungen, die zumeist komplementär, bisweilen aber auch inkompatibel zu sein scheinen. Vorab lassen sich sechs Verwendungsweisen differenzieren, die freilich nicht das gesamte semantische Potential des Konzepts bei Bachtin repräsentieren, aber doch seine dominanten Funktionen, wie sie im Essay deutlich zutage treten.

(1.) *Der Chronotopos als kulturtheoretische Kategorie:* Bachtin unterscheidet mehrfach zwischen dem realen (oder »äußeren«) und dem literarischen (»inneren«) Chronotopos,[24] wobei er ersteren als eine kulturhistorische Gegebenheit betrachtet: die epochenspezifische raumzeitliche Ordnungsstruktur der menschlichen Weltwahrnehmung. Der literarische Chronotopos ist die künstlerische »Aneignung« (S. 7) von spezifischen Aspekten dieser Ordnungsstruktur. Im Text wird das Weltbild nicht in seiner abstrakten Totalität, sondern in konkreten mikrokosmischen Chronotopoi widergespiegelt. Literatur ist demnach ein Medium des kulturellen Gedächtnisses.[25] Texte tragen Spuren der in ihnen reflektierten Realitäten und ermöglichen dadurch Rückschlüsse über diese. Zugleich verfestigen sich Chronotopoi in Gattungstraditionen, in deren Verlauf sich die Korrespondenz zwischen realem und literarischem Chronotopos verliert. Überholte Chronotopoi leben als Anachronismen weiter, die »ihre realistisch-produktive und adäquate Bedeutung« (S. 8) verloren haben. Es kommt zur Gleichzeitigkeit des Ungleichzeitigen (vgl. ebd.).

(2.) *Der Chronotopos als gattungstheoretische Kategorie:* Der literarische Chronotopos eignet sich zur Distinktion verschiedener Untergattungen des Romans, einem Genre, das (wie impliziert wird) in seiner formalen Offenheit und Flexibilität von allen literarischen Formen die Komplexität und Dynamik der Wirklichkeit am besten erfassen kann.[26] Ausgeschlossen ist damit nicht, daß gewisse Chronotopoi transgenerisch sind, wie Bachtin gleich zu Beginn am Beispiel des griechischen Abenteuerromans verdeutlicht, der seine raumzeitlichen Motive teilweise aus anderen Untergattungen übernahm. Da die Motive dabei entscheidende Transformationen erfuhren und auf spezifische Weise umfunktioniert wurden, kann dennoch von gattungstypischen Chronotopoi die Rede sein. Insbesondere der zeitlichen Komponente des Chronotopos kommt bei dessen genrebestimmender Funktion Bedeutung zu (vgl. S. 8), wie Bachtin überhaupt – dem Titel seines Essays entsprechend – der Zeit größeres Gewicht beimißt.

(3.) *Der Chronotopos als erzähltheoretische Kategorie:* Im Text selbst fungiert der Chronotopos als »Form-Inhalt-Kategorie« (ebd.). Als Bestandteil der raumzeitlichen Organisation der Handlung prägt er zugleich deren Inhalt, den er in seiner Funktion als »Organisationszentr[um] der grundlegenden Sujetereignisse« (S. 187) in eine bestimmte Bahn lenkt. Der Chronotopos hat mithin »erstrangige sujetbildende Bedeutung« (ebd.), wie die noch genauer zu erläuternden Beispiele verdeutlichen.

(4.) *Die gestalterische Funktion des Chronotopos*: Nach Bachtins metaphorischem Bild stellt der Chronotopos das Fleisch auf dem Skelett der Plot-Struktur dar; er ist es, der die Ereignisse des Sujets zu Bildern werden läßt (vgl. S. 188). Die Zeit, die an sich abstrakt und nicht sinnlich erfahrbar ist, gewinnt erst durch ihre räumliche Konkretisierung und Manifestation im Chronotopos Gestalt und »wird auf künstlerische Weise sichtbar« (S. 7). So verleiht etwa der englische Schauerroman des späten 18. Jahrhunderts dem Zeittyp ›historische Zeit‹ eine plastische Form, indem er die Präsenz der Vergangenheit innerhalb des Schauplatzes Schloß in konkreten Objekten wie Ahnenbildern signalisiert (vgl. S. 183). Durch diese »Materialisierung der Zeit im Raum« (S. 188) schafft der Chronotopos die Voraussetzung für die szenische Entfaltung der Ereignisse. Umgekehrt wird der an sich leere und formlose Raum »von der Zeit mit Sinn erfüllt und dimensioniert« (S. 7).

(5.) *Der Chronotopos und die literarische Darstellung des Menschen:* Außer dem Sujet (als Ereigniskette) und dessen szenischer Ausgestaltung determiniert der Chronotopos auch die Darstellung des Menschen, der sich innerhalb des betreffenden Raum-Zeit-Gefüges bewegt. Das literarische Menschenbild ist notwendigerweise chronotopisch (vgl. S. 8), wovon im nächsten Abschnitt – in Zusammenhang mit dem Kant-Verweis, den Bachtin an dieser Stelle anbringt – ausführlicher zu sprechen sein wird.

(6.) *Der Chronotopos als produktions- und rezeptionsästhetische Kategorie:* Mit dem sechsten Punkt, der in den Schlußbemerkungen ergänzt wird, verläßt Bachtin wieder die textuelle Ebene. Sowohl der Autor als auch der Leser, so fügt er hinzu, befinden sich selbst in konkreten lebensweltlichen Chronotopoi, und beide – der Autor als Schöpfer, der Leser als Erneuerer – sind »an der Erschaffung der im Text dargestellten Welt gleichermaßen beteiligt« (S. 191). Die realen Chronotopoi der darstellenden Welten von Autor und Leser bringen die literarischen Chronotopoi in der dargestellten Welt hervor, was bedeutet, daß auch der Leser sich notwendigerweise an den raumzeitlichen Gegebenheiten seiner eigenen Epoche und Kultur orientiert. Bachtin wendet sich damit gegen eine naive Lesart, nach der uns literarische Texte einen ungebrochenen Einblick in das Weltbild vergangener Epochen ermöglichen, unabhängig von den Standpunkten des Autors und des Lesers sowie ihrer jeweiligen Teilhabe an epochenspezifischen Wahrnehmungsmodi. Diese Wahrnehmungsmodi determinieren nicht einseitig die künstlerische Darstellung. Vielmehr kann jeder Autor aus einem Repertoire verfügbarer Chronotopoi wählen, weshalb sich etwa Dostoevskij und Tolstoj als Zeitgenossen durch die jeweils für ihr Romanwerk charakteristischen Chronotopoi unterscheiden (vgl. S. 186f.).

Am Ende seiner Ausführungen verschweigt Bachtin nicht die »Grenzen der chronotopischen Analyse« (S. 195). Eine solche Analyse allein, so räumt er ein, kann die volle semantische Produktivität des Textes nicht erfassen. Bis dahin hat Bachtin jedoch eindrücklich vorgeführt, wie viele Bedeutungsebenen die chronotopische Lesart offenzulegen vermag, die dafür anderen Ansätzen verborgen bleiben. Sowohl die Ergebnisse von Bachtins kulturphilosophischer, literarhistorischer und gattungstheoretischer Analyse als auch die weit darüber hinausweisende Analysekategorie des Chronotopos selbst bleiben dementsprechend von großem Interesse. Beide sollen im folgenden genauer erörtert werden.

III

Bachtin führt das zentrale Novum seiner romantheoretischen Abhandlung ein, indem er auf drei Denker verweist: Einstein, Uchtomskij und Kant – und damit auf drei ausgesprochen heterogene Denksysteme, bei denen sein Essay in unterschiedlicher Weise Anleihen macht. Da die Referenzen eher sporadischen Charakter haben (Bachtin legt hier gewissermaßen nur Spuren, denen jeder Leser selbst nachgehen muß), wurde die Bedeutung des durch sie markierten wissenschaftshistorischen Zusammenflusses bislang insgesamt unterschätzt.[27] Bachtins Bemühen um eine zwischen Physik, Mathematik, Biologie, Philosophie und Literaturwissenschaft vermittelnde Herangehensweise, die in vielerlei Hinsicht in die Zukunft weist, ist aber sicherlich einer der bemerkenswertesten Aspekte seines Essays. Anstatt sie sogleich – in anachronistischer Weise – als Beitrag zu einer aktuellen Theoriedebatte zu lesen, wie es mit anderen Bachtinschen Konzepten immer wieder geschehen ist, soll sie hier zunächst vor dem theoriegeschichtlichen Horizont betrachtet werden, in bezug auf den Bachtin seine Argumentation entfaltet. Und genau darüber geben die zwar knappen (und manchmal etwas rätselhaften), dafür aber prominent am Anfang plazierten Verweise Aufschluß.

Die Referenz auf Kant erfolgt in einer Anmerkung zu der im Fließtext nicht weiter erläuterten (oben als fünfte Verwendungsweise des Chronotopos-Konzepts erwähnten) Feststellung, das literarische Menschenbild sei »in seinem Wesen immer chronotopisch« (S. 8). Wie der nachgereichte Fußnotentext nahelegt, wird die Begründung hierfür in Kants »Transzendentaler Ästhetik« geliefert, weshalb Bachtin sie an dieser Stelle voraussetzen zu können glaubt. Der Kant-Verweis dient Bachtin jedoch nicht allein zur Untermauerung seiner Theorie; er soll darüber hinaus eine entscheidende Differenz zwischen Bachtins eigenem Ansatz und der Kantischen Erkenntniskritik markieren. Die Definition, in Kants *Kritik der reinen Vernunft* (1781/87), von »Raum und Zeit als notwendige Formen jeglicher Erkenntnis, angefangen bei den elementaren Wahrnehmungen und Vorstellungen« (ebd., Fußn.), stützt Bachtins zuvor im Fließtext formulierte Beobachtung. Denn wenn alle Erkenntnis notwendigerweise räumliche und zeitliche Form hat, so folgt daraus, daß auch das Menschenbild in jeder Epoche räumliche und zeitliche Gestalt annimmt.

Es lohnt sich, dieses knappe Resümee anhand von Kants eigenen Formulierungen zu präzisieren, da die scheinbar beiläufige Fußnote auf diesem Weg eine wichtige Dimension der Bachtinschen Analyse erschließt. Zuerst zu erwähnen ist Kants grundsätzliche Unterscheidung einer *Erkenntnis a posteriori*, welche auch als empirisch bezeichnet werden kann, da sie auf Erfahrung basiert und somit letztlich auf Sinneseindrücke zurückgeht, von einer *Erkenntnis a priori*, welche unabhängig ist »von der Erfahrung und selbst von allen Eindrücken der Sinne«.[28] Gegenstand von Kants *Kritik* ist ausschließlich die letztere Form der Erkenntnis, da nur sie der »reinen« Vernunft zugezählt werden kann. Dementsprechend widmet sich die »Transzendentale

Ästhetik« Vorstellungen, in denen nichts durch empirische Anschauung Vermitteltes enthalten ist – was für Kant auf die Vorstellungen von Raum und Zeit zutrifft. Der Apriorismus des Raums wird anhand eines Gedankenexperiments verdeutlicht: Wenn man sich einen Gegenstand denke und dann nach und nach alles von dem geistigen Bild abziehe, das an diesem Gegenstand empirisch gegeben und also sinnlich wahrnehmbar sei – wie unter anderem Farbe, materielle Konsistenz und Gewicht –, so bleibe am Ende doch der Raum zurück, den der Gegenstand ausgefüllt habe.[29] Die Tatsache, daß sich weder Raum noch Zeit wegdenken lassen, wohl aber die Gegenstände, die sich in ihnen befinden, macht für Kant den apriorischen Charakter von Raum und Zeit deutlich. Der Raum ist genausowenig eine Eigenschaft, die an den Gegenständen selbst hängt oder haftet (so Kants Formulierungen), wie die Zeit.[30] Aber Kant geht noch einen Schritt weiter: Die Vorstellungen von Raum und Zeit gehen nicht nur jeder empirischen Anschauung voraus, sie liegen dieser Anschauung auch immer schon zugrunde, ja machen sie überhaupt erst möglich, indem sie dem Angeschauten eine Ordnung verleihen, als Außen (im Sinne von: außerhalb meiner selbst) und Nebeneinander sowie als Zugleich oder Nacheinander. Demnach sind Raum und Zeit jeweils als »die Bedingung der Möglichkeit der Erscheinungen, und nicht als eine von ihnen abhängende Bestimmung an[zu]sehen«.[31]

Soweit stimmt Bachtin mit Kant überein. Anders als der Philosoph möchte er Raum und Zeit jedoch »nicht als ›transzendentale‹, sondern als Formen der realen Wirklichkeit selbst« (S. 8, Fußn.) begreifen. Er fügt hinzu: »Wir wollen versuchen darzustellen, welche Rolle diese Formen im Prozeß der konkreten künstlerischen Erkenntnis (des künstlerischen Sehens) unter Bedingungen, die dem Romangenre eignen, spielen« (ebd.). Erstere Anmerkung kann nur als kryptisch bezeichnet werden. Sie scheint, oberflächlich betrachtet, das Anliegen der Kantischen *Kritik* zu verfehlen. Denn Kant streitet die »*empirische Realität*«[32] von Raum und Zeit nicht ab; es besteht für ihn kein Zweifel daran, daß uns Dinge in der sinnlichen Wahrnehmung tatsächlich im Raum und in der Zeit erscheinen. Als Transzendentalphilosoph ist er schlichtweg nicht an dieser empirischen Raum- und Zeitwahrnehmung interessiert, sondern daran, wie Raum und Zeit als apriorische Vorstellungen zu Möglichkeitsbedingungen des gegenständlichen Erkennens werden. Aus dieser Perspektive zeigt sich hinter der empirischen Realität von Raum und Zeit ihre »*transzendentale Idealität*«[33] – und genau dies ist der Clou des Kantischen Ansatzes. Wieso also überhaupt auf Kant referieren, wenn keine transzendentale Perspektive eingenommen werden soll?

Die derzeit erhältlichen Standardwerke zu Bachtin geben sich immer wieder mit einem bloßen Zitat der kritischen Textstelle zufrieden.[34] Aus ihr geht jedoch noch keineswegs hervor, wie Raum und Zeit apriorischen Charakter haben können, wenn sie gleichzeitig »als Formen der realen Wirklichkeit selbst« betrachtet werden. Gary Saul Morson und Caryl Emerson versuchen den scheinbaren Widerspruch aufzulösen, indem sie dem mathematisch-abstrakten und universalistischen Begriff von Raum und Zeit bei Kant eine Vielheit konkreter sozialer Raumbegriffe bei Bachtin gegenüberstellen.[35] In eine ähnliche Richtung geht ein anderer, ausführlicherer Erklärungsansatz. Er identifiziert den Gegensatz zwischen Kant und Bachtin als denjenigen zwischen einer allgemeinen Kritik der Erkenntnis und ihrer Bedingungen einerseits und einer konkreten Analyse spezifischer Manifestationen dieser Erkenntnis in literarischen Texten andererseits: Bachtin werfe nicht die generelle Frage auf, wie transzendentale Formen die Wahrnehmung der Welt ordneten, sondern widme sich der Analyse bestimmter historischer (und in diesem Sinne realer) Beispiele solcher Ordnungen in der Literatur.[36] Es scheint allerdings wenig überzeugend, Bachtins »reale Wirklichkeit« auf die empirische Gegebenheit der von ihm untersuchten Romane zu reduzieren.

Bachtin vertritt bei genauerer Betrachtung einen konstruktivistischen Ansatz, auf den lediglich die an Marx angelehnte Begrifflichkeit von der »realen Wirklichkeit« den Blick versperrt. Wie bereits aus dem Einstieg in den Chronotopos-Essays deutlich wird, ist Bachtin unmißverständlich von der kulturellen Bedingtheit der Weltwahrnehmung überzeugt, welche er für historisch variabel hält. Die Erkenntnismöglichkeiten sind demnach zu jedem Zeitpunkt begrenzt; sie erfolgen durch eine Brille, die sich – mit einem Michel Foucault entlehnten Begriff – als »historisches Apriori«[37] beschreiben läßt. »Reale Wirklichkeit« bezeichnet die objektiv an Texten ablesbare Gegebenheit kultureller Semantiken des Raumes und der Zeit: Der Mensch des griechischen Abenteuerromans ist ein anderer als der des Rabelaisschen Roman-Zyklus, da beiden Textkorpora unterschiedliche, epochentypische – »reale«, wie Bachtin sagt – Chronotopoi zugrunde liegen. Jeder Autor konkretisiert in seinen Texten, wenn auch auf jeweils spezifische Weise, die ihm vorgegebenen Vorstellungen von Raum und Zeit, die solcherart das literarische Menschenbild determinieren. Durch diese Vorstellungen ist der Rahmen vorgegeben, innerhalb dessen Erkenntnis und – das ist eine weitere Fokusverschiebung der Bachtinschen Analyse gegenüber Kant – literarische Repräsentation möglich ist.

Bachtin geht über eine im engeren Sinne literaturwissenschaftliche Untersuchung hinaus, indem er, lose an Kant anknüpfend, eine Geschichte der okzidentalen Raum/Zeit-Vorstellungen im Spiegel der Gattung Roman präsentiert. Die Wahl bestimmter räumlicher Konstellationen seitens der Romanautoren bringt laut Bachtins Modell notwendigerweise spezifische Zeitbegriffe (bzw. Systeme der Zeitzählung) mit sich, was im extremen Fall der Danteschen Kosmologie zu einer Auflösung der Zeit in der Gleichzeitigkeit führt: Hier wird das zeitliche Nacheinander in ein räumliches Über- und Untereinander überführt, das alles auf einmal sichtbar macht. Wie Bachtin demonstriert, sind derartige Verschmelzungen von Raum und Zeit nur über das Konzept des Chronotopos zu erfassen.

Die in diesem Kontext zu sehende Referenz auf Alexej A. Uchtomskij (1875-1942) birgt insofern noch größere Schwierigkeiten als die Kant-Passage in sich, als der hier erwähnte Vortragstext aus dem Jahr 1925 lediglich in Form unpublizierter Mitschriften erhalten ist.[38] Bachtins Begegnung mit dem Denken Uchtomskijs kommt aber, wie Michael Holquist mehrfach dargelegt hat, große Bedeutung zu.[39] Herzstück des bis heute diskutierten wissenschaftlichen Erbes des ehemaligen Lehrstuhlinhabers für die Physiologie von Menschen und Tieren an der Universität Petersburg ist das Konzept der ›Dominante‹, das Uchtomskij als Erregungszentrum im Nervensystem definiert.[40] Demnach ist die Dominante als ein physiologisch-psychischer Prozeß der Aufmerksamkeitssteuerung zu verstehen, bei dem Reize von außen durch den inneren Erregungsherd mit den Reaktionen des Organismus koordiniert werden.[41] Die Annahme, daß das chaotische Rauschen der Umwelt durch Reiz-Reaktionsmuster rhythmisiert beantwortet und in ein harmonisches Klanggefüge verwandelt wird, führt Uchtomskij in dem von Bachtin gehörten Vortrag zu der Annahme, daß die Dominante ein raumzeitliches Kontroll- und Organisationsprinzip ist; sie funktioniert chronotopisch, da sie höchst sensibel auf Veränderungen des Rhythmus reagiert und lokal präzise auf Zellverbünde einwirkt, deren Reaktion dem Außenreiz angemessen sind.[42] Die Dominante ist somit der Knotenpunkt eines oszillatorisch zwischen außen und innen vermittelnden Netzwerks.

Die Faszination, die das Konzept der chronotopischen Dominante auf Bachtin ausübte, läßt sich nicht nur durch die Übertragbarkeit des Nervensystems auf die künstlerische Sensibilität erklären: Uchtomskij selbst wendet den Chronotopos in seinem Vortrag von 1925 auf »Fragen der Ästhetik« an (S. 7, Fußn.), so wie er sich auch in einem zuvor entstandenen Text zur Dominante nicht scheut, neben Experimenten mit Katzen, Fröschen und Mollusken eine Passage aus Tolstojs *Krieg und Frieden* als Beleg für seine physiologischen Thesen heranzuziehen.[43] Die ästhetische Verarbeitung von Außenreizen ist folglich schon bei Uchtomskij in ihrer doppelten Bedeutung zu verstehen, die Bachtin für seine Romantheorie übernimmt. Der biologische Außenreiz wird in Bachtins Verständnis zur »realen Wirklichkeit«, die – vermittelt durch die Instanz des Autors – in jeweils unterschiedlicher Weise mit chronotopisch strukturierten Romanen beantwortet wird. Dies stellt die literaturwissenschaftliche Korrespondenz zu Uchtomskijs These dar, daß jedes Individuum insoweit Autor seiner Umgebung ist, wie es diese im komplizierten Wechselspiel physiologischer Reiz-Reaktionsprozesse formt.

Eine Parallele zeigt sich auch zur Kantischen Erkenntnistheorie, der längere Passagen von Uchtomskijs Dissertationsschrift über metaphysische Konzepte von Raum und Zeit gewidmet sind.[44] In beiden Ansätzen wird dem Chaos der äußeren Sinneseindrücke von ›innen‹ eine Ordnung verliehen. Als physiologische Einrichtung, die Reize raumzeitlich sequenziert, erscheint die Dominante gewissermaßen als Organ gewordenes Apriori im Sinne Kants. Zugleich schlägt Uchtomskij mit seinem Konzept des Chronotopos aber eine Brücke zur Relativitätstheorie, die mit der universalistischen Formulierung des Apriorismus von Raum und Zeit bei Kant (als voneinander unabhängige Strukturen des Neben- und Nacheinander) nicht mehr ohne weiteres vereinbar ist. Entsprechend sprühen an dieser Schnittstelle in Bachtins Theorieapparat einige Funken. Nichtsdestotrotz weist Bachtins chronotopische Analyse auch zur Relativitätstheorie aufschlußreiche Parallelen auf.

IV

Von den einleitend erwähnten Denkern ist Albert Einstein der einzige, dessen Name im Fließtext fällt. Der Physiker wird in seiner wissenschaftshistorischen Bedeutung als Begründer der Relativitätstheorie aufgeführt, innerhalb deren das Konzept der Raumzeit entwickelt wurde. Hier, so führt Bachtin aus, hat das Konzept des Chronotopos seinen Ursprung, wobei er jedoch sogleich hinzufügt, daß er es der mathematischen Naturwissenschaft nur in übertragenem Sinne entleiht – um diese Relativierung ihrerseits sogleich wieder zu relativieren. Das Ergebnis ist die enigmatische Formel, der Begriff werde »fast (wenn auch nicht ganz) wie eine Metapher« (S. 7) verwendet. Bachtins literaturwissenschaftliches Konzept ist demnach nicht mit dem naturwissenschaftlichen identisch, es kann aber durchaus von einer weitergehenden Analogiebeziehung gesprochen werden, die deutlicher wird, wenn man sich die mathematisch-physikalischen Bezüge des Chronotopos vergegenwärtigt.

Wesentlich an der mathematisch-physikalischen Definition ist die Form des Kompositums Raumzeit – eine Verschmelzung zweier bis zur Jahrhundertwende noch voneinander unabhängiger, homogener und absoluter Koordinaten. Die trennende Betrachtung, die bei Kant ihr philosophisches Fundament erhielt, basiert auf dem Newtonschen Weltbild, in dem folgende Axiome formuliert sind: Die Zeit verfließt »an sich und vermöge ihrer Natur gleichförmig und ohne einen Bezug auf irgendeinen äußeren Gegenstand«, und der Raum bleibt »vermöge seiner Natur und ohne eine Beziehung auf einen äußeren Gegenstand stets gleich und unbeweglich«.[45] Diese Vorstellungen von Raum und Zeit sowie die damit verbundene Idee der Gleichzeitigkeit hat Einstein mit seiner Relativitätstheorie radikal in Frage gestellt. Weder Raum noch Zeit sind absolut und unveränderlich; sie sind stets in Abhängigkeit voneinander zu betrachten und werden im Grenzfall sogar austauschbare Variablen. Wenn von gleichzeitigen Ereignissen die Rede ist, ist immer die Geschwindigkeit des Lichtes in Rechnung zu stellen, da keine Information schneller als Licht übermittelt werden kann.

Bachtin führt das Konzept der physikalischen Raumzeit mit Bezug auf die mathematische Formulierung raumzeitlicher Relationen ein, die auf Einsteins Mathematikprofessor Hermann Minkowski zurückgeht. Dieser entwarf 1907 den sogenannten Minkowski-Raum[46] auf der Basis der speziellen Relativitätstheorie. Statt Ereignisse auf den beiden unveränderlichen Achsen Raum und Zeit anzusiedeln, postuliert Minkowski eine vierdimensionale Raumzeit, die sich aus den herkömmlichen drei euklidischen Dimensionen und einer Zeitdimension zusammensetzt. Was in dieser Sichtweise der Welt für revolutionäre Möglichkeiten stecken, verkündet er auf einer Naturforschertagung: »Hiernach würden wir dann in der Welt nicht mehr *den* Raum, sondern unendlich viele Räume haben [...]. Die dreidimensionale Geometrie wird ein Kapitel der vierdimensionalen Physik. Raum und Zeit sollen zu Schatten herabsinken und nur eine Welt an sich bestehen.«[47] Daß diese »Welt an sich« ohne die altbewährten Koordinaten unter Umständen schwer verzerrt sein kann, läßt sich ahnen, wenn Phänomene wie die Kontraktion des Raumes oder die Veränderlichkeit der Zeit ins Spiel kommen.

Die Tatsache, daß sich die Raumzeit bei sehr großen Geschwindigkeiten verändert, war schon vor Einstein bekannt:[48] Je schneller sich ein Beobachter bewegt, desto kürzer erscheinen ihm räumliche Distanzen und Gegenstände. Und desto langsamer läuft seine Uhr. Einstein erklärt nun zusätzlich, daß die Zeit ortsgebunden ist und daß die Idee der Gleichzeitigkeit dem althergebrachten Vorurteil eines unabhängigen Raumes verhaftet ist: »Wir haben zu berücksichtigen, daß alle unsere Urteile, in welchen die Zeit eine Rolle spielt, immer Urteile über *gleichzeitige Ereignisse* sind. Wenn ich z. B. sage: ›Jener Zug kommt hier um 7 Uhr an‹, so heißt dies etwa: Das Zeigen des kleinen Zeigers meiner Uhr auf 7 und das Ankommen des Zuges sind gleichzeitige Ereignisse.«[49] Die Zeit an einem Ort läßt sich problemlos auf diese Art definieren, sie sagt aber nichts darüber aus, wie an unterschiedlichen Orten stattfindende Ereignisreihen »miteinander zu verknüpfen, oder – was auf dasselbe hinausläuft – Ereignisse zeitlich zu werten [seien], welche in von der Uhr entfernten Orten stattfinden«.[50] Für bewegte Beobachter gehen die Uhren nicht überall und immer gleich: je höher ihre jeweilige Geschwindigkeit, desto langsamer die Uhr. Und ebenso verkürzt sich scheinbar der Raum, je schneller der Betrachter sich durch ihn hindurch bewegt.[51] Aus einem statischen absoluten Raum, in dem die Zeit gleichmäßig verrinnt, hat sich das dynamische Konzept einer Raumzeit entwickelt, die von Materie und Energie geformt wird. Den mathematischen Bezugsrahmen der allgemeinen Relativitätstheorie liefert schließlich die nichteuklidische Geometrie:[52] Der vierdimensionale Raum ist durch Materie und Energie[53] gekrümmt, das heißt: raumzeitliche Abstände liegen nur noch im Grenzfall der ebenen Fläche auf einer Geraden;[54] ansonsten folgen sie geodätischen Linien entlang von Kraftfeldern im kurvenreichen Kosmos. In einem solchen Bezugsrahmen kann die Raumzeit nicht länger als Kulisse für energetische und materielle Ereignisse angesehen werden, sondern als Akteur.

Auch wenn Bachtin das Konzept der Raumzeit unter dem Vorbehalt der (Beinahe-)Metaphorik einführt, gelten bei ihm einige der Prämissen von Minkowski und Einstein. Dazu gehören die Annahmen, daß verschiedene raumzeitliche Bezugssysteme nebeneinander bestehen können, daß sich der Raum bei großen Geschwindigkeiten verkürzt und daß die Raumzeit eher Agens als bloße Kulisse ist. Analog zur Minkowski-Welt versteht Bachtin den Chronotopos als eine neue Ganzheitlichkeit: »Im künstlerisch-literarischen Chronotopos verschmelzen räumliche und zeitliche Merkmale zu einem sinnvollen und konkreten Ganzen« (S. 7).[55] Innerhalb der literarischen Raumzeit des Romans sind die Ereignisse nicht auf ein Koordinatensystem des absoluten und homogenen Raumes und der Zeit abbildbar. Sie sind förmlich Konkretionen der spezifischen Raumzeit, wobei unendlich viele Räume und Zeiten denkbar sind, die jeweils in Relation zueinander betrachtet werden müssen.

Bachtins eigenwillige Übertragung der relativistischen Raumzeit ermöglicht nun, die kulturhistorisch unterschiedlichen Raum-Zeit-Relationen individuell zu beschreiben. Auf diese Weise erschließt sich eine neue Sichtweise auf die Vieldimensionalität auch eines einzigen Romantypus. Im Abenteuerroman etwa gibt es vordergründig zwei voneinander unabhängige raumzeitliche Systeme: die Abenteuerzeit und die Lebenszeit. Die biographische Zeit ist ähnlich wie in Einsteins Beispiel der Bahnhofsuhren nicht mit derselben Uhr zu messen wie die Abenteuerzeit. Sobald die Helden ihre Abenteuer durchleben, verlangsamt sich ihre Lebensuhr bis zum Stillstand, denn sie werden bis zum Schluß nicht älter. Tatsächlich durchmessen sie in dieser scheinbaren Zeitlücke die riesigen Weiten des seltsam undefinierbaren Raumes im Chronotopos des Abenteuers. Im menschlichen Maßstab sind die beschriebenen Distanzen unüberwindlich, es sei denn, die Helden bewegen sich mit ungeheurer Geschwindigkeit. In der relativitätsheoretischen Raumzeit gilt: je höher das Tempo, desto kleiner der Raum. Und da sehr hohe Geschwindigkeit eine Verlangsamung der Zeit mit sich bringt, scheint es ganz folgerichtig, wenn nach Bestehen der Abenteuer keine Lebenszeit vergangen ist und die Helden einander jung und schön heiraten können. Auch den Chronotopos der Begegnung möchte Bachtin innerhalb der vierdimensionalen Physik verstanden wissen. Er habe einen »äußerst exakten, formalen, nahezu mathematischen Charakter« (S. 21), dessen räumliche Koordinaten wie Minkowskis Raumzeit um einen zeitlichen Faktor erweitert werden: Neben den (drei) Koordinaten des Raumes erfordert die Begegnung eine Koordinate der Zeit. Begegnung oder Nicht-Begegnung lassen sich hierbei als positive oder negative Variablen fassen.

Ein weiteres spannungsgeladenes Nebeneinander von zwei Chronotopoi bietet Dantes *Divina Commedia*, deren Reibungsfläche Bachtin zwischen der zeitlosen jenseitigen Idealität und der lebendigen historischen Zeit zu erkennen meint. Zwischen Hölle und Paradies, der ewigen Wiederholung und der Erlösung zur Zeitlosigkeit, werden noch menschliche Geschichten erzählt wie die von Paolo und Francesca, die »als horizontale zeiterfüllte Abzweigungen von der außerzeitlichen Vertikalen« (S. 86) anzusehen sind. Zuletzt seien noch die verzerrten Mikrowelten des Schelmenromans erwähnt, die eine Bachtinsche Übertragung des Phänomens der Raumzeit-Krümmung darstellen. Die besondere Rolle des Narren (aus dessen Perspektive erzählt wird), Verhältnisse nicht zu verstehen, falsch zu deuten, Metaphorisches wörtlich und Wörtliches metaphorisch zu nehmen, bewirkt eine Transformation der Raumzeit. Man denke hier etwa an die Ereignisse, die sich für Don Quijote beim Anblick von Windmühlen ergeben. Alte Vorurteile über die jenseitige, zeitlose Welt oder das einzig gültige Dogma werden auf diese Weise aus den Angeln gehoben, worin für Bachtin die besondere Leistung des Schelmenromans besteht.

Es ist also durchaus möglich, die Konsequenzen der Relativitätstheorie in Bachtins Romantheorie wiederzufinden, vorausgesetzt, man versucht nicht, die physikalischen Größen buchstäblich zu verstehen. Auf die einzelnen Romangenres bezogen bedeutet Raumzeitlichkeit eine völlig veränderte Sichtweise, denn die Distanz des aktuellen Lesers vom Chronotopos der jeweils dargestellten Wirklichkeit muß ebenso in Rechnung gestellt werden wie die Einsteinschen zueinander bewegten Inertialsysteme. Es geht Bachtin aber auch um die Frage der historischen Entwicklung der Romangenres im Verhältnis zu ihrem jeweils früheren Modell. Raumzeitliche Beziehungen und ihre Darstellungen sind durch Traditionsbrüche gekennzeichnet und müssen jeweils unabhängig von vor- und nachzeitigen Konstellationen betrachtet werden. Bachtin ist demnach nicht unter der hegelianischen Vorstellung vom Geist, der seiner Vervollkommnung entgegenstrebt, zu subsumieren, sondern einer relativistischen. Er nimmt mit seinem Entwurf die Forderung Ernst Cassirers auf, die philosophischen Prämissen der Erkenntnis, vor allem die Kantischen Kategorien von Raum und Zeit, an die Erkenntnisse der modernen Physik anzupassen.[56] Einsteins Postulat der speziellen Relativitätstheorie lautet, daß unter der Vielzahl raumzeitlicher Systeme keines dem anderen gegenüber privilegiert ist.[57] Für Bachtin kann daran literaturgeschichtlich angeknüpft werden: Jede historische Phase, jede Kultur hat ihren raumzeitlichen Bezugsrahmen, der in unterschiedlicher Weise den genrebestimmenden Chronotopos prägt.[58] Der Chronotopos ist weder im Gegenstand (Roman) noch im kulturellen Kontext noch im ästhetischen Empfinden des Lesers allein zu verorten, sondern in der raumzeitlich verfaßten Beziehung zwischen allen – so wie in der Relativitätstheorie Aussagen über Bewegung, Stillstand und Krafteinwirkung nur in Verbindung mit den Fragen »in bezug worauf?« und »an welcher Stelle?« gemacht werden können. Bachtins Referenzsystem scheint die traditionelle europäische (Literatur-)Geschichtsschreibung zu sein; er stellt aber innerhalb dieser eine Reihe von vollkommen separat nebeneinanderstehenden Typen des Chronotopos vor, die aus der linearen Entwicklung der Romangattung im absoluten europäischen Kunst-Raum eine diskontinuierliche, infinitesimal unterteilbare Evolution unterschiedlichster Subgattungen macht.

V

Das Verhältnis des Chronotopos-Essays zur klassischen Literaturgeschichtsschreibung hat explizit polemischen Charakter. Ein entsprechendes Zeichen setzt der Untertitel, der Bachtins Ansatz als »historische Poetik« charakterisiert. In dem 1940 entstandenen Aufsatz »Epos und Roman« erinnert Bachtin daran, daß die Regelpoetiken der Antike und des Klassizismus nur »fertige Genres mit ausgeprägten und festgelegten Genremerkmalen«[59] berücksichtigten, Genres also, die einen Genrekanon vorzuweisen hatten. Der Roman jedoch ist »von seinem Wesen her nicht kanonisch«,[60] weshalb er in die klassischen Poetiken auch keinen Eingang fand und zunächst »jenseits der großen Literatur eine nichtoffizielle Existenz«[61] fristen mußte. Diese Abwertung des Romans gegenüber Epos und Tragödie kehrt Bachtin nun einfach um. Bei ihm wird der Roman definiert als »das einzige im Werden begriffene und noch nicht fertige Genre«, das im Gegensatz zu den bereits »abgestorbenen Genres«[62] in der Lage ist, den Kontakt mit der »Gegenwart (der zeitgenössischen Zeit) in ihrer Unabgeschlossenheit«[63] zu wahren. Eine *historische* Poetik ist demzufolge eine, in der Gattungen nicht auf einige statische Merkmale reduziert und als Kanon isoliert und festgefroren werden, sondern in der sie in ihrer historischen Entfaltung zur Erscheinung kommen, in ihrem steten Kontakt mit der unabgeschlossenen zeitgenössischen Wirklichkeit – und in der dementsprechend der Roman, als einzige noch ›lebendige‹ und anpassungsfähige Gattung, im Zentrum steht.

Bachtins idiosynkratisches Verständnis des Romans als Genre wird auch im Chronotopos-Essay stillschweigend vorausgesetzt. Während Bachtin sonst vor allem die Attribute der Dialogizität und der Redevielfalt als Distinktionsmerkmale hervorhebt, stehen diese im Chronotopos-Essay eher im Hintergrund. Hier ist es die chronotopische Beschaffenheit des Textes, die den Roman von allen anderen literarischen Formen abhebt, egal zu welcher Zeit. So wie es schon in der klassischen Antike literarische Formen gab, die dialogischer waren als andere – in *Probleme der Poetik Dostoevskijs* geht Bachtin bis zum sokratischen Dialog zurück[64] –, existierten bereits früh solche, die stärker ›chronotopisch‹ waren als andere. Sie allesamt zählt Bachtin mehr oder weniger direkt der Gattung des Romans zu, als deren Vorläufer und Untergattungen. Dabei ist aus seiner Perspektive von nur sekundärem Interesse, ab wann strenggenommen von einem ›reinen‹ Roman (für Bachtin ohnehin eine *contradictio in adjecto*) gesprochen werden darf. Aus diesem Grund kann der studierte Altphilologe einen Essay mit dem Titel »Formen der Zeit und des Chronotopos im Roman« mit großer Selbstverständlichkeit im 2. Jahrhundert beginnen und bei François Rabelais' Gargantua-Pantagruel-Zyklus (1532-1564) in der frühen Neuzeit auslaufen lassen – also einen literarhistorischen Bereich abdecken, der für gewöhnlich eher der *Vor*geschichte des Romans zugerechnet wird.

Die zu Beginn des Ersten Weltkriegs in deutscher Sprache verfaßte, 1920 als Buch veröffentlichte *Theorie des Romans* des ungarischen Literaturwissenschaftlers und Geschichtsphilosophen Georg Lukács beispielsweise setzt die Entstehung des modernen Romans erst bei Miguel de Cervantes an (dessen *Don Quijote* in zwei Teilen 1605 und 1615 erschien).[65] Alle vorherigen epischen Texte fallen für Lukács unter die Gattungskategorie ›Epos‹, auch wenn es zwischen den beiden Polen – dem Epos in Reinform (Homer) und dem quintessentiellen Roman (Gustave Flauberts *Éducation sentimentale*) – immer wieder zu Mischformen kam, wie etwa bei Dantes Gerade-noch-Epos *Divina Commedia* und der Übergangsgattung der Ritterromane, an die Cervantes' Gerade-schon-Roman *Don Quijote* auf parodistische Weise anknüpft.[66] Obgleich der Übergang vom Epos zum Roman graduell verlief und der Roman auch nach seiner vollen Entfaltung stets eine Tendenz behielt, auf das Epos hin zu transzendieren (wie Lukács sich ausdrückt), trennt beide Gattungen aus geschichtsphilosophischer Sicht eine tiefe Zäsur: der Bruch zwischen Antike und Moderne. Mit nostalgischem Blick auf die Welt der homerischen Epen beschreibt Lukács diesen Bruch als einen vielfachen Verlust, bei dem die – nun von den Göttern verlassene – Welt in der Erfahrung des Individuums ihre Totalität und Substantialität einbüßte und sich eine unüberwindbare Kluft zwischen subjektivem Innenleben (Idee) und äußerer Wirklichkeit auftat, die das Individuum in einen Zustand der »transzendentalen Obdach-« bzw. »Heimatlosigkeit«[67] beförderte.[68]

Als Bachtin seine romantheoretischen Schriften verfaßte, war Lukács' Studie im Westen wie im Osten unumgängliches Standardwerk. Laut Michail Holquist und Katerina Clark begann Bachtin in den frühen 1920er Jahren selbst, Teile daraus ins Russische zu übersetzen.[69] Neben gewissen Parallelen – auf methodischer Ebene unter anderem seine diachrone Herangehensweise – finden sich in Bachtins eigenen romantheoretischen Arbeiten aber vor allem Merkmale, die sich als Abgrenzungsversuche gegenüber Lukács verstehen lassen.[70] In einem 1988 in der DDR erschienenen Sammelband dokumentieren Michael Wegner und Gerhard Schaumann, daß Bachtins Arbeiten im Kontext einer intensiven Debatte zu sehen sind, die innerhalb dreier literaturwissenschaftlicher Diskussionsrunden 1934 und 1935 entfacht wurde.[71] Lukács – inzwischen zum Marxismus konvertiert und zu einer von der Staatsmacht protegierten Stimme geworden – stellte hier den Essay »Der Roman«[72] zur Diskussion, der unter dem Hegel zitierenden Titel »Der Roman als bürgerliche Epopöe« für die Publikation in der ersten großen sowjetischen Literaturenzyklopädie vorgesehen war. Darin wiederholte er seine historische Bestimmung der Romangattung in Abgrenzung zum Epos, um sie nun allerdings in eine marxistisch-materialistische Argumentation einzubetten. Die Literaturgeschichte gestaltet sich demzufolge als eine Ablösung des Epos durch den bürgerlichen Roman, der aber im Zuge der proletarischen »Machtergreifung« seinerseits vom »sozialistischen Realismus« mit seiner »Tendenz zum Epischen« überwunden wird.[73]

Es liegt auf der Hand, daß Bachtins Aussage, der Roman sei »von Anfang an aus einem anderen Teig gemacht [gewesen] als alle übrigen [...] Genres«,[74] als doppelte Absage an Lukács verstanden werden kann: Nicht nur ist der Roman für Bachtin keine epische Gattung, er kann auch nicht als Nachfolger – oder, in der Gegenwart des sozialistischen Realismus, als Vorläufer – des Epos verstanden werden, da er zeitgleich mit und in Konkurrenz zu diesem besteht. Unübersehbar ist, auch im Chronotopos-Essay, eine gewisse Affinität zwischen Bachtins eigenen utopistischen Totalitätsphantasien, die er mit der Volkskultur verbindet, und Lukács' verklärendem Blick auf die Welt des Epos.[75] Lukács' Idee eines tiefgreifenden Bruchs mit dieser Gegenwelt zur kapitalistischen Individualisierung stellt Bachtin jedoch ein Modell der Kontinuität in der Diskontinuität gegenüber. Im 1963 ergänzten Kapitel zu seiner Dostoevskij-Studie definiert Bachtin Genres als Medien des kulturellen Gedächtnisses,[76] in denen »die beständigsten, die ›ewigen‹ Tendenzen in der Entwicklung der Literatur wider[gespiegelt]« werden, wobei die solcherart »überdauernden Elemente des *Archaischen*« allerdings eine ständige »*Erneuerung*« in Form einer »Anpassung an die Gegenwart« durchlaufen.[77] Bachtin kommt zu dem Schluß: »Die Gattung lebt in der Gegenwart, ist jedoch immer ihrer Vergangenheit, ihres Ursprungs *eingedenk*. Sie repräsentiert das schöpferische Gedächtnis im Prozeß der literarischen Entwicklung und ist daher in der Lage, die *Einheit und die Kontinuität* dieser Entwicklung zu gewährleisten.«[78] Als *per definitionem* unabgeschlossene, aber zugleich konstante Gattung überdauert der Roman alle Brüche in Gestalt von Neuanpassungen an immer veränderte Rahmenbedingungen, bei der die Spuren früherer Kontexte erhalten bleiben. Vor diesem Hintergrund kann sich

Bachtin im Chronotopos-Essay auf eine Untersuchung antiker, mittelalterlicher und frühneuzeitlicher Chronotopoi des Romans begrenzen, die allesamt »eine relativ stabile Typologie aufweisen« (S. 8). Denn jeder neuere Abenteuer-, Schelmen-, biographische oder idyllische Roman ist über das Gattungsgedächtnis mit seinen Vorläufern verbunden und variiert die dort etablierten Muster. Bachtin beschränkt die Erforschung der Chronotopoi des 18. und 19. Jahrhunderts entsprechend auf kleine Exkurse (die Grenze zum 20. Jahrhundert bleibt, wie in all seinen romantheoretischen Schriften, unüberschritten). Die eigenwillige Struktur von Bachtins Argumentation kann so zu einem Teil mit dem Konzept des Gattungsgedächtnisses erklärt werden, das eine rein lineare Literaturgeschichtsschreibung unmöglich macht.

VI

Bachtin beginnt seine Studie mit dem griechischen Roman der Antike. Er untersucht drei Typen, die jeweils unterschiedliche und produktive Chronotopoi hervorgebracht haben: den Abenteuer- oder Prüfungsroman, den abenteuerlichen Alltagsroman und die Biographie. Charakteristika aller bekannten antiken Genres von der Tragödie über das Epos bis hin zur hellenistischen Liebesdichtung münden in der Modellform des Abenteuerromans. Sein Chronotopos ist mit verschiedenen anderen Chronotopoi verknüpft, die Bachtin – und hier wie an weiteren Stellen hört seine mathematische Klarheit auf – mal als Motiv, mal als Chronotopos bezeichnet:[79] Begegnung, Weg, Wiedererkennen, Liebesidylle und Bukolik. Entsprechend erhält der Chronotopos des Abenteuerromans die ausgefeilteste Formulierung in Bachtins Studie. Sie ließe sich im Grunde auf die Aristotelische Tragödienformel der Einheit von Raum, Zeit und Handlung zurückführen, doch dies tut Bachtin gerade nicht. Es geht ihm nämlich um die Differenzierung verschiedenster Dimensionen der Raumzeit, die sich nicht auf Einheitlichkeit reduzieren lassen.

Bachtin nimmt folgende Grundstruktur des griechischen Abenteuerromans, die sich in den Ritterromanen des späten Mittelalters, im Barockroman und in diversen Varianten des jüngsten Romans niederschlägt,[80] in den Blick: Zwei junge, schöne Protagonisten verfallen in Liebe zueinander, die aus diversen Gründen nicht gelebt werden kann, müssen im Anschluß eine Reihe von Prüfungen bestehen und finden schließlich doch noch zueinander. Charakteristisch für die zeitliche Gestaltung ist, daß sie offenbar keiner linearen biographischen Zeit folgt. Die beiden jungen Helden sind nach bestandenen Abenteuern so jung und schön wie zuvor. Es muß also, schlußfolgert Bachtin, eine achronische Periode zwischen Verliebtheit und Hochzeit eingeschlossen sein, die anderen Gesetzen unterliegt als die Rahmenhandlung. Das gleiche gilt für den Ort: Die Abenteuerzeit spielt in einer den Helden fremden Welt voller Zauberer, Dämonen und Götter. Sie werden von einer episodischen, nur dem Zufall unterworfenen Handlungsreihe sprunghaft durch einen immensen fremden Raum bewegt.[81] Bachtin formuliert es tatsächlich passivisch: Die Helden erleiden die schicksalhaften Begegnungen; sie stehen außerhalb ihrer aktiven, erklärbaren Gestaltungsmöglichkeiten. Die Darstellung des fremden Abenteuerraumes ist notwendigerweise abstrakt und mechanisch. Wäre sie konkret, würden die eigenzeitlichen Gesetze durch biographische, historische, soziale Reihen gestört. Allein der Zufall ist die Kraft, die hier in entscheidender Weise die Raumzeit »krümmt« und die Bewegungen der Helden determiniert. Er führt (in Gestalt fremder Mächte) Begegnungen herbei oder läßt Gelegenheiten verpassen, indem er Ort und Zeit in diskontinuierlicher und daher umkehrbarer Reihung zusammentreffen läßt. ›Plötzlich‹ und ›gerade‹ sind (wie später bei Dostoevskij) die charakteristischen adverbialen Bestimmungen einer alinearen Verschränkung verschiedener raumzeitlicher Ebenen, die damit auch auf syntaktischer Ebene analysierbar sind. Und dies nicht nur strukturell: Alle Dinge (Krokodile, Flußpferde, fremde Sitten), die im Abenteuerraum beschrieben werden, sind isolierte Absonderlichkeiten und als solche – chronotopisch formuliert – »aus demselben Material gemacht; es sind dies geronnene ›plötzlich‹ und ›gerade‹, zu Dingen gewordene Abenteuer, Produkte desselben Zufalls« (S. 27).

Den wichtigsten Maßstab für diese Eigengesetzlichkeit liefert das Menschenbild des griechischen Abenteuerromans. Der Zufall übt einen spezifischen Zwang auf die Helden und ihre Bewegungen aus. Sie sind auf die Bewegungen Flucht, Verfolgung und Suche festgelegt. Als menschliche (und eben nicht physikalische) Objekte sind sie aber doch mit einer ganz auf sich selbst gerichteten Kraft ausgestattet: der Selbstidentität. Die Fähigkeit des Protagonisten, sich selbst unter Einwirkung der unglaublichsten Kräfte des Schicksals nicht zu verlieren, deutet Bachtin als eine Verknüpfung zur realen Wirklichkeit: zum Menschenbild der folkloristischen Vorklassengesellschaft mit den Werten Treue, Keuschheit, Kraft und Mut sowie zum Glauben an deren Unbesiegbarkeit im Kampf mit der Natur und übermenschlichen Kräften. Die sequenzierte Abenteuerzeit hat zwar innerhalb ihrer Grenzen eine jenseits aller Vorstellung liegende Geschwindigkeit, außerhalb der Abenteuerlogik jedoch keine Bedeutung: Der Mensch trägt keine Spuren von ihr; sie zählt allein als Widerstand bei der Messung statischer Werte. Am Ende bleibt alles, wie es am Anfang war.

In völlig anderer Weise ist ein zweiter Typ des griechischen Romans auf Wandlung ausgelegt: der abenteuerliche Alltagsroman, der vorführt, »wie aus einem *Menschen ein anderer wird*« (S. 40). Er ist raumzeitlich zwar ebenfalls sprunghaft und akausal, doch hat hier die Bewegung selbst unmittelbare Auswirkungen auf die Helden. Die Handlungsreihe ist durch Krisenmomente des menschlichen Lebens strukturiert und folgt der unumkehrbaren Logik Sünde – Strafe – bereinigte Wiedergeburt. Bachtin mißt diesem Chronotopos weit mehr Lebenshaltigkeit bei als dem umkehrbaren, willkürlich verkettbaren Abenteuer-Chronotopos: »Auf der mythologischen Grundlage der Metamorphose kommt es hier zur Aneignung einer wesentlicheren und realeren Seite der Zeit« (S. 45).

Lucius wird in Apuleius' *Der goldene Esel* zum Esel und verwandelt sich zum Schluß in einen gesühnten und glückseligen Lucius. Weder die Gesellschaft noch die historische Zeit sind mit dem Schicksal des Helden verwoben. Es ist, als ginge der einzelne private Mensch in einem abgetrennten Chronotopos durch die öffentliche Raumzeit hindurch. Die besondere Stellung des Esels (ähnlich der Rolle des Abenteurers, Narren, Schelmen, Dieners, der Prostituierten und Kurtisane) ermöglicht ihm, als verborgener Dritter die intimsten Details des Privaten zu bezeugen: »Diese Figur vermittelt uns geradezu eine *Philosophie des ›Dritten‹ im Privatleben*, die außergewöhnlich tief und kraftvoll ist [...], eines Menschen, der nur das Privatleben kennt und nur dieses Leben ersehnt, der jedoch nicht an ihm partizipiert und in ihm keinen Platz innehat, der es darum bis auf den Grund durchschaut und ganz und gar unverhüllt sieht, alle seine Rollen durchspielt, aber mit keiner einzigen von ihnen verschmilzt« (S. 53). Zwar gibt es nur zwei Exemplare dieses Romantypus im griechischen Roman (Apuleius und Petronius), doch eine Fülle von Beispielen in den europäischen Romanen der frühen Neuzeit (Schelmenroman) und des Realismus (Defoe, Balzac, Stendhal).

Eine umgekehrte Perspektive, nämlich die öffentlich-politische des klassischen Hellenismus, muß man bei der Betrachtung des griechischen Typus der Biographie einnehmen. Anstatt vom literarischen Chronotopos geht Bachtin in der Analyse der biographischen Genrevariante des Romans (die von den platonischen *Dialogen* und der *Apologie des Sokrates* bis zu den *Confessiones* des Augustinus reicht) vom realen Chronotopos des Marktplatzes (Agora) aus. Staat, Recht, Kunst und Wissenschaft sind an diesem Ort konzentriert; der Marktplatz ist ein »allumfassender Chronotopos« (S. 59), in dem der Mensch einer öffentlich-staatsbürgerlichen Prüfung unterzogen wird. Ganz und gar äußerlich wie auf dem Marktplatz stellt er sich oder den anderen in der Biographie vor, die aus diesem Grund alles andere als ein privates Genre ist. Ohne den realen Chronotopos des Marktplatzes wäre ein gänzlich extrovertierter Mensch wie der griechische aus der Sicht Bachtins undenkbar. Hör- und sichtbar zu sein ist die Seinsbedingung und einzige Darstellungsform: daher die Lautstärke der Gefühlsäußerungen der homerischen Helden, die Seufzer und Schluchzer. Es wird geredet, nicht schweigend gedacht, gekämpft und nicht gezaudert. Innerlichkeit ist kein Element des biographischen Chronotopos. Auch in der römischen Autobiographie nimmt eine neuzeitlich private Kategorie, die Familie, rein öffentliche Funktionen an.

Bachtin unterscheidet zwei Typen des biographischen Romans: den energetischen und den analytischen. Während der erstere auf die Aristotelische Idee der Entelechie (der Endzustand ist der Anfangszustand in vollendeter Form) zurückgeht, zerstückelt der zweite Typ das Leben des einzelnen in verschiedene Funktionen: »das gesellschaftliche Leben, Familienleben, Verhalten im Kriege, Beziehungen zu Freunden, denkwürdige Aussprüche, Tugenden, Laster, äußere Erscheinung, Habitus« (S. 69). Beiden eignet die Entfaltung eines vollkommenen Charakters, der – in späterer römischer Zeit (Horaz, Vergil, Seneca, Augustinus) – in mehr oder weniger gebrochener Form noch als öffentlicher zum Ausdruck gebracht wird. Im Verfall des öffentlichen Lebens zeigen sich immer mehr Anzeichen der privaten Raumzeit, die den späteren europäischen Roman fast vollkommen bestimmen.

In Anschluß an diesen wohlproportionierten Teil zu drei Romantypen der Antike durchschreitet Bachtin in vergleichsweise rasantem Tempo das Mittelalter, wobei er überraschenderweise auch Dantes *Divina Commedia* unter der Kapitelüberschrift »Der Ritterroman« unterbringt. Geradezu ausufernd erscheint im Vergleich dazu die Diskussion des Rabelaisschen Romanzyklus, die für sich genommen so viele Seiten einnimmt wie alle vorherigen sechs Kapitel zusammen, obgleich sie nur der Veranschaulichung des Schelmenromans dient.[82] Im Mittelpunkt steht dabei vor allem die Figur des Narren, deren spezifisch verzerrte Perspektive die Raumzeit bestimmt. Außerhalb der Gesellschaft angesiedelt, doch überall dabei, kann der Narr das Feld als teilnehmender Beobachter abstecken. Sitten, Hierarchien, Macht und Recht werden in seinem Blick ins Absurde gewendet und in neue semantische Reihen gestellt, so daß die Raumzeit des Schelmenromans dazu geeignet ist, Mißstände vorzuführen und den Dingen zugleich einen neuen Ort und eine neue Zeit zuzuweisen. Im Unterschied zur mittelalterlichen Zeit, die Bachtin eine vernichtende, zerstörende nennt, ist die für ein solches Unterfangen notwendige Zeit in der Folklore zu finden: in den Arbeitsabläufen des bäuerlichen Lebens, in den Zyklen von Aussaat und Ernte, in den Festen des volkstümlichen Kalenders. Aus dieser kollektiven Folklore, die kein Privates kennt (und daher Bachtins Gunst findet), leitet sich die zeitliche Dimension des Rabelaisschen Chronotopos ab. Bachtin erkennt in ihm ein proportionales Verhältnis von Qualität (Essen, Trinken, Gutes, Wahres, Schönes) und quantitativer, räumlich-zeitlicher Ausdehnung. Gargantua ist riesengroß, weil er das Gute verkörpert. Seine Speisen müssen überdimensional und massenhaft sein, weil Essen gut ist. Im Verhältnis zu Pantagruel, seinem Sohn, sind Pfarrer und Pilger winzig: Sie verkörpern das verpönte theologische Prinzip der Antiphysis. Das Charakteristikum dieses Chronotopos ist das phantastische Wachstum des positiv Bewerteten und die Vernichtung des Negativen. Um die, so Bachtin, wahren Verhältnisse wiederherzustellen, denen die Gesellschaft durch kirchliche Werte und Hierarchien im Mittelalter verlustig gegangen war, müssen alle bestehenden Verhältnisse zunächst zerstört und dann wieder neu zusammengesetzt werden: »für einen neuen harmonischen, ganzheitlichen Menschen und neue Formen des menschlichen Verkehrs« (S. 97). Rabelais' Methode erkennt Bachtin neben der direkt proportionalen Darstellung qualitativer und quantitativer Verhältnisse in der Parallelführung und Kreuzung von insgesamt sieben semantischen Reihen: derjenigen des Körpers, des Essens, des Trinkens, der Kleidung, des Geschlechtsverkehrs, des Todes und der Ausscheidungen, die mit langen, teilweise redundanten Zitaten illustriert werden, in denen sich der rote Faden der chronotopischen Analyse zu verlieren droht.

Es gelingt Bachtin nun nicht mehr ganz, sich vom Rabelaisschen Chronotopos loszureißen. Zum Schluß wird nur noch der Chronotopos der Idylle angehängt, für Bachtin immerhin einer der romanhistorisch wirkungsmächtigsten. Eine folkloristisch geprägte Zeit, die den jahreszeitlichen Rhythmen des bäuerlichen Lebens unterworfen ist, verbindet sich hier organisch mit einem bestimmten Ort, der Heimat. Die Idylle wird so zum chronotopischen Gegenpol des Abenteuerromans mit seiner potentiell unendlichen Ausdehnung des Raumes bei einer entsprechenden Verkürzung der Zeit: Während der idyllische Raum eng umgrenzt ist, kann die zeitliche Reihe der Generationen von den Vorvätern zu den Urenkeln unendlich lang sein. Generationen von Menschen machen am selben Ort die immer gleichen Erfahrungen. Die idyllische ist eine zyklische Zeit. Ein weiteres Merkmal des idyllischen Chronotopos ist die Verschmelzung von organischer Lebenszeit mit den Ereignissen in der Natur, was sich in der Sprache in späteren Formen (Heimatroman) oft nur noch metaphorisch äußert. Dieser Chronotopos ist den unterschiedlichsten Wandlungen unterworfen, die Bachtin mal als zerstörerisch, mal als sentimentalistisch oder konservatorisch in anderen Varianten der Idylle wiederfindet. Er zeichnet die Romangeschichte von Petronius bis Goethe, Smollett, Fielding und Rousseau auf der Grundlage der chronotopischen Varietäten nach. Auf der idyllischen Folie läßt sich sogar noch der Roman *Madame Bovary* aus dem 19. Jahrhundert von Flaubert lesen, wo das Provinzstädtchen, wo die ereignislose Zeit »zäh und klebrig im Raum dahinfließt« (S. 185) und wo es weder Begegnungen noch Abschiede gibt.

An diesem Beispiel läßt sich erkennen, daß die Fokussierung auf jeweils einen Chronotopos bei allen Potentialen auch zu einer perspektivischen Verengung führen kann: Gerade in *Madame Bovary* sind es die schneller bewegten und ereignisreichen Chronotopoi, die den Handlungsverlauf bestimmen. Schicksalhafte Begegnungen finden in der religiös aufgeladenen Raumzeit der Kirche statt oder im relativ zum Provinzstädtchen sich schnell fortbewegenden und erotisch dichten Chronotopos der Pferdekutsche – und Bachtins knapper Hinweis auf die »ereignisreichen und energiegeladenen Zeitreihen« (S. 186) in Flauberts Roman ließe sich noch weiter fortspinnen. Die Möglichkeiten, Literatur chronotopisch zu betrachten, vervielfältigen sich auch in Bachtins eigenem Entwurf zusehends, wie die kurz vor seinem Tod verfaßte Schlußbemerkung mit ihrer Diversifizierung und Ergänzung der zuvor eingeführten Chronotopoi zeigt.

Hier geht es schließlich auch um die Mittel der Darstellung selbst: Sprache, Sätze und Wörter, die es überhaupt erst ermöglichen, Zeit und Raum zu verknüpfen. Die Sprache steht letztlich am Schnittpunkt der ineinander übergehenden raumzeitlichen Beziehungen der »realen Wirklichkeit« und der literarischen Darstellung. Ihre ureigenste Funktion, zeitliche Relationen auf räumliche zu projizieren, kann Bachtin auf den Grundlagen von Cassirers Studie zur raumzeitlichen Beziehungsstruktur der Sprache in seine eigenen Überlegungen einbeziehen:[83] Jegliche Form des Ausdrucks von Beziehungen und geistigen Prozessen ist räumlich angeordnet, das heißt die Zeit ist immer nur unter räumlichen Bedingungen vorstellbar. Einen massiveren Appell hätte Bachtin nicht an die zeitgenössischen Literaturwissenschaften richten können: nach der beinahe ausschließlichen Fokussierung auf die Zeit nun auch den Raum in die Romanbetrachtung einzubeziehen.

VII

Eine der unbestreitbaren Leistungen des Chronotopos-Essays besteht darin, exemplarisch die »zeitlichen und räumlichen Beziehungen in den Werken der Literatur« dargelegt zu haben – und zwar gemeinsam und in ihrer gegenseitigen Bedingtheit –, als Modell eines »konsequent chronotopischen Herangehen[s]« (S. 196), wie Bachtin es am Ende für die Zukunft in Aussicht stellt. In seiner stupenden Belesenheit vollbringt Bachtin dabei einen mnemonischen Kraftakt, der deutlich macht, daß jedes Gattungsgedächtnis den kundigen Exegeten braucht, der es aus seinem Stadium der Latenz befreien und zur vollen Entfaltung bringen kann. Wie Bachtin selbst in der Passage andeutet, die wir zu Beginn dieses Nachworts zitierten, birgt insbesondere sein Fokus auf die räumlichen Beziehungen innerhalb der Gattung des Romans großes innovatives Potential, da bislang vor allem die zeitlichen Beziehungen im Mittelpunkt standen. Es ist eine

Ironie der Geschichte der Bachtin-Rezeption, daß gerade diese Leistung zunächst wenig Anerkennung finden sollte – obgleich sich die Geschichte durchaus auch hätte anders zutragen können.

1967, im selben Jahr, in dem mit Julia Kristevas Aufsatz die Rezeption Bachtins als Theoretiker der Dialogizität beginnt, tritt Michel Foucault in Paris vor einer Gruppe von Architekten auf. Nach dem Erscheinen seiner vielbeachteten *Archäologie der Humanwissenschaften* im Jahr zuvor[84] ist Foucault eingeladen worden, sich zum Thema Raum zu äußern. Bei diesem Gegenstand, so stellt er zu Beginn seiner Vorlesung fest, handelt es sich um ein spezifisches Anliegen der Gegenwart – in scharfem Kontrast zum 19. Jahrhundert. Während letzteres nämlich ganz im Zeichen der Geschichte gestanden habe, lasse sich »[u]nsere Zeit [...] eher als Zeitalter des Raumes begreifen«,[85] eine Epoche, in der das Denken im Zeichen des Nacheinander durch ein Denken im Zeichen des Nebeneinander abgelöst worden sei. Foucault gibt seinen Vortrag erst 1984, kurz vor seinem Tod, zur Veröffentlichung frei, ohne das Manuskript noch weiter ausarbeiten zu können. Inzwischen ist ausgerechnet dieser kleine und lange Zeit unbekannte Text zu einem seiner meistzitierten und am häufigsten anthologisierten Arbeiten geworden. Dies hängt mit einer Neufokussierung innerhalb der Geistes- und Sozialwissenschaften zusammen, die sich parallel zur intensiven Rezeption Bachtins als Theoretiker der Dialogizität in den 1980er Jahren abzuzeichnen beginnt und die heute mit einer etwas modischen (und wohl auch zu emphatischen) Wendung als die ›räumliche Wende‹ bezeichnet wird.

Mit dem Schlagwort *linguistic turn*, das 1967 im Titel einer Aufsatzsammlung erschien,[86] wird allgemein die Tatsache umschrieben, daß die Linguistik und Semiotik im Zuge von Strukturalismus und Poststrukturalismus zu Leitwissenschaften wurden, deren Konzepte und Methoden auf ihre Nachbardisziplinen ausstrahlten. Der daran angelehnte Begriff des *spatial turn* erhebt einen ähnlichen Anspruch für die Geographie: 1989 beklagt der US-amerikanische Stadtplaner Edward Soja die Hegemonie des Historizismus, die sich weit über das Ende des 19. Jahrhunderts hinaus fortgesetzt habe und der die kulturwissenschaftliche Theoriebildung heute mit einer stärkeren Betonung des Faktors Raum begegnen müsse.[87] Erst in den 1980er Jahren – so formuliert es Soja in Anschluß an Foucault, dessen Datierung des *spatial turn* er widerspricht – habe sich eine zunehmende

Verräumlichung des Denkens zu manifestieren begonnen. Soja fordert nicht, das hierarchische Verhältnis zwischen Zeit und Raum in der kulturwissenschaftlichen Theoriebildung schlichtweg umzukehren, sondern statt dessen beide Faktoren in ihrem Zusammenwirken zu beleuchten.[88]

Insbesondere in Deutschland, wo der Faktor Raum durch seine Instrumentalisierung in der nationalsozialistischen Propaganda auf irreversible Weise diskreditiert zu sein schien, ist man dem von Soja und anderen Humangeographen und Soziologen ausgehenden Impuls zur Verräumlichung in geradezu euphorischer Weise gefolgt.[89] Unter der Überschrift »Spatial turn, endlich« schloß sich etwa Karl Schlögel der Forderung an, der »Einheit von Raum und Zeit« oder, anders formuliert, der »Verschmelzung der raum-zeitlichen Dimension« in der historischen Forschung Rechnung zu tragen.[90] Auffällig ist, daß zum gegenwärtigen Zeitpunkt ein Text im Theoriekanon der ›räumlichen Wende‹ fehlt,[91] und dies sogar bei solchen Autoren, deren eigene Ansätze deutliche Berührungspunkte mit ihm aufweisen (wie dem gerade zitierten Karl Schlögel): Michail Bachtins Chronotopos-Aufsatz ist innerhalb der aktuellen Raumdebatte noch nicht als ein Referenzpunkt etabliert. Dies gilt auch für die englischsprachige Forschung, obgleich der Essay hier den Status eines Bachtin-Klassikers genießt. Der Grund dafür ist wohl in der Tatsache zu sehen, daß in einer literaturwissenschaftlichen, auf den ersten Blick rein gattungstheoretischen, romangeschichtlichen Analyse kein Ansatzpunkt vermutet wird, der sich auch auf gänzlich andere Bereiche übertragen läßt. Die Raumdebatte wird gegenwärtig durch Ansätze aus Humangeographie, Soziologie, Geschichtswissenschaft und Philosophie dominiert. Bachtins weit über ein im engeren Sinne literaturwissenschaftliches Erkenntnisinteresse hinausweisender Ansatz bietet aber auch für diese Fachgebiete zahlreiche Anknüpfungspunkte. Ja, mehr noch: sein Versuch eines doppelten Brückenschlags zwischen Natur- und Geisteswissenschaften und zwischen Raum- und Zeitfokussierung könnte als Korrektiv für viele zu einseitig orientierte Herangehensweisen dienen.

Es kann nun freilich nicht darum gehen, nach Bachtins Vereinnahmung durch den Poststrukturalismus oder dessen Gegner eine weitere Vereinnahmung im Rahmen des sogenannten *spatial turn* vorzunehmen, der, selbst wenn er so langfristige Spuren hinterlassen sollte wie der *linguistic turn*, kurzlebiger sein wird als das Interesse an

Bachtins Werk. Die veränderten Rahmenbedingungen der kulturwissenschaftlichen Diskussion im Zuge dieses Forschungstrends können jedoch dazu genutzt werden, eine bislang nicht ausreichend gewürdigte Facette von Bachtins zu Unrecht ›monologisch‹ rezipiertem Werk in den Vordergrund zu stellen – als eine distinkte Stimme in dessen Polyphonie, die künftig gewiß noch durch manche andere Stimme ergänzt werden wird.

Anmerkungen

1 Michail M. Bachtin, »Formen der Zeit und des Chronotopos im Roman. Untersuchungen zur historischen Poetik«, S. 196 im vorliegenden Band. Alle folgenden Zitate aus dem Chronotopos-Essay beziehen sich auf diese Ausgabe. Seitenangaben erfolgen im Text.

2 Zur sowjetischen und postsowjetischen Rezeption von Michail Bachtin vgl. Caryl Emerson, *The First Hundred Years of Mikhail Bakhtin*, Princeton, NJ: Princeton University Press, 1997, v. a. Kap. 2, »Retrospective: Domestic Reception during Bakhtin's Life«, S. 73-126, sowie Kap. 1, »The Russians Reclaim Bakhtin, 1975 to the Jubilee«, S. 31-72. Auf die Bachtin-Rezeption in Westeuropa und den USA werden wir im folgenden noch ausführlicher zu sprechen kommen.

3 Michail M. Bachtin, *Problemy poėtiki Dostoevskogo*, Moskau: Sovetskij pisatel', 1963.

4 Zum bewegten Leben Michail Bachtins vgl. den frühen Abriß von Rainer Grübel, »Michail M. Bachtin. Biographische Skizze«, in: Michail M. Bachtin, *Die Ästhetik des Wortes*, hg. und eingeleitet v. Rainer Grübel, übers. v. Rainer Grübel und Sabine Reese, Frankfurt a. M.: Suhrkamp, 1979, S. 7-20. Die erste ausführliche Gesamtdarstellung von Leben und Werk stammt von Katerina Clark/Michael Holquist, *Mikhail Bakhtin*, Cambridge, MA/London: Harvard University Press, 1984. Vgl. ferner die Abschnitte »Biographical Sketch« und »The Shape of a Career« in Gary Saul Morson/Caryl Emerson, *Mikhail Bakhtin. Creation of a Prosaics*, Stanford, CA: Stanford University Press, 1990, S. xiii-xv und S. 63-100. Die bislang jüngste biographische Studie erschien 1993: Semen S. Konkin/Larisa S. Konkina, *Michail Bachtin. Stranicy žizni i tvorčestva*, Saransk: Mordovskoe Knižnoe Izdat., 1993.

5 Michail M. Bachtin, *Problemy tvorčestva Dostoevskogo*, Leningrad: Priboj, 1929.

6 Michail M. Bachtin, *Tvorčestvo Fransua Rable i narodnaja kul'tura srednevekov'ja i Renesansa*, Moskau: Izd. Chud. Lit., 1965.

7 Der erste deutschsprachige Band mit Bachtin-Texten faßt 1969 ausgewählte Kapitel aus beiden Büchern unter dem Titel *Literatur und Karneval* zusammen; eine vollständige Übersetzung des Dostoevskij-Buches folgt zwei Jahre später, die Rabelais-Studie 1987: Michail M. Bachtin, *Literatur und Karneval. Zur Romantheorie und Lachkultur*, übers. und mit einem Nachwort v. Alexander Kaempfe, München: Hanser, 1969; Michail M. Bachtin, *Probleme der Poetik Dostoevskijs*, übers. v. Adelheid Schramm, München: Hanser, 1971; Michail M. Bachtin, *Rabelais und seine Welt. Volkskultur als Gegenkultur*, hg. und mit einem Vorw. v. Renate Lachmann, übers. v. Gabriele Leupold, Frankfurt a. M.: Suhrkamp, 1987. In Frankreich erscheinen beide Monographien 1970 in vollständigen Übersetzungen: Mikhaïl Bakhtine, *La poétique de Dostoïevski*, übers. v. Isabelle Kolitcheff, Paris: Seuil, 1970; Mikhaïl Bakhtine, *L'œuvre de François Rabelais et la culture populaire au Moyen Âge et sous la Renaissance*, übers. v. Andrée Robel, Paris: Gallimard, 1970. In den USA wird der Rabelais-Band sogar schon 1968 übertragen, das Dostoevskij-Buch 1973: Mikhail M. Bakhtin, *Rabelais and His World*, übers. v. Hélène Iswolsky, Cambridge, MA: The MIT Press, 1968; Mikhail M. Bakhtin, *Problems of Dostoevsky's Poetics*, übers. v. R.W. Rotsel, Ann Arbor, MI: Ardis, 1973 (Neuübersetzung: Mikhail Bakhtin, *Problems of Dostoevsky's Poetics*, hg. und übers. v. Caryl Emerson, mit einer Einleitung v. Wayne C. Booth, Minneapolis, MN: University of Minnesota Press, 1984).

8 Der russische Formalismus stieß im Pariser Strukturalismus ebenfalls auf neues Interesse. Zwei Jahre vor Kristevas Aufsatz war eine von dem (wie Kristeva aus Bulgarien stammenden) Literaturwissenschaftler Tzvetan Todorov herausgegebene und übersetzte Sammlung mit Texten russischer Formalisten erschienen: Tzvetan Todorov (Hg.), *Théorie de la littérature. Textes des formalistes russes réunis, présentés et traduits par Tzvetan Todorov. Préface de Roman Jakobson*, Paris: Seuil, 1965.

9 Julia Kristeva, »Bakhtine, le mot, le dialogue et le roman«, in: *Critique* 23 (1967), S. 438-465. Wiederabgedruckt als »Le mot, le dialogue et le roman«, in: Julia Kristeva, *Semeiotike. Recherches pour une sémanalyse*, Paris: Seuil, 1969, S. 143-173. Deutsche Übersetzung: »Bachtin, das Wort, der Dialog und der Roman«, übers. v. Michel Korinman und Heiner Stück, in: Jens Ihwe (Hg.), *Literaturwissenschaft und Linguistik. Ergebnisse und Perspektiven*, Bd. 3: *Zur linguistischen Basis der Literaturwissenschaft II*, Frankfurt a. M.: Athenäum, 1972, S. 345-375; hier: S. 345f.

10 Vgl. zu letzterem Punkt v. a. den Abschnitt mit dem Titel »Der Sokra-

tische Dialog oder der Dialogismus als Vernichtung der Person« in: Kristeva, »Bachtin, das Wort, der Dialog und der Roman« (wie Anm. 9), S. 364-366.

11 Vgl. neben Tzvetan Todorov, *Mikhaïl Bakhtine. Le principe dialogique. Suivi de Écrits du Cercle de Bakhtine*, Paris: Seuil, 1981, v. a. Renate Lachmann (Hg.), *Dialogizität*, München: W. Fink, 1982, sowie Michael Holquist, *Dialogism. Bakhtin and His World*, London/New York: Routledge, 1990 – um nur drei wichtige Publikationen zu nennen, die ihren thematischen Schwerpunkt auf das Konzept des Dialogismus bzw. der Dialogizität legen.

12 Die wahrscheinlich meistzitierte Passage in Kristevas Essay – eine als Paraphrase präsentierte Weiterentwicklung des Bachtinschen Dialogizitätskonzepts im Sinne einer allgemeinen Intertextualitätstheorie – lautet: »[J]eder Text baut sich als ein Mosaik von Zitaten auf, jeder Text ist Absorption und Transformation eines anderen Textes. An die Stelle des Begriffs der Intersubjektivität tritt der Begriff der *Intertextualität*, und die poetische Sprache läßt sich zumindest als eine *doppelte* lesen.« Kristeva, »Bachtin, das Wort, der Dialog und der Roman« (wie Anm. 9), S. 348. Wie eine Replik auf diese berühmte Passage liest sich eine Stelle in dem 1974 veröffentlichten Essay »Zur Methodologie der Literaturwissenschaft«, der zu den letzten Publikationen Bachtins zu Lebzeiten gehört. Hier scheint sich die Kristevasche Paraphrase zunächst zu bestätigen: »Der Text lebt nur, indem er sich mit einem anderen Text (dem Kontext) berührt. Nur im Punkt dieses Kontakts von Texten erstrahlt jenes Licht, das nach vorn und hinten leuchtet, das den jeweiligen Text am Dialog teilnehmen läßt.« Dann aber folgt der Zusatz: »Hinter diesem Kontakt steht der Kontakt von Persönlichkeiten und nicht (im Extrem) von Dingen« – eine von vielen Textstellen, die deutlich machen, daß Bachtin nicht einschränkungslos für die poststrukturalistische Theorie vom »Tod des Autors« als einer Erscheinungsform des »Tods des Subjekts« vereinnahmt werden kann. Michail M. Bachtin, »Zur Methodologie der Literaturwissenschaft«, in: ders., *Die Ästhetik des Wortes* (wie Anm. 4), S. 349-357; hier: S. 353.

13 Todorov zieht in seiner Bachtin-Monographie das von Kristeva eingeführte Konzept der ›Intertextualität‹ Bachtins eigenem Begriff des ›Dialogismus‹ vor. Als ›dialogisch‹ bezeichnet Todorov spezifische Erscheinungsformen des globaleren Phänomens der ›Intertextualität‹, das entsprechend allgemein als die Beziehung zwischen zwei Aussagen definiert wird. Vgl. das Kapitel »Intertextualité«, in: Todorov, *Mikhaïl Bakhtine* (wie Anm. 11), S. 95-115; hier: S. 95.

14 Vgl. Renate Lachmann, »Dialogizität und poetische Sprache«, in: dies. (Hg.), *Dialogizität* (wie Anm. 11), S. 51-62, v. a. S. 61f. Lachmann hat

das Intertextualitätskonzept später entscheidend weiterentwickelt und dabei noch andere Vordenkerinnen und Vordenker neben Bachtin und Kristeva mit einbezogen; vgl. Renate Lachmann, »Intertextualität und Dialogizität«, in: dies., *Gedächtnis und Literatur. Intertextualität in der russischen Moderne*, Frankfurt a. M.: Suhrkamp, 1990, S. 51-199, sowie (resümierend) Renate Lachmann, »Intertextualität«, in: Ulfert Ricklefs (Hg.), *Fischer Lexikon Literatur*, Bd. 2, Frankfurt a. M.: Fischer, 1996, S. 794-809.

15 David Lodge, *After Bakhtin. Essays on Fiction and Criticism*, London/New York: Routledge, 1990, S. 4 (Übers. MCF/KM).

16 Anachronistischerweise werden Bachtins Werke dabei wiederum im Sinne einer Reaktion auf zeitgenössische literaturwissenschaftliche Debatten im Westen gelesen: »Gibt es Leben nach der Dekonstruktion?«, lautet die einleitende Frage auf dem Klappentext von Lodges Buch (wie Anm. 15) – wonach Bachtin nun also nicht mehr, wie noch bei Kristeva, einen Ausweg aus dem Strukturalismus darstellt, sondern, noch aktueller, einen Ausweg aus dem Poststrukturalismus.

17 Michail M. Bachtin, *Voprosy literatury i ėstetiki. Issledovanija raznych let*, Moskau: Chudoz. lit., 1975.

18 Michail M. Bachtin, »Formy vremeni i chronotopa v romane«, in: ders., *Voprosy literatury i ėstetiki* (wie Anm. 17), S. 234-407.

19 Michail M. Bachtin, »Slovo v romane«, in: ders., *Voprosy literatury i ėstetiki* (wie Anm. 17), S. 72-233.

20 M. M. Bakhtin, »Forms of Time and Chronotope in the Novel. Notes toward a Historical Poetics« und »Discourse in the Novel«, in: ders., *The Dialogic Imagination. Four Essays*, hg. v. Michael Holquist, übers. v. Caryl Emerson und Michail Holquist, Austin, TX: University of Texas Press, 1981, S. 84-258 und S. 259-422.

21 Michail M. Bachtin, »Das Wort im Roman«, in: ders., *Die Ästhetik des Wortes* (wie Anm. 4), S. 154-300.

22 Michail M. Bachtin, »Formen der Zeit und des Chronotopos im Roman. Untersuchungen zur historischen Poetik«, in: ders., *Untersuchungen zur Poetik und Theorie des Romans*, hg. v. Edward Kowalski und Michael Wegner, übers. v. Michael Dewey, Berlin/Weimar: Aufbau, 1986, S. 262-464.

23 Michail M. Bachtin, »Formen der Zeit und des Chronotopos im Roman«, in: ders., *Formen der Zeit im Roman. Untersuchungen zur historischen Poetik*, hg. v. Edward Kowalski und Michael Wegner, übers. v. Michael Dewey, Frankfurt a. M.: Fischer, 1989, S. 7-209.

24 Siehe zum Beispiel S. 58, wo Bachtin dem »innere[n] Chronotopos« (»[der] Raumzeit des dargestellten Lebens«) den »reale[n] äußere[n] Chronotopos« gegenüberstellt.

25 Insbesondere eine Textstelle im Chronotopos-Aufsatz kommt dem Konzept des kulturellen Gedächtnis sehr nahe, wie es Ende der 1980er und in den 1990er Jahren in Anschluß an den Soziologen Maurice Halbwachs und dessen Theorie der *mémoire collective* entwickelt wurde. Nachdem Bachtin in den »Schlußbemerkungen« angemerkt hat, in Dostoevskijs Romanwerk erwache der »uralte Karnevals- und Mysterienplatz [...] zu neuem Leben«, führt er in einer Fußnote weiter aus: »Die kulturellen und literarischen Traditionen (darunter auch die allerältesten) werden nicht im individuellen subjektiven Gedächtnis des einzelnen Menschen und nicht in irgendeiner kollektiven ›Psyche‹ aufbewahrt, und sie bleiben nicht dort am Leben, sondern in den objektiven Formen der Kultur selbst (darunter auch in den Sprach- und Redeformen), und in diesem Sinne sind sie intersubjektiv und interindividuell (folglich auch sozial); von dort aus gelangen sie in die Werke der Literatur, wobei sie das subjektive individuelle Gedächtnis der Schöpfer mitunter fast völlig umgehen« (S. 186f., Fußn.). Ausführlicher erläutert wird dieser Gedanke im vierten Kapitel von *Probleme der Poetik Dostoevskijs* – einem Kapitel, das erst in der Neuauflage des Buches von 1963 auftaucht –, wo Bachtin das intertextuelle Verhältnis zwischen Dostoevskijs Romanen und der menippeischen Satire beleuchtet. Dostoevskij, erklärt er abschließend, habe die antike Menippee nicht »*unmittelbar* und *bewußt*« zum Vorbild genommen, sondern sich als Romanautor notwendigerweise in eine von ihr ausgehende Gattungstradition eingereiht, die er nur zu einem Teil überblickte (und die er um das Element der »Polyphonie« erweiterte): »Etwas paradox ausgedrückt kann man sagen, daß nicht das subjektive Gedächtnis Dostoevskijs, sondern das objektive Gedächtnis der Gattung, mit der er arbeitete, die Besonderheiten der antiken Menippee bewahrte.« Bachtin, *Probleme der Poetik Dostoevskijs* (wie Anm. 7), S. 135, 136. Vgl. zu diesem Ansatz auch den Abschnitt »Genre Memory« in Morson/Emerson, *Mikhail Bakhtin* (wie Anm. 4), S. 295-297. Zur Theorie des kulturellen Gedächtnisses vgl. ferner Jan Assmann, *Das kulturelle Gedächtnis. Schrift, Erinnerung und politische Identität in frühen Hochkulturen*, München: Beck, 1992; Aleida Assmann, *Erinnerungsräume. Formen und Wandlungen des kulturellen Gedächtnisses*, München: Beck, 1999; sowie, als Überblicksdarstellung, Astrid Erll, *Kollektives Gedächtnis und Erinnerungskulturen. Eine Einführung*, Stuttgart/Weimar: Metzler, 2005.

26 Am emphatischsten hat Michail Bachtin diesen Gedanken (der im Chronotopos-Essay eher stillschweigend vorausgesetzt wird) 1941 in dem Aufsatz »Epos und Roman« formuliert. Wir werden zu Beginn des fünften Abschnitts darauf zurückkommen.

27 Den drei Referenzen ist überhaupt vergleichsweise wenig Aufmerksam-

keit zuteil geworden, und vor allem wurden sie zumeist unabhängig voneinander betrachtet. Eine Ausnahme stellt Michael Holquist dar, dessen Bachtin-Monographien – *Mikhail Bakhtin* (mit Katerina Clark, wie Anm. 4) und *Dialogism* (wie Anm. 11) – die Spuren aller drei Denker im Bachtinschen Gesamtwerk nachskizzieren, wobei sie vor allem auf die Synästhesie-Effekte zwischen Kant und Uchtomskij zu sprechen kommen (für die entsprechenden Passagen siehe die ausführlichen Indices beider Studien). Ein fokussierteres Eingehen auf die entsprechenden Synästhesie-Effekte im Chronotopos-Essay fehlt bislang. Vgl. aber, zum Verweis auf Einstein, die kurze Liste mit Parallelen bei Morson/Emerson, *Mikhail Bakhtin* (wie Anm. 4), S. 367-369, sowie die entsprechenden Passagen bei Holquist, *Dialogism* (wie Anm. 11), S. 115-118 und 156f.; zur Kant-Referenz vgl. Bernhard F. Scholz, »Bakhtin's Concept of ›Chronotope‹: The Kantian Connection«, in: David Shepherd (Hg.), *The Contexts of Bakhtin. Philosophy, Authorship, Aesthetics*, Amsterdam: Harwood Academic Publishers, 1998, S. 141-172; zu ›Chronotopos‹ und Uchtomskij vgl. Michael Holquist, »Answering as Authoring. Mikhail Bakhtin's Trans-Linguistics«, in: Gary Saul Morson (Hg.), *Bakhtin. Essays and Dialogues on His Work*, Chicago/London: University of Chicago Press, 1986, S. 59-72; hier: S. 68f.

28 Immanuel Kant, *Kritik der reinen Vernunft 1. Werkausgabe Bd. III.*, hg. v. Wilhelm Weischedel, Frankfurt a. M.: Suhrkamp, 1974, B 2 [S. 45]. Der Unterschied zwischen beiden Formen der Erkenntnis kann wie folgt veranschaulicht werden: Zum einen sind wir zwar etwa in der Lage, durch Deduktion aufgrund von Erfahrung den Einsturz eines Hauses vorherzusehen, dessen Fundament untergraben wird, auch wenn wir diese spezifische Erfahrung noch nicht selbst gemacht haben (vgl. zu diesem Beispiel ebd., B 2 [S. 46]); zum anderen aber ist die derartige Folgerungen ermöglichende Erkenntnis, daß prinzipiell *jede* Wirkung eine Ursache hat, a priori gegeben (vgl. ebd., B 5 [S. 47]), es handelt sich hierbei also um eine Erkenntnis, die nicht nur »von dieser oder jener, sondern die *schlechterdings* von aller Erfahrung unabhängig stattfinde[t]« (ebd., B 2f. [S. 46]; im Original gesperrte Passagen werden hier und im folgenden kursiv wiedergegeben).

29 Dieses Gedankenexperiment findet sich zweimal in Kants *Kritik*; vgl. ebd., B 5f. [S. 48] sowie B 35 [S. 70].

30 Vgl., zum Raum, ebd., B 42 [S. 75], zur Zeit, B 49 [S. 80].

31 Ebd., B 39 [S. 72]. Die hier zitierte Passage bezieht sich auf den Raum; vgl. aber die entsprechende Passage zur Zeit: ebd., B 46 [S. 78].

32 Ebd. B 44 [S. 76] zum Raum sowie B 52 [S. 82] zur Zeit.

33 Ebd.

34 Vgl., beispielhaft, Morson/Emerson, *Mikhail Bakhtin* (wie Anm. 4), S. 367, sowie Sue Vice, *Introducing Bakhtin*, Manchester/New York: Manchester University Press, 1997, S. 201. In letzterem Text wird darüber hinaus nur der erste, mit Kant übereinstimmende Teil der Fußnote zitiert, obgleich Bachtin seinen Ansatz dann sogleich von dessen Transzendentalphilosophie abgrenzt.

35 Die entscheidende Differenz zwischen beiden Ansätzen ist demzufolge darin zu sehen, daß Raum und Zeit für Bachtin qualitative Variationen aufweisen, wie Morson und Emerson es ausdrücken: Verschiedene soziale Aktivitäten (so ihre etwas unscharfe Formulierung) und literarische Repräsentationen dieser Aktivitäten setzten »verschiedene Arten von Zeit und Raum« voraus, weshalb Zeit und Raum nicht bloß als »neutrale ›mathematische‹ Abstraktionen« verstanden werden könnten. Morson/Emerson, *Mikhail Bakhtin* (wie Anm. 4), S. 367 (Übers. MCF/KM).

36 Vgl. Scholz, »Bakhtin's Concept of ›Chronotope‹« (wie Anm. 27), S. 152ff.

37 Der Begriff erscheint erstmals in: Michel Foucault, *Les mots et les choses. Une archéologie des sciences humaines*, Paris: Gallimard, 1966; deutsche Übersetzung: Michel Foucault, *Die Ordnung der Dinge. Eine Archäologie der Humanwissenschaften*, übers. v. Ulrich Köppen, Frankfurt a. M.: Suhrkamp, 1974. Im Sinne einer allgemeinen Diskurstheorie weiterentwickelt wird er in Michel Foucault, *Archéologie du savoir*, Paris: Gallimard, 1969; deutsche Übersetzung: Michel Foucault, *Archäologie des Wissens*, übers. v. Ulrich Köppen, Frankfurt a. M.: Suhrkamp, 1981.

38 Vgl. Holquist, »Answering as Authoring« (wie Anm. 27), S. 69.

39 Vgl. – neben dem in der vorigen Anmerkung erwähnten Aufsatz – Clarke/Holquist, *Mikhail Bakhtin* (wie Anm. 4), v. a. S. 174ff., sowie Holquist, *Dialogism* (wie Anm. 11), S. 153f.

40 Vgl. den kürzlich übersetzten Forschungsbericht aus dem Jahre 1923: A. A. Uchtomskij, »Die Dominante als Arbeitsprinzip der Nervenzentren (Aus dem Physiologischen Laboratorium der Petrograder Universität; eingegangen am 12. Februar)«, übers. v. Gudrun Richter, in: *Mitteilungen der Luria-Gesellschaft* 1-2 (2004), S. 25-38; im Original: A. A. Uchtomskij, »Dominanta, kak rabočij princip nervnych centrov«, in: *Russkij fiziologičeskij žurnal* 6 (1923), S. 1-3, 31-45.

41 Im Tierversuch mit einer Katze beispielsweise führt die »Dominante der sexuellen Erregung« dazu, daß selbst Reize wie Tellerklappern den immer gleichen Symptomkomplex der Läufigkeit hervorrufen – die Umwelt der Katze wird im Nervensystem, durch Verstärkung bestimmter Reize und Hemmung anderer, dem Reizherd entsprechend verformt. Ebd., S. 28.

42 Vgl. Holquist, »Answering as Authoring« (wie Anm. 27), S. 68 f.

43 Vgl. Uchtomskij, »Die Dominante als Arbeitsprinzip der Nervenzentren« (wie Anm. 40), S. 34 f.

44 Vgl. Holquist, »Answering as Authoring« (wie Anm. 27), S. 68, sowie Holquist, *Dialogism* (wie Anm. 11), S. 154.

45 Isaac Newton, *Philosophiae Naturalis Principia Mathematica* (1687), zit. n. Paul Strathern, *Einstein und die Relativität*, übers. v. Xenia Osthelder, Frankfurt a. M.: S. Fischer 1997, S. 47.

46 Herman Minkowski, *Die Grundgleichungen für die elektromagnetischen Vorgänge in bewegten Körpern*, Göttingen: Nachrichten der Gesellschaft der Wissenschaften, 1908.

47 Hermann Minkowski, »Raum und Zeit« (Vortrag vom 21. 9. 1908 auf der 80. Naturforscherversammlung in Köln), in: *Jahresbericht der deutschen Mathematiker-Vereinigung* 18 (1909), S. 75-88; hier: S. 76.

48 Hendrik Antoon Lorentz hat die Effekte von Magnetismus, Elektrodynamik und Lichtgeschwindigkeit zusammengeführt und mit seinen Beobachtungen zu Veränderungen raumzeitlicher Strukturen (Lorentz-Transformationen) von gegeneinander bewegten Systemen die Grundlage für Einsteins Relativitätstheorie gelegt. Vgl. Hendrik Antoon Lorentz, *Versuch einer Theorie der elektrischen und optischen Erscheinungen in bewegten Körpern*, Leiden: Brill, 1895.

49 Albert Einstein, »Zur Elektrodynamik bewegter Körper«, in: *Annalen der Physik und Chemie* 17 (1905), S. 891-921; hier: S. 893.

50 Ebd.

51 Bei 40 % der Lichtgeschwindigkeit verlangsamt sich die Uhr und verkürzt sich der Weg jeweils um 10 %.

52 Lobachevsky, Gauß und Bolyai haben um die Mitte des 19. Jahrhunderts unabhängig voneinander festgestellt, daß sich mathematische Systeme denken lassen, in denen das 5. Axiom Euklids (Parallelenaxiom) nicht gilt. Riemann hat die Widerspruchsfreiheit eines solchen nichteuklidischen Systems bewiesen, das Einstein schließlich als allgemeine Struktur der Raumzeit anerkannt hat. Vgl. hierzu Hermann Weyl, *Raum, Zeit, Materie. Vorlesungen über allgemeine Relativitätstheorie* [1928], Heidelberg: Springer, 1988, S. 73 f.

53 Energie und Materie sind unter bestimmten Bedingungen äquivalent; dies läßt sich aus der Einsteinschen Formel $e = mc^2$ ableiten.

54 Für Kant war die kürzeste Verbindung von a nach b durch die Gerade noch ein A-priori-Urteil synthetischer Art. Seit Gauß ist es eine Aussage, die nur für die euklidische Geometrie gilt. In Riemanns System gilt sie für den Grenzfall der Null-Krümmung.

55 Die wesentliche Differenz zwischen Naturwissenschaften und Philologie liegt Bachtin zufolge in der unterschiedlichen Gewichtung des

menschlichen Wortes, das in den Naturwissenschaften nicht selbst zum Gegenstand der Betrachtung wird. In Mathematik und Naturwissenschaften ist »das spezifische Gewicht der Thematisierung des Wortes relativ gering«; es bleibt »auf den Arbeitsprozeß beschränkt und berührt nicht den gegenständlichen Inhalt der Wissenschaft, zu dessen Bestandteil der sprechende Mensch und sein Wort nicht werden«. Bachtin, »Das Wort im Roman« (wie Anm. 21), S. 237. Dieses Wort sieht Bachtin in seinen Studien zur Dialogizität wiederum einer der klassischen Kinetik verpflichteten dynamischen Bewegung ausgesetzt: Während der Referenzrahmen (man könnte auch sagen: das Gravitationsfeld) der Prosagattung die zentrifugalen Kräfte hin zur Redevielfalt fördert, führt der poetische Raum zum zentripetalen monologischen Sprechen und zum Verlust an Nähe zum sprechenden Menschen. Diese beiden einander entgegengesetzten Kraftfelder versucht Bachtin anhand zweier ideologisch befrachteter Genres, der Poesie und der Prosa, leider allzu autoritär zu belegen. Der Poesie wirft er vor zu sprechen, wie er selbst über sie spricht: monologisch.

56 Cassirer fordert in seiner Studie zur Relativitätstheorie dazu auf, die erkenntnistheoretischen Konsequenzen für die Philosophie zu ziehen und bahnt dieser wechselseitigen Verständigung zugleich einen Weg. Bachtin erwähnt Cassirer nicht von ungefähr als Referenz (vgl. S. 189). Vgl. Ernst Cassirer, *Gesammelte Werke. Hamburger Ausgabe, Bd. 10: Zur Einsteinschen Relativitätstheorie*, hg. v. Birgit Recki, Hamburg: Meiner, 2001.

57 Die Spezielle Relativitätstheorie (1905) beruht im wesentlichen auf zwei Axiomen: 1. Kein Inertialsystem (d.h. System, in dem die Newtonsche Physik gilt) ist vor dem anderen ausgezeichnet. 2. Licht hat eine konstante und vom Bewegungszustand der Quelle und des Betrachters unabhängige Geschwindigkeit. Vgl. Einstein, »Zur Elektrodynamik bewegter Körper« (wie Anm. 49).

58 Entgegen der relativistischen Annahme, daß keines der Referenzsysteme vor dem anderen ausgezeichnet sei, ist Bachtin jedoch dazu übergegangen, den Roman als privilegiertes Genre zu betrachten und innerhalb dieses Genres alle möglichen chronotopischen und dialogischen Differenzierungen auszumachen, während Poesie und Drama nicht mehr den gleichen Kriterien unterworfen werden.

59 Michail M. Bachtin, »Epos und Roman« (1941), in: ders., *Untersuchungen zur Poetik und Theorie des Romans* (wie Anm. 22), S. 465-506; hier: S. 466.

60 Ebd., S. 505.

61 Ebd., S. 466.

62 Ebd., S. 465f.

63 Ebd., S. 473.

64 Vgl. Bachtin, *Probleme der Poetik Dostoevskijs* (wie Anm. 7), S. 121 ff.

65 Georg Lukács, *Die Theorie des Romans. Ein geschichtsphilosophischer Versuch über die Formen der großen Epik*, Berlin: Paul Cassirer, 1920. Wir zitieren nach der erstmals 1962 erschienenen Neuauflage mit einem neuen Vorwort des Verfassers: *Die Theorie des Romans. Ein geschichtsphilosophischer Versuch über die Formen der großen Epik*, Sonderausg., 11. Aufl., Darmstadt/Neuwied: Luchterhand, 1987.

66 Dantes *Commedia* ist für Lukács »ein geschichtsphilosophischer Übergang von der reinen Epopöe zum Roman« (ebd., S. 59), *Don Quijote* der »erste große Roman der Weltliteratur« (S. 89) und *L'Éducation sentimentale* »für die Form des Romans am meisten vorbildlich«, da sie im Gegensatz zu anderen großen Romanen keine »Tendenz zum Transzendieren auf die Epopöe hin« aufweise (S. 115).

67 Vgl. zu diesen Schlagworten ebd., S. 32 (»[D]ie Form des Romans ist, wie keine andere, ein Ausdruck der transzendentalen Obdachlosigkeit«) sowie S. 107

68 Mit Dostoevskij, der »keine Romane geschrieben hat« (ebd., S. 137), so Lukács' abschließender Ausblick, könnte sich allerdings eine Erneuerung des Epos andeuten, womit der Roman sich als eine nur vorläufige Episode in der langen Geschichte epischer Literatur erweisen würde. Wenn Bachtin den Dostoevskijschen Roman 1929 als Revolutionierung des Genres beschreibt, so stimmt er folglich mit Lukács' Auffassung bezüglich der Sonderstellung Dostoevskijs überein. Diese Sonderstellung besteht für Bachtin aber gerade *nicht* im epischen Charakter des Dostoevskijschen Romans, sondern, im Gegenteil, in dessen polyphonen (und das heißt: nichtmonologischen und daher nichtepischen) Charakter.

69 Vgl. Clark/Holquist, *Mikhail Bakhtin* (wie Anm. 4), S. 271.

70 Vgl. hierzu Galin Tihanov, *The Master and the Slave. Lukács, Bakhtin, and the Ideas of Their Time*, Oxford: Clarendon, 2000. Tihanovs grundlegende These lautet, Bachtins Denken habe sich bei dem Versuch, Lukács' Ideen »umzustürzen«, häufig dennoch in dessen »Kraftfeld« bewegt (ebd., S. 15; Übers. MCF und KM).

71 Vgl. Michael Wegner u. a. (Hg.), *Disput über den Roman. Beiträge zur Romantheorie aus der Sowjetunion*, Berlin/Weimar: Aufbau, 1988. Wir beziehen uns an dieser Stelle auf die Einleitung von Michael Wegner und Gerhard Scheumann, die in eine Gegenüberstellung der Ansätze Lukács' und Bachtins mündet; vgl. ebd., S. 5-40. Die Debatte wird dokumentiert in dem Abschnitt »Probleme der Theorie des Romans. Die Diskussion von 1934/35 in der Sektion Literatur des Institutes für Philosophie der Kommunistischen Akademie Moskau«, ebd., S. 373-482;

es folgt Lukács' »Schlußwort zur Diskussion«, ebd., S. 483-489. Vgl. zusammenfassend zu der Debatte auch Tihanov, *The Master and the Slave* (wie Anm. 71), S. 113-128.

72 Georg Lukács, »Der Roman«, in: Wegner u. a. (Hg.), *Disput über den Roman* (wie Anm. 71), S. 311-359.

73 Ebd., S. 370-372.

74 Bachtin, »Epos und Roman« (wie Anm. 59), S. 505.

75 Diese Parallele – die in seinen Augen nur bei oberflächlicher Betrachtung Bestand hat – spricht auch Graham Pechey an. Vgl. Graham Pechey, *Mikhail Bakhtin. The Word in the World*, London/New York: Routledge, 2007, S. 91.

76 Vgl. hierzu auch Anm. 25 oben.

77 Bachtin, *Probleme der Poetik Dostoevskijs* (wie Anm. 7), S. 118.

78 Ebd.

79 Die Unklarheiten und begrifflichen Widersprüche sind zahlreich. Die Begegnung wird mal als Motiv, mal als Chronotopos gehandelt; der Chronotopos des Weges ist nicht genrebestimmend, sondern in der gesamten Literatur zu finden etc. Das Ausmaß der Bachtinschen Widersprüchlichkeit läßt sich an folgender Satzreihe ablesen, wo er ausgerechnet Präzision mit Totalität verbindet: »Auch im Chronotopos des Weges tritt die Einheit der Raum-Zeit-Bestimmungen mit außergewöhnlicher Präzision und Klarheit zutage. Dieser Chronotopos hat in der Literatur eine enorme Bedeutung; es gibt kaum ein Werk, in dem das Motiv des Weges nicht in irgendeiner Weise auftaucht [...]« (S. 21f.).

80 Bachtins Theorie ließe sich problemlos auf einen großen Teil der Hollywood-Produktionen anwenden, die somit zu einem Nebengenre des Prüfungsromans gezählt werden dürften.

81 Vgl. S. 23: »Das Abenteuer braucht, um sich entfalten zu können, Raum, viel Raum.«

82 Diese Ausführlichkeit ist offensichtlich auch der Tatsache geschuldet, daß Bachtin zeitgleich an seiner umfangreichen Dissertationsschrift zu Rabelais arbeitete, deren Themen nun auch hier einflossen. Vgl. Bachtin, *Rabelais und seine Welt* (wie Anm. 7).

83 Ernst Cassirer, »Die Sprache in der Phase des anschaulichen Ausdrucks«, in: ders., *Philosophie der symbolischen Formen. Erster Teil: Die Sprache*, Darmstadt: Wissenschaftliche Buchgesellschaft, 1994, S. 149-183; hier: S. 149ff.

84 Foucault, *Les mots et les choses* bzw. *Die Ordnung der Dinge* (wie Anm. 37).

85 Der Vortrag »Des espaces autres« wurde am 14. März 1967 im Pariser *Cercle d'études architecturales* gehalten. Nachdem Foucault ihn Anfang 1984 zur Publikation freigegeben hatte, erschien er schließlich in

der Zeitschrift *Architecture, Mouvement, Continuité* 5 (1984), S. 46-49. Wiederabgedruckt wurde die französische Originalfassung in Michel Foucault, *Dits et écrits 1954-1988*, Bd. 4: *1980-1988*, hg. v. Daniel Defert und François Ewald, Paris: Gallimard, 1994, S. 752-762. Deutsche Neuübersetzung (anläßlich der Übertragung der posthum erschienenen vierbändigen Sammlung kleinerer Schriften und Interviews): Michel Foucault, »Von anderen Räumen«, übers. v. Michael Bischoff, in: ders., *Schriften in vier Bänden. Dits et écrits*, Bd. 4: *1980-1988*, hg. v. Daniel Defert und François Ewald, übers. v. Michael Bischoff u. a., Frankfurt a. M.: Suhrkamp, 2005, S. 931-942; hier: S. 931.

86 Richard Rorty (Hg.), *The Linguistic Turn. Recent Essays in Philosophical Method*, Chicago: The University of Chicago Press, 1967.

87 Vgl. Edward W. Soja, *Postmodern Geographies. The Reassertion of Space in Critical Social Theory*, London/New York: Verso, 1989, und hier insbesondere das programmatische Eingangskapitel »History: Geography: Modernity«, S. 10-42; hier: S. 10ff. Dieses Kapitel liegt auch in deutscher Übersetzung vor: Edward W. Soja, »Geschichte: Geographie: Modernität«, übers. v. Sabine Bröck-Sallah und Roger Keil, in: Martin Wentz (Hg.), *Stadt-Räume*, Frankfurt a. M./New York: Campus, 1991, S. 73-90; hier: S. 73ff.

88 Sojas Ideal ist »eine flexiblere und ausbalanciertere kritische Theorie, die das Machen von Geschichte mit der gesellschaftlichen Produktion von Raum, mit der Konstruktion und Konfiguration von menschlichen Geographien neu verknüpft« – das heißt: eine Überwindung des von Foucault diagnostizierten Antagonismus »zwischen den frommen Abkömmlingen der Zeit und den hartnäckigen Bewohnern des Raumes« (s. o.). Soja, »Geschichte: Geographie: Modernität« (wie Anm. 87), S. 75.

89 In einer Sammelrezension verschiedener einschlägiger Publikationen konstatierte der Historiker Jürgen Osterhammel 1998 eine »Wiederkehr des Raumes«, was er zwar beschreibend und nicht programmatisch meinte, womit er den Vertreterinnen und Vertreten des *spatial turn* jedoch ein inzwischen oft zitiertes Schlagwort vorgab; vgl. Jürgen Osterhammel, »Die Wiederkehr des Raumes. Geopolitik, Geohistorie und historische Geographie«, in: *Neue Politische Literatur* 43:3 (1998), S. 374-398. Vielbeachtete Plädoyers für eine solche Wiederkehr des Raumes innerhalb der Sozial- und Geschichtswissenschaften lieferten einige Jahre später Martina Löw, *Raumsoziologie*, Frankfurt a. M.: Suhrkamp, 2001, sowie Karl Schlögel, *Im Raume lesen wir die Zeit. Über Zivilisationsgeschichte und Geopolitik*, München/Wien: Hanser, 2003. Einen *topographical turn* beobachtete gleichzeitig die Literaturwissenschaftlerin Sigrid Weigel, die Unterschiede in den Raumkon-

zepten der angloamerikanischen *Cultural Studies* und der traditionellen deutschsprachigen Kulturwissenschaften beleuchtete; vgl. Sigrid Weigel, »Zum ›topographical turn‹. Kartographie, Topographie und Raumkonzepte in den Kulturwissenschaften«, in: *KulturPoetik* 2:2 (2002), S. 151-165. Der derzeit aktuellste Überblick über den *spatial turn* findet sich in einem Buch, das der Phrase von der »räumlichen Wende« – wenn auch nicht ganz absichtlich – viel ihres ursprünglichen Pathos nimmt, indem es diese Wende neben sechs weiteren *turns* abhandelt, die allesamt seit dem *linguistic turn* ausgerufen worden sind: Doris Bachmann-Medick, »Spatial turn«, in: dies., *Cultural turns. Neuorientierungen in den Kulturwissenschaften*, Reinbek bei Hamburg: Rowohlt, 2006, S. 284-328. Während wir die vorliegende Neuauflage von Bachtins Chronotopos-Essay vorbereiten, erscheinen stetig neue Sammelbände zum Thema; vgl. jüngst Jörg Döring/Tristan Thielmann (Hg.), *Spatial turn. Das Raumparadigma in den Kultur- und Sozialwissenschaften*, Bielefeld: Transcript, 2008.

90 Schlögel, »Spatial turn, endlich«, in: ders., *Im Raume lesen wir die Zeit* (wie Anm. 89), S. 60-71; hier: S. 68f.

91 Vgl. die umfangreiche Anthologie raumtheoretischer Texte in Jörg Dünne/Stephan Günzel (Hg.), *Raumtheorie. Grundlagentexte aus Philosophie und Kulturwissenschaften*, Frankfurt a. M.: Suhrkamp, 2006.

Literatur- und Kulturwissenschaft im Suhrkamp Verlag Eine Auswahl

Michail M. Bachtin

- Die Ästhetik des Wortes. Herausgegeben und eingeleitet von Rainer Grübel. Übersetzt von Rainer Grübel und Sabine Reese. es 967. 366 Seiten
- Autor und Held in der ästhetischen Tätigkeit. Herausgegeben von Rainer Grübel, Edward Kowalski und Ulrich Schmid. Aus dem Russischen von Hans-Günter Hilbert, Rainer Grübel, Alexander Haardt und Ulrich Schmid. stw 1878. 356 Seiten
- Chronotopos. Aus dem Russischen von Michael Dewey. Mit einem Nachwort von Michael C. Frank und Kirsten Mahlke. stw 1879. 242 Seiten
- Rabelais und seine Welt. Volkskultur als Gegenkultur. Übersetzt von Gabriele Leupold. Herausgegeben und Vorwort von Renate Lachmann. stw 1187. 546 Seiten

Roland Barthes

- Fragmente einer Sprache der Liebe. Übersetzt von Hans-Horst Henschen. st 1586. 279 Seiten
- Die helle Kammer. Bemerkungen zur Photographie. Übersetzt von Dietrich Leube. Mit zahlreichen Abbildungen. st 1642. 138 Seiten
- Die Körnung der Stimme. Interviews 1962-1980. Übersetzt von Agnès Bucaille-Euler, Birgit Spielmann und Gerhard Mahlberg. es 2278. 404 Seiten
- Mythen des Alltags. Übersetzt von Helmut Scheffel. es 92. 152 Seiten
- Das Neutrum. Übersetzt von Horst Brühmann. es 2377. 342 Seiten

NF 104/1/3.13

Roland Barthes. Eine Biographie. Von Louis-Jean Calvet. Übersetzt von Wolfram Beyer. Mit zahlreichen Abbildungen. 376 Seiten. Gebunden

Karl Heinz Bohrer
- Plötzlichkeit. Zum Augenblick des ästhetischen Scheins. es 1058. 261 Seiten

Pierre Bourdieu. Die Regeln der Kunst. Genese und Struktur des literarischen Feldes. Übersetzt von Bernd Schwibs und Achim Russer. stw 1539. 552 Seiten

Peter Bürger. Theorie der Avantgarde. es 727. 147 Seiten

Arthur C. Danto. Die Verklärung des Gewöhnlichen Eine Philosophie der Kunst. Übersetzt von Max Looser. stw 957. 321 Seiten

Jacques Derrida
- Grammatologie. Übersetzt von Hans-Jörg Rheinberger und Hanns Zischler. stw 417. 541 Seiten
- Die Schrift und die Differenz. Übersetzt von Rodolphe Gasché. stw 177. 451 Seiten

Jacques Derrida/Hans-Georg Gadamer. Der ununterbrochene Dialog. es 2357. 112 Seiten

John Dewey. Kunst als Erfahrung. Übersetzt von Christa Velten, Gerhard vom Hofe und Dieter Sulzer. stw 703. 411 Seiten

NF 104/2/3.13

Michel Foucault. Schriften zur Literatur. Herausgegeben von Daniel Defert und François Ewald unter Mitarbeit von Jacques Lagrange. Übersetzt von Michael Bischoff, Hans-Dieter Gondek und Hermann Kocyba. Auswahl und Nachwort von Martin Stingelin. stw 1675. 402 Seiten

Peter Gendolla/Thomas Kamphusmann (Hg.). Die Künste des Zufalls. stw 1432. 302 Seiten

Michael Giesecke
- Der Buchdruck in der frühen Neuzeit. 944 Seiten. Kartoniert
- Sinnenwandel, Sprachwandel, Kulturwandel. Studien zur Vorgeschichte der Informationsgesellschaft. stw 997. 374 Seiten

Ernst H. Gombrich/Julian Hochberg/Max Black. Kunst, Wahrnehmung, Wirklichkeit. Übersetzt von Max Looser. es 860. 156 Seiten

Nelson Goodmann. Sprachen der Kunst. Entwurf einer Symboltheorie Übersetzt von Bernd Philippi. stw 1304. 254 Seiten

Jack Goody (Hg.). Literalität in traditionellen Gesellschaften. Übersetzt von Friedhelm Herborth und Thomas Lindquist. 502 Seiten. Leinen

Hans Ulrich Gumbrecht
- Diesseits der Hermeneutik. Über die Produktion von Präsenz. es 2364. 190 Seiten
- Die Macht der Philologie. Über einen verborgenen Impuls im wissenschaftlichen Umgang mit Texten. 140 Seiten. Kartoniert
- 1926. Ein Jahr am Rand der Zeit. 540 Seiten. Gebunden. stw 1655. 544 Seiten

NF 104/3/3.13

Anselm Haverkamp. Figura cryptica. Theorie der literarischen Latenz. stw 1574. 272 Seiten

Jochen Hörisch
- Brot und Wein. Die Poesie des Abendmahls. es 1692. 297 Seiten
- Kopf oder Zahl. Die Poesie des Geldes. es 1998. 370 Seiten

Wolfgang Iser. Das Fiktive und das Imaginäre. Perspektiven literarischer Anthropologie. stw 1101. 522 Seiten

Vladimir Jankélévitch. Das Verzeihen. Essays zur Moral und Kulturphilosophie. Herausgegeben von Ralf Konersmann. Übersetzt von Claudia Brede-Konersmann. Mit einem Vorwort von Jürg Altwegg. Gebunden und stw 1731. 292 Seiten

Hans Robert Jauß
- Ästhetische Erfahrung und literarische Hermeneutik. 877 Seiten. Leinen
- Zeit und Erinnerung in Marcel Prousts »A la recherche du temps perdu«. Ein Beitrag zur Theorie des Romans. stw 587. 366 Seiten

Renate Lachmann. Erzählte Phantastik. Zu Phantasiegeschichte und Semantik phantastischer Texte. stw 1578. 502 Seiten

Wolf Lepenies. Melancholie und Gesellschaft. Mit einer neuen Einleitung: Das Ende der Utopie und die Wiederkehr der Melancholie. stw 967. 337 Seiten

Niklas Luhmann. Die Kunst der Gesellschaft. stw 1303. 517 Seiten

NF 104/4/3.13

NF 104/5/3.13

- Band 2: Poetik und Geschichtsphilosophie I. Antike und Moderne in der Ästhetik der Goethezeit. stw 40. 537 Seiten
- Band 3: Poetik und Geschichtsphilosophie II. Von der normativen zur spekulativen Gattungspoetik. Schellings Gattungspoetik. Herausgegeben von Wolfgang Fietkau. stw 72. 354 Seiten
- Band 4: Das lyrische Drama des Fin de siècle. Herausgegeben von Henriette Beese. stw 90. 532 Seiten
- Band 5: Einführung in die literarische Hermeneutik. Herausgegeben von Jean Bollack und Helen Stierlin. stw 124. 455 Seiten

Einzelausgaben:

- Lektüren und Lektionen. Versuche über Literatur, Literaturtheorie und Literatursoziologie. 202 Seiten. Kartoniert
- Theorie des modernen Dramas. es 27. 169 Seiten

Robert Weimann (Hg.). Ränder der Moderne. Repräsentation und Alterität im (post)kolonialen Diskurs. stw 1311. 356 Seiten

Richard Weisberg. Rechtsgeschichten. Über Gerechtigkeit in der Literatur. Aus dem Amerikanischen von Walter Popp. Mit einem Nachwort von Bernhard Schlink. stw 2010. 291 Seiten

Cornelia Zumbusch. Die Immunität der Klassik. stw 2014. 372 Seiten

NF 104/6/3.13

Osteuropäische Literatur in der edition suhrkamp Eine Auswahl

Anna Altschuk. schwebe zu stand. Gedichte. Mit einem Nachwort von Michail Ryklin und einem Werkstattbericht von Gabriele Leupold und Henrike Schmidt. Aus dem Russischen von Gabriele Leupold, Henrike Schmidt und Georg Witte. es 2610. 167 Seiten

Juri Andruchowytsch
- Engel und Dämonen der Peripherie. Essays. Aus dem Ukrainischen von Sabine Stöhr. es 2513. 217 Seiten
- Das letzte Territorium. Essays. Aus dem Ukrainischen von Alois Woldan. Nachwort übersetzt von Sofia Onufriv. es 2446. 192 Seiten

Juri Andruchowytsch/Andrzej Stasiuk. Mein Europa. Aus dem Ukrainischen von Martin Pollak und Sofia Onufriv. es 2370. 160 Seiten

Attila Bartis. Die Apokryphen des Lazarus. Zwölf Feuilletons. Aus dem Ungarischen von Laszlo Kornitzer. es 2498. 99 Seiten

Bora Ćosić
- Die Reise nach Alaska. Aus dem Serbischen von Katharina Wolf-Grießhaber. es 2493. 172 Seiten
- Die Zollerklärung. Aus dem Serbischen von Katharina Wolf-Grießhaber. es 2213. 153 Seiten

Miloš Crnjanski
- Ithaka und Kommentare. Aus dem Serbischen neu übersetzt und kommentiert von Peter Urban. es 2639. 260 Seiten

NF 349/1/02.11

– Tagebuch über Čarnojević. Aus dem Serbischen von Hans Volk. Mit einem Nachwort von Ilma Rakusa. es 1867. 137 Seiten

László Darvasi
- Eine Frau besorgen. Kriegsgeschichten. Aus dem Ungarischen von Heinrich Eisterer, Terézia Mora und Agnes Relle. es 2448. 184 Seiten
- Herr Stern. Novellen. Aus dem Ungarischen von Heinrich Eisterer. es 2476. 227 Seiten

Ljubko Deresch
- Die Anbetung der Eidechse oder Wie man Engel vernichtet. Aus dem Ukrainischen von Maria Weissenböck. es 2480. 200 Seiten
- Intent! oder Die Spiegel des Todes. Aus dem Ukrainischen von Maria Weissenböck. es 2536. 316 Seiten
- Kult. Roman. Aus dem Ukrainischen von Juri Durkot und Sabine Stöhr. es 2449. 259 Seiten

Mircea Dinescu. Exil im Pfefferkorn. Gedichte. Ausgewählt, aus dem Rumänischen übersetzt und mit einem Nachwort versehen von Werner Söllner. es 1589. 115 Seiten

István Eörsi. Der rätselhafte Charme der Freiheit. Versuche über das Neinsagen. Aus dem Ungarischen von Anna Gara-Bak, Péter Máté, Gregor Mayer, Angela Plöger und Hans Skirecki. es 2271. 198 Seiten

Andrej Gelassimow. Durst. Aus dem Russischen von Dorothea Trottenberg. es 2624. 115 Seiten

Oleg Jurjew. Spaziergänge unter dem Hohlmond. Kleiner kaleidoskopischer Roman. Aus dem Russischen von Birgit Veit. es 2240. 134 Seiten

NF 349/2/02.11

Ryszard Kapuściński. Der Andere. Aus dem Polnischen von Martin Pollack. es 2544. 92 Seiten

Imre Kertész
- »Heureka!« Rede zum Nobelpreis für Literatur 2002. Aus dem Ungarischen von Kristin Schwamm. Bearbeitung Ingrid Krüger. es-Sonderdruck. 32 Seiten
- Schritt für Schritt. Drehbuch zum »Roman eines Schicksallosen«. Aus dem Ungarischen von Erich Berger. es 2292. 184 Seiten

Artur Klinaŭ. Minsk. Sonnenstadt der Träume. Aus dem Russischen von Volker Weichsel. Mit Fotografien des Autors und Abbildungen. es 2491. 175 Seiten

Ryszard Krynicki. Wunde der Wahrheit. Gedichte. Herausgegeben, aus dem Polnischen übertragen und mit einem Nachwort versehen von Karl Dedecius. es 1664. 136 Seiten

Wojciech Kuczok. Höllisches Kino. Über Pasolini und andere. Aus dem Polnischen von Gabriele Leupold und Dorota Stroińska. es 2542. 138 Seiten

Stanisław Lem. Dialoge. Aus dem Polnischen von Jens Reuter. Mit einem Nachwort des Autors. es 1013. 319 Seiten

Barbara Markovic. Ausgehen. Aus dem Serbischen von Mascha Dabic. es 2581. 95 Seiten

Valzhyna Mort. Tränenfabrik. Gedichte. Aus dem Weißrussischen von Katharina Narbutović. es 2580. 86 Seiten

Taras Prochasko. Daraus lassen sich ein paar Erzählungen machen. Aus dem Ukrainischen von Maria Weissenböck. es 2578. 124 Seiten

NF 349/3/02.11

NF 349/4/02.11

- My American Fictionary. Aus dem Serbokroatischen von Barbara Antkowiak. es 1895. 224 Seiten

Tomas Venclova. Vilnius. Eine Stadt in Europa. Aus dem Litauischen von Claudia Sinnig. Mit Fotografien von Arunas Baltenas. es 2473. 242 Seiten

Serhij Zhadan
- Anarchy in the UKR. Aus dem Ukrainischen von Claudia Dathe. es 2522. 216 Seiten
- Depeche Mode. Roman. Aus dem Ukrainischen von Juri Durkot und Sabine Stöhr. es 2494. 245 Seiten
- Geschichte der Kultur zu Anfang des Jahrhunderts. Gedichte. Aus dem Ukrainischen von Claudia Dathe. es 2455. 81 Seiten

Zu zweit nirgendwo. Neue Erzählungen aus Slowenien. Herausgegeben von Aleš Šteger und Mitja Čander. es 2416. 280 Seiten

NF 349/5/02.11